高职高专网络技术专业**岗位能力构建**系列教程

IT产品销售与服务

（第2版）

卓志宏　柯自雄　主编

刘进军　莫华娟　张桐珲　副主编

清华大学出版社

北京

内 容 简 介

本书以IT业的设备销售员、售后服务技术员等基层工作岗位的岗位能力需求为导向,按照工作过程分为了5个模块的内容。

本书内容包括销售人员应具备的基本素质、产品销售技巧、IT产品推介与销售技巧、IT设备的装配与售后服务、市场营销策略。本书在注重培养读者专业技术的同时,也十分注重IT设备销售员、技术员的职业素质养成,包含了销售员、技术员发展成为项目主管或经理的相关内容。

本书可以作为高职高专计算机及相关专业的基础课教材,也可以作为IT技术培训中心的教学用书,还可以作为IT技术爱好者的参考资料。

图书在版编目(CIP)数据

IT产品销售与服务/卓志宏,柯自雄主编. —2版. —北京:清华大学出版社,2023.8
高职高专网络技术专业岗位能力构建系列教程
ISBN 978-7-302-64043-1

Ⅰ. ①I… Ⅱ. ①卓… ②柯… Ⅲ. ①IT产业—工业产品—市场营销学—高等职业教育—教材 ②IT产业—工业产品—销售管理—商业服务—高等职业教育—教材 Ⅳ. ①F764

中国国家版本馆CIP数据核字(2023)第126752号

责任编辑:刘翰鹏
封面设计:傅瑞学
责任校对:李 梅
责任印制:刘海龙

出版发行:清华大学出版社
　　　　网　　　址:https://www.tup.com.cn,https://www.wqxuetang.com
　　　　地　　　址:北京清华大学学研大厦A座　　　　　　邮　　编:100084
　　　　社 总 机:010-83470000　　　　　　　　　　　　邮　　购:010-62786544
　　　　投稿与读者服务:010-62776969,c-service@tup.tsinghua.edu.cn
　　　　质量反馈:010-62772015,zhiliang@tup.tsinghua.edu.cn
　　　　课件下载:https://www.tup.com.cn,010-83470410
印 装 者:三河市人民印务有限公司
经　　　销:全国新华书店
开　　　本:185mm×260mm　　　印　　张:13　　　字　　数:312千字
版　　　次:2012年8月第1版　2023年10月第2版　印　　次:2023年10月第1次印刷
定　　　价:39.00元

产品编号:098447-01

前　言

（第2版）

　　党的二十大报告指出，教育、科技、人才是全面建设社会主义现代化国家的基础性、战略性支撑。必须坚持科技是第一生产力、人才是第一资源、创新是第一动力，深入实施科教兴国战略、人才强国战略、创新驱动发展战略，开辟发展新领域新赛道，不断塑造发展新动能新优势。

　　本书所讲的 IT 产品是指围绕消费者应用而设计的与生活、工作、娱乐息息相关的消费电子产品。此类产品有助于提高消费者的生活便捷度和舒适感，增加乐趣并提升生活品质，因此已成为现代人生活的重要组成部分。过去的几年是全球消费电子技术高速发展、产品快速迭代扩展的阶段，也是中国消费电子市场高速扩张、产业结构性升级的重要阶段。中国在全球消费电子产业中的地位不断提升，经历了从生产低附加值零件→为国外终端品牌代工→切入高附加值生产→国内终端品牌跻身世界前列的转变。

　　IT 产品智能化趋势不断加强，IT 产品纷纷进行智能化改造，创新性智能终端产品层出不穷，除了智能手机、平板电脑、个人计算机及数码产品、智能穿戴产品、VR/AR 设备外，智能家居领域的摄像机和智能门铃等智能安防产品、车载类智能终端设备等新兴智能终端产品不断涌现。IT 产品所具备的联网、远程控制、App 管理、传感技术、语音识别等技术正日益为消费者所接受和认可。

　　本书基于实际岗位能力需求模块化构建基础岗位能力培养，致力于将计算机类专业学生培养成符合 IT 业基础岗位要求的 IT 产品销售员、售后服务技术员。本书的编写，不仅是为培养读者 IT 产品销售和售后服务所需的专业技能，还十分注重读者职业素质的养成，并且为销售员、技术员发展成为项目主管或经理提供了参考。

　　本书以 IT 业基层工作岗位的设备销售员、售后服务技术员能力需求为导向，通过 5 个模块进行任务驱动教学，其中不乏案例教学、基于工作过程的教学模式。

　　模块 1 和模块 2 为使读者养成较好的职业素养而设置；模块 3 是帮助读者了解常用 IT 产品的作用、功能、特点等，并积累一定的知识储备，通过实训、实践，从而具备一定的硬件认知能力，熟练使用 IT 产品并掌握推销技巧，也是本书较为重要的部分；模块 4 是培养读者设备装配、维护与常见故障排除的能力，本模块基于工作过程进行编写；模块 5 是读者具备销售员和售后服务技术员的职业能力后，初步培养 IT 产品销售行业管理岗位能力，为读者有较好的可持续发展打下基础。

　　本书可作为高职高专计算机软件技术、计算机网络技术、大数据技术与应用、人工智能技术服务、电子商务等专业的基础课教材，也可作为其他专业的公共选修课教材。建议对应课程开设 72 课时，其中"教学做"一体课堂 60 课时，实训、实践及过程考核 12 课时。

　　本书自出版以来,得到了广大院校的肯定,被众多院校选用。考虑近年来 IT 产品的快速更新和发展趋势,再版继续保持了第 1 版的特色,同时突出了实用性、实践性与逻辑性,项目内容根据当前职业岗位领域的最新发展,积极融入计算机领域相关的新产品与新技术,构建相关职业岗位情境,增加了学习乐趣。

　　本书由高职院校教学一线专业课教师合作编写,由卓志宏、柯自雄担任主编,刘进军、莫华娟、张桐珲担任副主编。卓志宏负责全书安排和统筹工作;柯自雄负责全书汇总、审阅、修改,同时承担模块 3 的编写工作;刘进军承担模块 1、模块 2 的编写工作;莫华娟承担模块 5 的编写工作;张桐珲承担模块 4 的编写工作。

　　由于编者水平有限,书中难免存在疏漏或不当之处,敬请各位专家和读者批评、指正,并提出宝贵意见或建议。

编　者

2023 年 6 月

目 录

模块 1

销售人员应具备的基本素质

📁 **岗位目标：销售员**

知识目标：

(1) 了解 IT 产品销售行业的工作岗位设置；

(2) 熟悉销售员的工作内容和要求；

(3) 熟悉销售人员应有的基本素质。

能力目标：

(1) 能较好地跟顾客进行沟通、交流；

(2) 学会利用时间管理以及科学的工作方法管理销售工作；

(3) 能养成注意自身形象的好习惯；

(4) 培养较好的口头表达能力、沟通能力。

1.1 销售人员职业要求

1.1.1 销售人员职业定义

销售是指创造、沟通与传送价值给顾客并经营顾客关系，以便让组织及其利益关系人受益的一种组织功能与程序。而销售人员，就是直接进行销售的人员，包括业务经理、市场经理、区域经理、业务代表，甚至包括总经理等。本书的销售人员是指从事计算机信息产品（包括计算机硬件、软件，计算机网络设备及其服务）的营销活动或相关工作的人员。

1.1.2 销售人员基本要求

1. 职业道德

(1) 遵纪守法，敬业爱岗，尊崇公德。

(2) 实事求是，工作认真，精研业务，尽职尽责。

2. 基础知识

(1) IT 产品知识。

(2) IT 产品营销知识。

(3) IT 产品服务。

(4) IT 产品安全技术知识。

（5）IT 产品常用英语词汇。

（6）相关的法律、法规常识。

1.1.3　销售人员工作要求

销售人员工作要求见表 1-1。

表 1-1　销售人员工作要求

职业功能	工作内容	技能要求	专业知识要求	相关基础知识
计算机信息产品专业技术	计算机信息产品外围设备相关知识应用	1. 能够熟练介绍计算机外围设备的特点和性能 2. 能够熟练推销计算机外围设备	熟悉 UPS 不间断电源、扫描仪、数码相机、光盘刻录机、摄像头、数码摄像机等计算机外设	
	计算机操作系统相关知识应用	1. 能够了解 UNIX 操作系统的特点和应用 2. 能够了解 Linux 操作系统的特点和应用 3. 能够了解 Windows 操作系统的特点和应用	1. UNIX 操作系统 2. Linux 操作系统 3. Windows 操作系统	
计算机信息产品相关服务	计算机网络系统相关知识应用	1. 能够了解计算机网络相关知识 2. 能够了解数据通信 3. 能够了解计算机局域网相关知识	1. 计算机网络概述和体系结构 2. 数据通信的基本概念和基本方式 3. 计算机局域网的体系结构及相关标准	1. 计算机信息产品有关术语及其缩写 2. 计算机信息产品相关法律、法规中的有关条款
	计算机网络系统硬件相关服务应用	1. 能够了解计算机网络系统的硬件组成和常用的网络互联设备 2. 能够熟悉计算机网络系统相关服务	1. 计算机网络系统的硬件组成 2. 常用的网络互联设备 3. 计算机网络系统相关服务	
计算机信息产品市场营销	市场营销战略规划	1. 能够掌握编制计划的步骤 2. 能够根据销售目标确定多种销售方案 3. 能够协助制定并落实销售策略	1. 业务战略规划 2. 市场营销规划 3. 销售计划的制订 4. 确定销售方案的方法	
	目标市场营销	1. 能够了解目标市场的选择技巧 2. 能够了解企业及产品的市场定位原则	1. 目标市场选择 2. 市场定位 3. 市场定位传播	
	价格决策	1. 能够了解产品定价的因素和原则 2. 能够了解产品定价的策略运用	1. 影响价格决策的因素 2. 确定定价目标 3. 设计定价方法 4. 研究定价的策略技巧	
	营销渠道管理	1. 能够了解市场渠道与分销特点 2. 能够掌握渠道设计与管理的模式	1. 营销渠道特征 2. 设计营销渠道	
	谈判艺术应用	1. 能够掌握商务谈判的原则和技巧 2. 能够控制和回避商务风险	1. 谈判技术 2. 商务风险的预测与控制	
	促销方式应用	1. 能够掌握促销方法 2. 能够运用媒介促进销售	1. 促销方法 2. 促销筹备	

1.2　销售人员应具备的基本素质

销售人员是一个庞大的社会群体,在就业人口中占有相当大的比重,特别是在 IT 企业中,甚至达到企业员工总数的 60% 以上。他们的职业素养、专业技能决定着整个企业的经营业绩,也影响着企业的对外形象。优秀的销售员不是天生的,而是训练出来的。积极的心态、敏锐的洞察力、富有可信度的外在形象、精湛的专业知识和多领域的基础知识构成了一个优秀的销售员必备的基本素质条件。

1.2.1　积极的心态

心态上的积极就是勇敢面对问题,就算是遇到挫折,也相信有好的一面,同时努力地去发掘。所以有积极心态的人跟有消极心态的人看东西都不一样,如杯里有半杯水,积极的心态看到杯里还有半杯水,消极的心态就看到只剩下半杯水了。

积极的心态可以衍生出自信、勤奋、努力、敬业、认真这些成功所必需的元素。

通常所说的信心就是自信,对自我能力的充分肯定。正确培养自信心的方法是深入剖析自己,认识自己的长处与短处,在不断地肯定和发展优秀的一面的同时,从自身弱点出发,不断完善自己、鼓励自己,克服自卑心理,相信自己能够胜任销售工作,相信自己能够与客户沟通,相信自己能够战胜困难。

自信包括以下 3 个方面。

(1) 对自己的态度,主要有以下几点。

① 自信:对自我有信心,对行业及公司有信心,对所销售的产品有信心。

② 积极:工作主动,苦中作乐,展望未来。

③ 慎独:独处时也要时时修炼,保持自己的形象,真正成功的人始终表里如一、内外如一。

④ 谦虚:只要持有学习的态度,就不会被失败所打倒;相反,从错误中吸取教训也是学习的一部分,必须承认自己容易犯错误,只有承认这一点,才能学到更多。

⑤ 耐心:耐心是气质的体现,是心理成熟的标志。

⑥ 情绪:优秀销售员要善于控制自己的情绪。

(2) 对企业的态度是信心和忠诚,相信企业能提供好产品,提供实现自身价值的机会,使自己的一切活动完全纳入企业行为中。

(3) 对产品或服务的态度,相信自己所推销的产品是最优秀的,自己是在用该产品向消费者提供最好的服务,让消费者感觉自己的产品"物超所值",增加附加值。

与客户接触的效果取决于销售人员的销售技巧,积极心态决定了销售人员与客户在一起的时间,一个成天与客户泡在一起的销售"庸才"的成绩一定超过很少与客户在一起的销售"天才"。很多优秀的销售人员都有一个共同的特点,就是天天与客户在一起。

1.2.2　高效地工作

1. 设定一个合适可行的激励目标

对于一个销售人员来说,制定一个合适可行的目标是非常有必要的。如果没有目标,就会变得消极、无精打采、烦躁不安。没有明确的目标，人们会失去工作重点或轻易放弃。

有效目标有以下特性。

（1）具体。概念性的愿望是不能成为目标的，所以一个有效的目标，首先必须具体，最好有一个量化的指标，例如，"我期望能够在 10 年内买一套四室两厅 150m² 的房子"就比"我期望在 10 年内成为一个富翁"要清晰得多。

（2）可行。本季度销售额要达到 100 万元，这是一个非常具体的目标。但对于不同销售岗位的人来说，这个目标未必可行。假如 100 万元是公司里一位销售高手一个季度的销售目标额，同样销售目标额对于销售新手来说却几乎不可能完成。这时，销售新手最好把目标定低一点。如果连续几次目标都没达到，对其自信心会有极大的打击。

（3）需要超越。可行并不意味着销售人员的目标就可以降低。目标必须可行，但也必须超越自身最大的能力，是销售人员通过努力和拼搏可以达到的。例如，如果 100 万元的销售目标是公司全部销售人员平均一个月的销售额，那么将销售新手一个季度的销售目标定为 100 万元，其实是比较容易达到的。在不付出努力和拼搏的前提下，销售新手轻易完成了任务，没有超越自我，便不会有较大的成长。

（4）目标是可以衡量的。衡量的标准多种多样，很多人容易将目标定为每天收入多少，这样明显会急于求成，反而让自己受到挫折。特别对销售来说，其目的是找潜在客户，因此，销售人员的任务应该是每天、每周必须时时地寻找潜在客户。产出是投入之后的必然结果。只要把工作做好了，结果自然会满意。

（5）过程中可以检查。假如设定了一个季度的销售额达到 100 万元是最终目标，那每个月的目标是多少？第一个月 30 万元，第二个月 33 万元，第三个月 37 万元。过程中需要有一个可以检查的目标，有了这些小目标，大目标才能真正实现。如果小目标没有完成怎么办？超出了又该如何处理？有了这些检查点，就可以评价每一个进程是否合理。

2．科学的工作方法

1）站在 6W2H 的角度去思考

我国著名教育改革家陶行知先生曾经写过这样一首小诗："我有几位好朋友，曾把万事指导我。你若想问真姓名，名字不同都姓何：何事、何故、何人、何如、何时、何地、何量。还有一个西洋名，姓名颠倒叫几何。若向八贤常请教，虽是笨人不会错"。陶行知先生以拟人的手法，概括出八种提问题的模式，十分人性化地称为教人聪明的八位贤人和朋友。无独有偶，在管理界甚至包括军界都有提出包含这几方面在内的决策模型，逐渐形成了广泛流传的6W2H 分析法。

6W2H 分析法，也叫八何分析法、6W2H 标准化决策和评价模型，是一种通用决策方法，在企业管理和日常工作生活和学习中有着十分广泛的应用。它是 What、When、Where、Who、Why、Which、How、How much 共 8 个英文单词的缩写，即表达了目标、时间、地点、人物、理由、选择、方法、价值 8 个方面。

What 是指要达成什么目标。一定要数量化，例如，每星期慢跑 3 次，每次 20 分钟，有了数量化的目标，才能知道目标达成了多少，哪些地方还要加把劲。

When 是指要什么时候完成目标。例如，3 个月后心脏每分钟跳动的次数要降到 70～80 次。

Where 是指达成目标要利用的各个场所地点。

Who 是指促成目标实现的有关人物。

Why 是指能够更明确地确定为什么要这样做,确定这样做的理由是正确的。

Which 是指能够在思考上保持更多的弹性,能有不同的选择方案。

How 是指选择、选用什么方法进行,如何去做。

How much 是指要花多少预算、费用、时间等。

2)敏锐的洞察力

客户为了从交易过程获得尽可能多的利益,往往掩盖自己的某些真实需求。这就需要销售人员具有敏锐的观察能力,并把这些潜在的需求变为及时的实在服务。具备敏锐观察能力的实质就在于善于想客户之所想,将自己置身于客户的环境中,在客户开口言明之前,就及时、妥善地提供服务。

销售人员如何进行观察呢?

(1)善于观察客户身份、外貌。这时销售人员可以根据客人的年龄、性别提供相应的服务。

(2)善于观察客户语言,从中捕捉客户的服务需求。销售人员从与客户的交际谈话、客户之间的谈话或客户的自言自语中,辨别出客户的心理状态、喜好、兴趣及不满意的地方。

(3)善于观察客户心理状态。客户的心理非常微妙地体现在客户的言行举止中,销售人员在观察那些有声语言的同时,还要注意通过客户的行为、动作、仪态等无声的语言来揣度客户细微的心理。

1.2.3　科学地管理时间

时间是宝贵的资源,是无法开源、节流和储蓄的。作为销售人员必须明白,从事营销工作只讲功劳不讲苦劳,更不讲疲劳。而销售的功劳是用数字来说话的,来不得半点儿虚假。对所有人来讲,最短缺的资源就是时间。因此,提高工作效率的最关键点就是科学地管理时间。

做好时间管理,需要做好以下工作。

(1)安排时间,做好日、周、月计划。

(2)利用时间。在等客户、塞车等的时候阅读和思考。

(3)从容不迫。做事不可急躁,力求做成、做好。

(4)界定自己的主要工作范围,并将大部分时间集中在此范围内工作。

(5)做一项工作前先探讨一下这项工作是否可以授权别人去做。

(6)对每项工作分轻重缓急处理优先次序。

(7)安排精神最佳的时候处理最优先的工作。

(8)调整自己对同事及客户分配的时间。

(9)致力于工作经验的累积,逐渐减少完成工作所需的时间,追求最高效率。

有效利用时间的实例如下。

(1)和人会面时,事先约定会面的时间。

(2)与拥有实质权力的人交谈。

(3)说出对方真正想要的东西。

(4)据实拟订访问行程,不要在交通上浪费时间。

（5）商谈结束后不要再喋喋不休,应尽快离开。

（6）休息时间不要太长。

（7）与工作不相关的人不要访问。

（8）充分利用在公车、火车、飞机上的时间。

1.2.4　富有可信度的外在形象

专业的销售人员的基础是先将自己销售出去。在与各行各业的顾客打交道过程中,销售人员给客户留下的第一印象十分重要。第一印象将会影响客户对销售员乃至整个企业的看法。

销售人员的仪表仪容和谈吐举止是第一印象中最基础也是最重要的两个方面。

1. 仪表仪容

下面将分别对男、女销售人员的仪表仪容进行论述。

1）男销售人员

（1）头发。头发最能表现出一个人的精神状态,专业的销售人员的头发需要精心地梳理和处理。头发要干净,无头屑;不可太长,也不可过短;发型不要太新潮,也不要太老式;头油和香水要少用或不用;胡子要刮净,鬓角要剪齐。

（2）衬衣。衬衣要及时更换,注意袖口及领口是否有污垢,衬衫最上面的那粒扣子应当不系(系领带除外),但里面不要穿高领衣服。

（3）西装。西装给人一种庄重的感觉,西装的第一粒纽扣需要扣住;上衣口袋不要插着笔,两侧口袋最好不要放东西,特别是容易鼓起来的东西,如香烟和打火机等,记住西装需要及时熨平整。

（4）领带。领带和衬衫、西服需要协调。领带的质地以真丝为最佳,同时要注意图案和色彩的搭配,如打条纹领带或格子领带时,就不应该穿条纹西装,领带的颜色也不要过亮或过暗;领带的长度是以其下端不超过皮带扣的位置为标准。

2）女销售人员

发型也以中庸为原则,例如,不要梳理过高的发髻或其他怪异形状的发型;头饰、耳饰、项链不可华丽,珠光宝气也会使人觉得俗不可耐;眉毛、睫毛的描画,胭脂、口红、香水的使用,都以淡雅清香为宜,切不可浓妆艳抹、香气袭人,这样会适得其反。

女性着装选择范围非常大,没有固定的模式,最重要的是切合时间、地点、身份,大方、得体就好,不要过于花哨。首饰的佩戴也要掌握分寸,不宜佩戴过多、过于华丽,容易引起他人的反感。首饰的佩戴应精致和谐,增添服装的美感和仪容的风采,而且随季节、场合、着装、外貌的不同要有所变化。

3）男、女销售人员都应该注意的细节

（1）不要戴墨镜或变色镜。只有让客户看得见销售人员的眼睛,才能使其相信你的言行。

（2）嘴巴。牙齿要干净,口中不可有异味。

（3）手部。指甲要修剪整齐,双手保持清洁。

（4）鞋袜。鞋袜须搭配协调,两者都不要太华丽,尤其要注意,黑色皮鞋不能搭配白色袜子。鞋子的泥土要及时清理,否则进入会客场所时给人的感觉不好,同时会降低客户对你的好感。

2. 谈吐举止

销售人员除了注意仪容和服饰外,还应形成良好的谈吐举止。文明有礼的谈吐举止可以赢得客户的尊重和信任。谈吐举止虽然没有统一的模式,各人有各人的习惯和标准,但总的要求是做到文明有礼。

对于销售人员来说,和客户交谈时应注意以下一些共同遵守的准则。

(1) 接待客户时应该始终保持微笑。

(2) 接待客户应主动打招呼,做到友好、真诚,给客户留下良好的第一印象。

(3) 与客户交谈时应全神贯注、用心倾听。

(4) 保持良好的仪态和精神面貌。

(5) 坐姿应端正,不得跷二郎腿。

(6) 站立时应做到:身体不东倒西歪,不得驼背、耸肩、插兜等,双手不得叉腰、交叉胸前。

(7) 与客户的谈话,眼睛看对方眼睛或嘴巴的"三角区",即常说的注视对方。标准注视时间是交谈时间的 30%～60%,如果觉得客户出现不安、局促或不开心的表情,要立即转移视线;否则显得有侵犯性和不礼貌。

(8) 握手时表情应自然、面带微笑,眼睛注视对方。和新客户握手应轻握,但不可绵软无力;和老客户应握重些,表明礼貌、热情。

(9) 注意称呼客户,来访客人称呼为"先生""小姐""女士"或"您"等。

(10) 如果知道姓氏,第一称呼其姓氏"王先生""李小姐";如果知道其职位的,要带上其职位。称呼客户应根据销售场合的不同而有所区别。如果是在办公室谈生意,称呼要显得严肃正式一些。

(11) 使用文明用语:"早安!""午安!""晚安!""有什么我可以为您服务的""对不起,请您稍等一下""对不起,让您久等了""谢谢您! 麻烦你亲自前来""很抱歉""劳驾您、请坐""请稍坐、请用茶""谢谢您! 请慢走""不客气""再见"。

(12) 通常情况下应讲普通话,接待客户时应使用相互都懂的语言。

1.2.5　多领域的基础知识

销售人员要与各行各业、各种层次的人接触,因此对要面见的客户喜欢谈什么要清楚,进而才能有与对方共同的话题,谈起来才能投机。但这种知识面是广、博而不一定深、精。因为彼此没有时间、机会去做太深入的了解和研究。很多销售人员都有一种习惯,在每天出门前、候车时,看手机新闻或相关信息,主要是为适应各类人群的共同话题。

由于现代企业的多元化发展趋势,市场中已经出现了许多大型跨行业的复合型企业。在这些企业中,有些是合并多个行业的企业而形成的复合型企业,也有一些是以拓展以前完全没有关系的企业来实现经营多元化,最终形成企业在不同行业间展开竞争的局面。因此,这种新的企业发展状况对销售人员提出了更高的要求,必须具备多元化的知识和技能。

就销售产品而言,不论销售的是什么产品,其原理是相同的,不能说自己是为了销售计算机而进公司,故只需要具备销售计算机的知识、技术就可以了。由于职位转变经常会导致所负责的产品发生变化,因此,销售人员必须考虑扩大基于基础专业领域的知识范围。

　　综上所述,新的市场环境对销售人员素质提出了更高的要求,即未来的销售人员不仅是专才,还必须是通才,为此企业需要对销售人员进行不断的培训。有关销售的知识,如产品或服务的专业知识不可缺少,能充分了解企业重大变化所带来影响的应变能力也越来越重要。销售人员必须能积极适应变化的市场环境,具备向其挑战的意志,而这些能力只有在不断的实践中才能产生。

思　考　题

　　1. 销售人员应具备的基础知识有哪些?

　　2. 简述销售人员的工作要求。

　　3. 销售人员应具备的基本素质有哪些?

　　4. 销售人员在礼仪训练中主要注意哪些?

模块 2

产品销售技巧

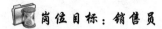 **岗位目标：销售员**

知识目标：

(1) 了解产品知识；

(2) 知道优秀销售员的职责与训练方法；

(3) 熟悉产品销售流程。

能力目标：

(1) 能针对不同需求的客户描述产品性能、价格、日常维护等；

(2) 能分辨不同类型的客户；

(3) 能根据顾客的行为正确判断顾客的意图；

(4) 培养销售员初步技巧；

(5) 能熟练地操作常用 IT 设备，并在演示过程中进行有效的沟通。

销售就是一种发现及满足顾客需要的过程。如果要有效进行这个过程，首先必须辨认顾客有使用你的产品或服务的需要。而需要，也称需求，是指达成或改进某样东西的愿望，因为有需求才有购买的动机。而要达成这样的交易，必须熟悉成功销售的步骤，并将每一步骤的技巧运用到推销公司产品及服务中；通过学习面对面的沟通技巧以及学习如何处理客户异议并帮助客户达成双赢的购买决定。

2.1 掌握丰富的产品知识

作为一名销售人员，首先要从各个方面对自己的产品有一个深刻的了解和清楚的认识。对产品的全面了解，可以加深客户对产品的认识和了解，从而提高对产品的信任度。销售人员可以从以下几个方面对产品进行全面的了解。

(1) 了解产品的基本特征。应该知道自己所销售的产品的技术性能，只有这样，才能在销售过程中清晰地向客户介绍产品，才不会失去可能的客户。

(2) 熟知产品的使用方法。客户对产品都有亲身体验的欲望，销售人员如果能对产品使用方法灵活掌握，不仅可以引起客户的兴趣，而且会使客户买得更放心。

(3) 熟知产品的耐用程度和保养措施。在一般情况下，客户购买一件价格较高的产品，都不希望它短期内报废，因此，客户对产品的保养和保修问题就格外关心，销售人员对此要做到心中有数。

（4）熟知产品与众不同之处。针对市面上一类产品有几十种甚至上百种品牌,这就要求销售人员不仅要了解自己的产品,同时要了解竞争对手的产品,知道彼此之间的优缺点在哪里,这样向客户推荐时,销售人员才能顺利地说服客户。

（5）对企业要有大致的了解。产品来自企业,对客户来说,销售人员就是企业的代表,企业的形象常常就是影响客户购买决策的关键因素。

（6）对生产过程略知一二。销售人员的职责是销售产品,为了更好地、更有效地说服客户,应当对生产过程有所了解。这样,当客户对产品提出异议时,就可以用自己对生产过程的了解去说服对方,促成成交。

（7）热爱并使用销售的产品。当销售人员对自己的产品和服务有 100%的信心和热忱,就可以打动客户的心,离销售成交也就不远了。

2.2 挖掘潜在客户

寻找客户是销售的第一步,在确定市场区域后,就得找到潜在客户在哪里,如果不知道潜在客户在哪里,销售人员向谁去销售产品? 销售人员可以从如下一些渠道来寻找客户。

1. 从认识的人中挖掘

每个人都有基本的人际关系,这样一张网络将对提高销售业绩有很大的帮助,应善加运用。可以从以下几个方面进行搜索,如亲戚、同事、同学、邻居、同乡会等,在周围,亲戚、朋友中可能就有很多人需要公司的产品。作为销售员,其任务就是跟他们沟通,让他们知道公司的产品、了解公司的产品,并跟他们进行进一步的交流,使这些潜在的消费者成为购买者和使用者。

2. 阅读报纸

寻找潜在客户最有效的途径可能是每天阅读各种各样的报纸和杂志,在每天阅读报纸的时候,要注意对有一定商业价值的叙述要做记号,勾画出有用的信息。要知道,销售最注重的是日积月累。没有哪个销售人员敢保证,他能在一天或一个月之内找到客户。

3. 展开商业联系

商业联系的第一种方式是某些公司举办的研讨会、展会等。不妨到场取得名单、搜集名片等。第二种方式是协会、俱乐部等行业组织。这些组织有其背后庞大的潜在客户群体。行业中训练有素的销售人员,熟悉消费者的特性,如果不是竞争对手,一般可以结交。即使是竞争对手,也可以成为朋友。和这些销售人员搞好关系,将会收获很多经验,同时,又多了一个非常得力的商业伙伴。

4. "扫街"

"扫街"是对所有的有可能成为潜在客户的对象进行联系的一种方法。通过"扫街",有可能接触到更多的潜在客户,同时可以了解更多关于市场的信息,有些可能是非常有价值的信息。在电梯里,在公共汽车上,在餐厅里,都可以试着主动和身边的人交谈,并且将这种行为养成一种习惯。毫无目的地"扫街"有时会得到意想不到的收获。例如,认识了一个几乎没有可能认识的人,得到一个潜在的客户,并被推荐给别的潜在客户等。

5. 利用企业已有的资源

一方面,原有的客户可能会有持续需要产品的欲望。检查一下过去客户的名单,不但能获得将来的生意,而且还将获得他们推荐的生意。另一方面,客户向客户推荐往往比销售人员向客户推荐效果要好得多。销售人员必须培养与客户的良好关系并提供实质的利益,这样客户愿意推荐的可能性才会增加。但是很多销售人员并非主动地去找客户作为自己的推荐人,而是守株待兔。

6. 利用互联网

利用互联网寻找准客户也是销售拓展方法之一。互联网上很多分类项目,如社交网站、论坛、微博等,可以让销售人员在很短的时间内找到目标客户,也可以将产品直接在互联网上展示或通过电子邮件开展销售。

2.3　拜访客户

2.3.1　预约前的准备工作

销售人员在和潜在客户打交道时,需要做一些细致的准备。

(1) 了解潜在客户的姓名、职位和职称。

(2) 想好打电话给潜在客户的理由。

(3) 准备好要说的内容。

(4) 想好潜在客户可能会提出的问题。

(5) 想好如何应付客户的拒绝。

(6) 潜在客户有哪些语言上的忌讳。

2.3.2　电话预约的技巧

与潜在客户通话时,在简短、有礼貌地介绍自己后,应在最短的时间内,引起潜在客户的兴趣。

在进行电话约见时,注意说话的语气,客气用语要简单明了,不要让客户有受压迫的感觉,且在介绍自己公司时,为了取信于客户,销售人员最好对自己工作的性质稍作解释。

销售人员在打电话时要注意说话语气不要太快,因为说话语气过快很容易让客户觉得是在强迫销售。要多问问题,尽量让客户说话,这样才能知道客户的想法。一般来说,在电话中只要简明扼要地说明产品特色就可以了,争取确定拜访的日期和时间。

这里介绍比较常见的说话的程序和一些注意事项。

销售人员:"您好,陈先生,我姓李,叫李良,是××公司打电话来的,现在方便同您谈一分钟吗?"

电话预约一定要记住以下几个要点。

(1) 对人的称呼,如先生、经理、董事长等头衔一定要明确地叫出来。

(2) 说明自己的姓,再说明名字,以便加深印象,如姓李,叫李良。这是尊重自己、肯定自己的方法。

(3) 强调自己的公司。通常客户比较认同公司,会多一些信心。

(4) 礼貌上向对方要求批准会谈的时间。强调只是一分钟,并不会占用对方太多的时间。

(5) 如果对方的回答是"不"的情况下,只好收线,拨下一个电话。如果对方太忙的话,可以这样说:"那么,好吧。我晚些再给您打电话,下午 3 点还是 5 点呢?"

当对方听了电话,表示可以继续下去时,接着应如何对答呢?

对答如下:"陈先生,我们公司是做××生意的。我打电话给您,因为我知道您对于我公司的产品有兴趣,我希望拜访您,向您介绍我公司的服务,以及我们产品的独特性,为您在这方面提供更多的选择……陈先生,我知道您很忙,您是早上比较有空还是下午呢?"

当对方答应见面时,记住将时间和地点写下来,记在日记本上,同时继续说:"陈先生,首先多谢您给了我一个机会,您可不可以将我的名字和电话写下来,如果有任何情况发生,希望您尽快通知我,大家可以再约时间……"

记住最后再重复一遍时间和地点,如"再一次多谢您,陈先生,盼望下周一下午 3 点和您见面,再见。"

以下是化解客户在电话中的异议和对抗的一些技巧。

(1) 当对方很直接地告诉你"我们不需要"的时候,你可以这样回答:"当然,陈先生,您是唯一有资格评判我们产品对您是否有价值的人。下周一下午四五点钟,我在您公司附近办事,顺便上去拜访一下您,好吗?"

(2) 太忙了。"陈先生,我知道您很忙,就因为这样我才先与您约定时间,不过,我只需要 15 分钟,下周二,下午 3 点还是 5 点好呢?"

(3) 我已经用过你们的服务了。"我们公司又有新的产品了,也许您现在没兴趣新购产品,但通过我的介绍,您肯定会有所收获,什么时候方便大家见见面呢? 明天还是后天呢?"

(4) 没兴趣啦。"陈先生,您说没有兴趣,这一点儿都不奇怪,当然如果您没有细心研究过,又怎么会有兴趣呢,所以,我非常渴望您能抽时间让我当面向您解释示范,为什么不给点机会自己去认识再作决定呢? 好了,明天方便吗?"

(5) 我没兴趣,只会浪费您的时间。"陈先生,因为这个计划对您有很大益处,我不介意花时间向您解释,我相信您会发现这个计划对您有一定的价值,明天和您碰面,大概 15 分钟时间,可以吗?"

对方在电话里要拒绝销售人员实在太容易了,对销售人员来说,再好的说辞都会被轻易地拒绝,重要的是坚持,没有人一开始就会被别人接受,特别是陌生人。但是必须要有一个信条:永远不会以拒绝为答案。

2.3.3　拜访预约过的客户

拜访预约过的客户,销售人员首先就必须引起对方的兴趣,只有对方感兴趣了,才有可能进一步往后发展。科学分析表明,吸引客户注意力的最佳时间就是在开始接触客户的头 30 秒。引起客户注意的方法有以下几种。

(1) 请教客户的意见,找出一些与业务相关的问题。一方面,向客户请教,当客户表达看法时,说明已经引起了客户的注意,同时也了解了客户的想法;另一方面,也满足了潜在客户被人请教的优越感。

(2) 迅速告诉客户他能获得哪些重大利益,这也是引起客户注意的一个好方法。因为让客户获取最大的收益,既能引起客户注意,让客户得到实惠,同时也会让客户感觉在为他着想。

（3）告诉客户一些有用的信息。每个人对身边发生的事情都非常关心、非常注意。因此，销售人员可收集一些业界、人物或事件等最新消息，在拜访客户时引起潜在客户的注意。

在拜访过程中要获得客户的好感应注意以下事项。

（1）穿着。穿着是客户见到销售人员的第一印象，得体的穿着让客户的心情放松。

（2）肢体语言。大多数人认为，走路的方式是判断一个人素质的第一肢体语言。从销售人员的走路的方式可以看出他的自信心。

（3）微笑。以微笑迎人，让别人产生愉快的情绪，也最容易争取别人的好感。

（4）问候。问候的方式决定于多方面，见面的环境也同样影响着问候的方式。如果已经知道了对方的名字和称呼，那最好不过了。

（5）让你的客户有优越感。每个人都有虚荣心，让人满足虚荣心的最好方法就是让对方产生优越感。客户的优越感被满足了，初次见面的戒备心也自然消失了，彼此距离拉近，能让双方的好感向前迈进一大步。

（6）利用小赠品赢得潜在客户的好感。大多数公司都会费尽心机地制作一些小赠品，供销售人员初次拜访客户时赠送客户。小赠品的价值不高，却能发挥很大的效力，无论拿到赠品的客户喜欢与否，相信每个人受到别人的尊重时，内心的好感都会油然而生。

2.3.4 拜访的开场白

在拜访客户时，开场白对销售人员很重要。良好的开端是成功的一半，开场白的好坏，几乎可以决定销售拜访的成败。

1. 令人印象深刻的开场白

"我们是一家专业从事计算机销售的公司，很多大公司都使用了我们公司的计算机，我们可以向客户提供最优惠的价格和最好的服务。"

2. 建立期待心理的开场白

"您一定会非常喜欢我给您看的东西！"

"我们的合作会让您降低20％的生产成本。"

3. 以帮助作为开场白

"王先生，在我开始之前，我要让您了解，我不是来这里向您销售任何产品。在我们今天短短的几分钟的会面里，我只是问一些问题，来看看我们公司是否在哪些方面可以帮助您更快达成目标。"

4. 激发兴趣的开场白

"您对一种已经证实能够在6个月当中，增加销售业绩20％～30％的方法感兴趣吗？"

"我只占用您10分钟的时间来向您介绍这种方法，当您听完后，您完全可以自行判断这种方法适不适合您。"

5. 引起注意的开场白

"您有没有看过一种破了但不会碎掉的玻璃？"一位销售安全玻璃的业务员问，然后递给客户一把锤子，让客户亲自敲碎玻璃，以此引起客户极大的兴趣。

6. 假设问句开场白

"如果我能证明这一产品真的有效,您是不是会有兴趣尝试一下呢?"

"假如我有一种方法可以帮助贵公司提高 20%～30% 的业绩,而且这一方法经过验证之后真正有效,您愿不愿意花几千元来投资在这件事上面呢?"

7. 以感激作为开场白

"王先生,很高兴您能够接见我,我知道您很忙,我也非常感谢您在百忙之中能够给我几分钟的时间,我会很简要地说明。"

8. 两分钟开场白

"您有两分钟的时间吗? 我想向您介绍一项让您既省钱又提高工作效率的产品。"

9. 以赞美作为开场白

"当初在电话当中没有感觉出来,今日一见没想到王经理这么年轻! 如此年轻就能取得这样大的成绩,真是令人羡慕!"

2.4　把握客户需求

明确客户需求实质上就是通过各种方式,获取有关客户的购买信息,并通过有效的引导让客户认可他们的问题和需求的过程。

2.4.1　明确需要解决的问题

要明确客户的需求,可以运用 6W2H 分析法进行评价或决策,即要解决如下问题:Who(谁)、What(什么)、How(怎么)、Why(为什么)、When(时间)、Where(地点)、How much(多少)。

1. Who(谁)——关于是谁的问题

(1) 谁是真正客户?

(2) 谁是这批产品的直接使用者?

(3) 竞争对手是谁?

(4) 谁是购买的最后决策者?

2. What(什么)——关于是什么的问题

(1) 客户需要什么?

(2) 产品是什么? 产品优势是什么? 能否满足客户需求?

(3) 什么是决定客户购买的关键因素? 是产品质量、售后服务还是价格?

(4) 决定销售成败的关键因素是什么?

3. How(怎么)——关于怎么购买的问题

(1) 客户怎么购买? 公开招标,还是内部推荐?

(2) 如果是产品换代,客户准备如何处理旧设备?

4. Why(为什么)——关于为什么要购买的问题

(1) 客户为什么要购买? 客户的需求背后存在的问题是什么? 更大的问题是什么?

（2）客户为什么要购买你的产品,而不会向竞争对手购买?

（3）客户为什么要向你购买,而不是向企业其他的销售人员购买?

5. When（时间）——关于在什么时间购买的问题

（1）客户准备什么时间购买?

（2）什么时候准备下一次拜访?

（3）什么时候适合推出新的产品?

6. Where（地点）——关于在哪里的问题

（1）下一次会面的地点在哪里? 是客户办公室、你的办公室还是咖啡厅?

（2）产品展示的地点在哪里?

（3）产品将放置在哪里?

7. How much（多少）——关于购买多少的问题

（1）客户需要多少数量?

（2）客户对此次购买的预算是多少? 此次采购,有多少竞争对手参与竞争?

2.4.2　积极倾听

在挖掘信息增强了解的同时,要仔细地倾听对方的回答。在交谈中被误解或被遗漏的信息通常要占 70%～90%,只有 10%～30% 的信息会被保留下来。让对方重复曾经说过的话是极不礼貌的一种行为,有时可能会构成交流障碍。

事实上,做好积极倾听不是一件容易的事,接下来将要讨论的问题就是如何保证积极地倾听。

（1）站在客户的立场去倾听。站在客户的立场专注倾听客户的需求、目标,适时地向客户确认你所了解的是不是正是他想表达的意思,这种诚挚专注的态度能激起客户讲出更多内心的想法。

（2）让客户把话说完,清楚地听出对方的谈话重点,并记下重点。记住你是来满足客户需求的,你是来带给客户利益的,让你的客户充分表达他的状况以后,你才能正确地满足他的需求,就如医生要听了病人述说自己的病情后,才开始诊断。

与对方谈话时,如果对方认知到你正确地理解了他谈话所表达的意思,他一定会很高兴。至少他知道你成功地完成了上边所说的"听事实"的层面。

能清楚地听出对方的谈话重点,也是一种能力。因为并不是所有人都能清楚地表达自己的想法,特别是在不满、受情绪影响的时候,经常会有类似于"语无伦次"的情况出现。而且,除了排除外界的干扰,专心致志地倾听以外,还要排除对方的说话方式所造成的干扰,不要只把注意力放在说话人的咬舌、口吃、地方口音、语法错误或"嗯""啊"等习惯用语上面。

（3）秉持客观的态度和拥有宽广的胸怀。不要心存偏见,只听自己想听的或是以自己的价值观判断客户的想法,这一点非常关键。

（4）对客户所说的话,不要表现出防卫的态度。当客户所说的事情对你可能造成不利时,不要立刻驳斥,可先请客户针对事情做更详细的解释。如客户说"你们企业的售后服务不好",可请客户更详细地说明是什么事情让他有这种想法,客户若只是听说,也许在说明的过程中,客户也会感觉出自己的看法不是很正确;若是客户提出的证据属实,可先向客户致歉,并仔细说明此事的原委。记住,在还没有听完客户的想法前,不要和客户讨论或争辩一些细节的问题。

(5)掌握客户真正的想法。客户有客户的立场,他也许不会把真正的想法告诉你,他也许会用借口或不实的理由搪塞,或为了达到别的目的而声东击西,或别有隐情,不便言明。因此,你必须尽可能地听出客户真正的想法。

掌握客户内心真正的想法,不是一件容易的事情,最好在听客户谈话时,自问下列的问题:
① 客户说的是什么? 它代表什么意思?
② 他说的是一个事实还是一个意见?
③ 他为什么要这样说?
④ 他说的我能相信吗?
⑤ 他这样说的目的是什么?
⑥ 从他的谈话中,我能知道他的需求是什么吗?
⑦ 从他的谈话中,我能知道他希望购买的条件吗?

2.4.3　询问技巧

询问是一种非常有用的交谈方式,它和倾听经常搭配使用,成为面谈的两大重要技巧。销售人员为了了解客户需要和心理疑问,提出种种口头提示和问题,这个过程就是面谈中的询问。询问可以引起客户的注意,使客户对于一些重点的问题予以重视,它还可以引导客户的思路,获得销售人员需要的各种信息。所以销售人员如果善于运用询问技巧,就可以及早知道客户真正需要什么以及有何疑虑方面的信息,从而有效地引导面谈顺利地进行。以下是 3 种基本的询问技巧。

1. 探索式询问技巧

销售员为了了解客户的态度,确认他的需要,可以向客户提出问题。例如,"您的看法?""您是怎么想的?""您认为我们的产品怎么样?"

销售员用这种方法向客户提问后,要耐心等待,在客户说话之前不要插话,或者说些鼓励的话,使客户大胆地告诉你有关的信息。

客户对于探索式的询问方式是乐于接受的。他们一般都能认真思考你的问题,告诉你一些有价值的信息。甚至客户还会提出建议,帮助销售员更好地完成推销工作。

2. 诱导式询问技巧

这种询问技巧旨在引导客户的回答符合销售员预期的目的,争取客户的同意。在这种询问方式下,销售员应向客户提出一些问题,将客户引到所需要解决的问题上,并借客户的回答完成交易任务。如当客户在与同类产品比较后,对公司产品的价格提出疑问时,销售人员应将话题转到产品的性能、质量等方面,如"你觉得产品的质量如何?"。在产品的比较中对客户进行提问,诱导客户向产品价格合理性方面转化,自然会得到客户的认可。

3. 选择式询问技巧

这种询问方法是指在提问的问题中,已包含有两个或两个以上的选项,对方需从这些选项中选出一个作为回答。在推销时,为了提醒、督促客户购买,采用这种询问方式往往能增加销量。如在销售某种热销的消费类产品时,效果较好的询问方式应该是:"您买一套,还是两套?"假如客户这时不想买,这样的询问常常可以促使一些客户至少购买一套。

另外,在推销活动中,应避免向客户提出这样的一些问题,如"您还不作购买决定?""我们能否今天就达成协议?""您买这种产品吗?"等这些类似最后通牒的方式,往往会使客户感到尴尬。客户为了摆脱销售人员的压力,会毫无保留地拒绝销售人员的建议。所以在诱导客户购买推销的产品时,要避免向客户提出容易遭到反对的问题。

2.4.4　询问方式

询问方式包括开放式询问和闭锁式询问。

开放式询问是指能让客户充分阐述自己的意见、看法及陈述某些事实情况,如表 2-1 所示。

表 2-1　开放式询问

使用目的		开放式询问
取得信息范例	了解目前的状况及问题点	您的笔记本电脑有哪些故障?
	了解客户期望的目标	您期望电池待机时间有多长?
	了解客户对其他竞争者的看法	您认为××牌笔记本电脑有哪些优点?
	了解客户的需求	您希望拥有一台什么样的笔记本电脑呢?
让客户表达范例	表达看法、想法	对笔记本电脑的功能,你认为哪些还需要改进: 您的意思是……? 您的问题是……? 您的想法是……?

闭锁式询问是让客户针对某个主题明确地回答"是"或"否",如表 2-2 所示。

表 2-2　闭锁式询问

使用目的	闭锁式询问
获得客户的确认	您是否认为优质的售后服务会为产品增添很高的附加值?
在客户确认点上发挥自己的优势	我们的售后服务是以"顾客完全满意"为目标的,我们会在最短的时间里,用最佳的方案解决您的问题
引导客户进入你要谈的主题	您是否认为笔记本电脑的外形美观很重要?
缩小主题的范围	您理想中的价位是在 3000 元左右吗?
确认优先顺序	您购买笔记本电脑时最注重的是功能还是外观?

2.5　产品演示

在初步会谈后,通过对一些谈话技巧的运用,可以认识到客户的需求,但这并不表示客户愿意购买产品,下一步需要展开进一步的攻势——产品演示。实践证明,产品演示能够突破听觉的单一感受,充分调动客户的眼、鼻、手、耳等器官,增强客户对产品的认识和信心,从而激起客户的购买欲望。

产品演示内容大致分为开场白、功能讲解与产品演示、结束语,每个部分强调的关键点以及相应的技巧分析如下。

(1) 要根据事前准备的问题进行有目的的演示。成功的产品演示一定要有充分的准备,否则演示的效果必将大打折扣,容易仅止于产品特性的说明。充分准备就是要了解客户的喜好、调查出客户的特殊要求、规划有创意的演示说明方式等,因此充分准备是演示成功的关键。

(2) 针对客户提出的问题,要灵活地掌握,要区别客户提出问题的合理性与非合理性。客户往往强调自身的个性,提出种种要求,对于客户提出的具体业务问题,可为其演示或解释,此类问题应注意:千万不能在小问题上与客户纠缠,占用过多时间,因为第一次演示是艺术性的,目的是签单,此时谈过多的细节问题只会有坏处不会有好处。演示过程中也要观察用户的反应,对方不感兴趣的地方尽量少讲或不讲,对方感兴趣的地方可以多讲,最后做到客户的心思、欣赏与产品结合为一体。

(3) 有效地控制演示现场。从开始产品演示到结束整个过程的场面和气氛应由演示员控制,切不可让客户控制,因为演示之前客户并不了解产品,给其演示的目的就是要让产品给他留下一个好的第一印象,要做到这一点,整个演示的场面和气氛得到有效控制是其基本因素。在产品演示之前,可以结合事先准备好的 PPT 文档,讲解本公司的产品情况,并说明:如果对于产品演示过程中存在的疑惑,在演示之后会有时间互相探讨。一个功能、特点介绍之后,可稍作停顿,以增强节奏感,但停顿时间不可太长。用户若在演示过程中打断或问某个问题,也可以进行解答,但解答完之后即应进入下一个功能点介绍,切不可停留或扯到别的事情上去。产品演示最好要有幽默感,这样会让客户印象深刻。演示要突出重点,不要太长,也不要过于全面。太长、太全面的演示会使人感到疲劳、厌烦,特别是在演示一些客户不熟悉、结构复杂的产品时。

(4) 演示中"眼动、手动、口动"三者充分结合,以增强演示的效果。在演示的过程中,要将"手"与"口"有机地结合起来,同时要利用"眼",观看客户的反应,灵活快速地调整讲课的内容。进一步讲,"眼动"是指观察用户的反应以便作出下一步的决策;"手动"是指操作;"口动"是指嘴上说的就是手上动的,手上动的即是嘴上说的。三者之间密切配合,不致脱节,让客户感觉是在听一场优美的演讲,浑然一体、一气呵成。演示产品时,应该注意只将客户所关注的主要问题的解决方案展示出来给客户看,不可做详细的操作演示。这种演示是一种艺术性的演示,其目的是给客户展示产品的优点,给客户留下深刻的印象,讲得太多太细不但客户记不住,且效果不好。

(5) 让客户参与演示。演示产品时,销售人员不要只顾自己讲解、自己操作,要让客户提出问题,让客户一同参与操作,这样,客户就能深入产品中。如果不能让客户亲自操作的话,也要尽量让客户参与演示活动,如要求客户帮助做些协助工作,这样容易吸引客户的注意力。

(6) 实例论证。列举一些有影响力的现有客户,扼要介绍他们使用产品或服务的情况,这时候可以大方地告知对方:"您不妨打电话到××(合作良好的现有客户的公司名称),看看他们的使用情况……",这样通常可以让客户对产品产生认同感。

(7) 产品演示后,要仔细分析客户的实际情况,要认真地听录音信息,分析产品能否真正满足客户的需求。分析客户的需求,提取出那些代表其行业方向的需求,可以提高自身的能力。总结产品演示过程中存在的问题,对演示过程中的各种表现进行评比。需要强调的是:通过客观的分析,可以提高自身在演示过程中存在的不足,即使演示效果非常好也要作总结,以便下一步销售策略的安排。

产品演示成为客户选型的一个重要环节,演示的技巧也决定了能否将销售进程继续往前推进。

2.6 说服及异议处理

任何一笔订单都不会轻易被得到,整个销售过程,客户会对产品提出各种各样的异议。在处理客户异议的时候按照以下步骤去做,按部就班地把它解决好。

步骤 1:通过引导让顾客说出所有的异议,可以以提问的方式去获得,如"张先生您为什么现在不能签单呢?您还有其他原因吗?""张先生您现在不能签单是不是还有什么不满意的地方啊,您不妨和我说一说。"

步骤 2:对异议进行排序,澄清哪个是真异议,哪个是假异议。异议有的是真实的,有的是虚假的,其实大部分都是虚假的,要有能力分辨出来,你和对方讲:"张先生,在所有的这些异议里面您认为最重要的是哪一项呢?"对方就会把他认为最重要的真实异议告诉你。

步骤 3:针对真实异议进行重点询问:"张先生,您为什么觉得在付款方面有问题?是什么因素在困扰着您呢?"

步骤 4:应用请示领导策略表示尽量去解决。针对真实异议重点询问以后客户就会提出要求,这时该怎么办?当场答应吗?建议最好不要这样做,要去请示领导,明明能够当场答应的你也不要答应,以免出现疏漏,这样可以为你充分思考这件事情赢得时间,你可以对客户讲:"张总,这件事情我们知道了,我回去后跟我们的王总汇报一下,我们会仔细去研究这件事情,接下来肯定给您一个满意的结果。"

步骤 5:约请下次进行拜访的时间和主题:"张总,您看我们把这件事情商量清晰以后,明天上午 10 点或者下午 3 点,您看哪个时间段我们把这件事情再确定一下呢?"这时你要用二选一法则,给对方一个选择的空间。在向张总约下次拜访的时间时给他两个选择,可以降低风险,如果你约明天上午 10 点,客户正好 10 点有会议,客户会说:"不行,我们 10 点正好有会议。"他会直接回绝,如果再给他一个可选择的时间,约请成功的概率就会增加。

步骤 6:有礼貌地告别。我们在和客户接触的过程之中,有时候非常熟悉了就很少注意礼貌,不要忘了再熟悉他也是你的顾客,懂一些礼貌他会觉得你很专业,也能够为以后的会谈打下良好的基础。

2.7 达成协议及成交

销售的目标只有一个:拿下订单!之前所论述的售前准备、寻找潜在客户、了解客户需求、消除异议和产品演示等无非都是实现销售的铺路石,拿下订单才是硬道理。现实操作中销售人员似乎都忽略了这一点,在很多失败的案例中,客户之所以没有进一步产生购买行为,原因是"他们没有要求我们这样做"。再完美的前期工作,如果没有实现成交,那么销售过程就是失败的。

可以用以下3种实用技巧来让客户作出购买决定。

(1)邀请型成交。当客户说没有什么问题或疑惑时,可以说:"那么,为什么您不试一试这项产品或服务呢?"这个方法不但显得低调、友好、专业,而且完全没有任何压力。还可以补充下面这些话加以强调:"接下来我会向您介绍每个细节",让客户知道他们有多么需要你的产品。

(2)指示型成交。可以问你的客户:"现在您觉得我们的产品或服务有帮助吗?"当客户回答"是"的时候,你可以说:"好,那么下一步我们应该这么做",接着提出你的建议,让客户作出购买的决定,需要付多少订金,你也可以拿出订单或合同要求他们填写。这种技巧可以让你掌握主动权,控制销售的局面。

(3)授权型成交。在和客户的交谈接近尾声时,一定要确认客户是否还有问题,当客户确认没有问题时,尽快拿出合同,让客户作出购买决定并签字。

在签约的时候还需要注意以下几点。

(1)当顾客拿起笔将要签字的时候,要注意不管是多大的合同、多大的单,最好不要欣喜若狂,以免引起客户的反感!有很多大客户经理半年没有开张了,好不容易签了个单,顾客的笔在那里签字时,他在这边就高兴得受不了了,像范进中举一样,反而让客户感觉心里十分不舒服,觉得被占了大便宜,有可能产生反悔的念头。切记一定要沉得住气,不要在关键的时刻给自己又找来不必要的麻烦。

(2)要注意应留出让客户思考作决定的时间,对顾客讲:"张总,我们的方案书您那里也有了,我再给您留两份,王总和李总都在这里,你们一起研讨一下看看是怎么样的结果,我们先到外面去等一下,好吧?"张总马上说:"好的,好的,那你们先等一会儿吧。"这时候你千万不要出现在他们研究的现场,他们会感觉受到威胁,给他们一个独立的思考空间,哪怕对方就一个人在那里,他思考作决定时你也不要在旁边。

(3)要去观察顾客的体态语言,把握住火候,什么时候该成交、什么时候不成交,知道这个信号是什么,如顾客提到运输的问题,提到安装期的问题,他主动起来给你倒茶表示友好或者顾客说"嗯,不错,的确是",出现这些信号的时候你要注意这是成交的时候到了,要时刻提高你的警觉,活跃你的思维,不要有成交信号的时候你还感觉不到,那样你就错过了签单的关键时机。

(4)要敢于提出成交。跟客户交往的目标是什么,主要是为了订单,关系再好也要订单至上,不要害怕失败,假如失败可以再找下一个顾客,不至于在他身上浪费时间,所以要敢于提出成交。

(5)成交后一定要尽快离开,不要过多地留恋和停留,签完单以后赶紧离开,否则会节外生枝。

(6)在外等候时要注意细节,要体现出专业素质,不要给客户造成一个不好的印象,一定要注意你的细节,有可能简简单单的一句话、一个动作,甚至你不在意的一些东西就会使你的订单流失掉。

(7)不要轻易决定任何事情。为了保险最好使用黑白脸策略或者请示领导策略,使你得到充分的时间去思考,有充分的时间去跟别人研讨这件事情怎么办,怎么去答复对方。

2.8 做好售后服务

如果不想止步于一次销售,就让你的客户满意。首先应该关注的是客户的满意度。每个购买者都希望他们购买的产品或服务完美无瑕。无论购买价格是多少,他们认为既然已经花了钱,就必须得到完美无瑕的产品或服务。

2.8.1 关于客户的理念

(1)客户希望能为其提供一项或多项产品与服务。

(2)客户是最重要的贵宾,不论他是来消费还是询问,都应该尽可能满足他所提出的任何需求。

(3)客户永远是对的,应站在客户的立场上来提供产品或服务,或许会从另一个角度发现一些不同的观点。

(4)客户就是希望能满足他需求的人,而满足其愿望是你的责任。

(5)客户希望的是等值的服务,所提供的服务越好,越能增加他对公司的好感,同时,更愿意选用你的其他产品。

(6)客户就是公司存在的最基本的理由,将此牢记在心,可以帮你走向成功之路。

2.8.2 售后的跟进

售后的跟进工作是维护持续的良好业务关系所必需的,你应当把客户当作业务生命赖以存在的基础。保持客户满意的途径有以下几个。

(1)向客户展示你对他们的关注。除了发送新年卡、生日贺卡和感谢信外,还可以通过邮件、短信、微博等发送一些对他们有所帮助的信息。

(2)顺路拜访他们时捎带公司的新产品与宣传册,以及为客户提供的额外服务。记住每次拜访客户前必须进行预约。

(3)提供一份样品,以加强客户对你的新产品的了解和体验。

(4)向客户优惠提供新产品或新服务。

(5)为因你的产品出问题而给他们带来的时间和金钱损失作出一定赔偿或补偿。

(6)接受退货时应当爽快,从长远来看,退货的代价比你找新客户的代价小得多。

(7)要遵守商业道德,为客户的信息保密。

(8)对客户使用你的产品的情况进行紧密的跟踪,并定期会见客户,保持密切联系。

(9)保持沟通渠道的畅通。

2.8.3 处理抱怨的技巧

1.处理抱怨的恰当方法

(1)针对性原则。站在客户的立场,弄清客户的问题,有针对性地回答,忌答非所问、避而不答。

(2)主动性原则。设身处地猜测客户会碰到但没有提出的问题,主动提醒客户。

(3)保持冷静,避免个人情绪受困扰。

（4）集中研究解决问题的办法，而不是运用外交辞令。

（5）避免提供过多不必要的资料或假设。

（6）即使客户粗鲁无礼，也要保持关注、同情。

（7）多用类似下列的语句。

——谢谢您提醒我注意。

——谢谢您告诉给我们知道。

——我们都明白您的困难/问题。

——如果我是您，我都可能会这么做。

——造成这样我们非常抱歉。

（8）一切投诉都要马上处理，切勿忽视任何投诉或置之不理。

2. 处理抱怨的不恰当方法

（1）随意猜测客户的心理和用意。

（2）将责任归咎于客户。

（3）打断客户说话，反诘客户。

（4）与客户争执、争辩。

（5）拼命说服客户。

（6）威胁客户接受。

3. 处理抱怨的法宝——同理心

（1）说出对方的情绪。

（2）描述事实，取得客户的认同。

（3）说出对方背后的期待。

2.8.4 接待技巧

1. 接待的技巧

（1）展现出整洁、宜人的外表。

（2）微笑！微笑！

（3）透过面部表情，表现出自信与热忱。

（4）尽可能尊称客户姓名来欢迎他们。

（5）仔细听客户想说的话。

（6）注意身体语言，不要有任何惹人讨厌的举动。

（7）永远以礼貌与尊敬来对待客户。

（8）对自身的工作表现出热爱。

（9）用调整过的声调，徐缓且清晰地说话。

（10）展现高水平的专业知识。

（11）以专业态度接受客户抱怨。

（12）微笑并保持冷静。

（13）不将客户的粗鲁言辞放在心上。

（14）不要打断客户说话。

（15）如果客户有抱怨，而非单纯询问，要多为客户着想。

（16）对客户的询问，多提供解决方案。

（17）如果无法协助客户，找出其他能提供协助的人。

（18）如果不能立即服务客户，招呼他并请他稍候。

（19）如果需要更多信息去处理客户询问，多问问题。

（20）勿与客户争执。

（21）使客户被知会，且满意地离去。

2. 接待的禁忌

（1）不理会客户光临，先处理自己手上的事。

（2）让客户等待服务，不知所措。

（3）联络受访者后即将客户置于一旁，不再理睬。

（4）一边聊天一边接待。

（5）未经联系直接指示客户进入办公区。

（6）会客区凌乱不堪，无人整理。

（7）受访者久未出面，也不告知来访者原因。

（8）"有什么事吗""他可能在忙""找谁""啊""什么""不在""不清楚""不知道""没有"等习惯用语。

（9）未事先约访即直接联系当事人，致使当事人无法拒绝。

（10）随意进入会客室找人或直接与受访者谈话。

（11）顾客离去时，当作没看见。

3. 待客黄金定律

（1）客户进到公司后以目光与微笑相迎。

（2）起身询问客户需要什么服务。

（3）说话清楚，并维持一秒两个字的速度。

（4）身体微倾并专注地倾听客户说话。

（5）若需客户等待，必须将其安排至会客区等待。

（6）详细了解客户来访的目的。

（7）通过第三者确认受访者意愿。

（8）处理客户抱怨，记录人名、来访时间。

（9）客户离去时以目光、微笑、点头恭送。

4. 处理反对意见的技巧

客户提出反对意见是常见的问题，要把反对意见视作考验加以克服，对于一切反对意见，均应及时加以解决。

（1）误会你的意见。起因在于缺乏沟通。

——以发问方式重复客户所提出的反对意见，等待回答。

——立即加以澄清（重复客户的意见可使对方知道你真正明白其反对理由，这样做也可以帮助你更加了解对方的反对意见及表示尊重）。

（2）合理的反对意见。客户认为建议对本身并无利益或对建议无好感。

——以技巧的发问方式重复对方所提出的反对意见,等待回答。

——强调适当的或对方曾经表示喜欢的利益。

——每次均以商议或发问来解决(把你的构思或解决办法及其他的利益提出,以降低反对意见的严重性。切不可与客户争辩,只可强调对方已经认同的利益,使他们着眼于该利益之上,让客户知道你本身的建议充满热忱及信心)。

(3) 不合理的反对意见。客户只不过喜欢无中生有或纯粹为难你。

——以发问方式重复客户所提出的反对意见,等待回答。

——任由客户发表意见,切不可与对方争辩,只可重提对方已经认同的利益并加以强调。

5. 常用语言

(1) 您好! 欢迎光临。

(2) 早安! 午安! 晚安!

(3) 有什么我可以为您服务。

(4) 对不起,请您稍等一下。

(5) 对不起,让您久等了。

(6) 谢谢您! 麻烦您亲自前来。

(7) 很抱歉。

(8) 劳驾您。

(9) 请坐,请稍坐。

(10) 请用茶。

(11) 谢谢您! 请慢走。

(12) 不客气。

(13) 再见。

思 考 题

1. 简述成功销售的主要步骤。

2. 挖掘潜在客户的主要渠道有哪些?

3. 简述电话预约的技巧。

4. 销售拜访的开场白有哪几种?

5. 积极倾听的技巧有哪些?

6. 处理客户异议的步骤有哪些?

7. 简述处理抱怨的技巧。

模块 3

IT 产品推介与销售技巧

 岗位目标：IT 产品销售员

知识目标：

(1) 了解 IT 产品销售行业的工作岗位设置；

(2) 了解计算机及其应用；

(3) 了解打印机、扫描仪、投影仪等办公设备；

(4) 了解数码相机、家用路由器；

(5) 熟悉销售员应有的 10 项关键素质；

(6) 知道优秀销售员的职责与训练方法；

(7) 熟悉产品销售流程。

能力目标：

(1) 能正确使用计算机；

(2) 能正确使用打印机、扫描仪、投影仪等办公设备；

(3) 能较好地与顾客进行沟通、交流；

(4) 能根据顾客的行为正确判断顾客的意图；

(5) 能分辨不同类型的客户；

(6) 培养销售员的初步技巧。

在中国信息产业飞速发展的今天，IT 产品无论在科学计算、日常办公、企业工控、军事应用，还是在家庭娱乐中都占有不可或缺的地位，与其对应的 IT 产品制造、销售、服务行业的发展也不言而喻，中国巨大的 IT 销售市场造就了 IT 产品销售员、售后服务技术员、销售管理人员的人才需求，IT 销售市场对 IT 销售岗位的分工和要求也随着时代的变迁而不断变化。如读者想了解更多 IT 销售岗位的职业能力要求、薪酬待遇等时事信息，也可通过智联招聘、前程无忧、实习僧等网站进行查询。

1. IT 产品销售市场岗位分析

根据 IT 产品销售业卖场调查分析，销售业工作岗位设置虽层次分明，但职位称谓不一，根据职位要求大致归纳为 4 类，分析见表 3-1。

表 3-1　产品销售市场岗位分析

IT 销售业岗位设置名称	归纳后岗位	岗位要求汇总	岗位级别	薪酬调查
销售员　店员　营业员 导购员　促销员 收银员　防损员	IT 产品销售员	遵守公司制度,听从安排;熟悉计算机产品、数码产品及网络设备;有良好的团队精神,自信,有责任心;善于思考、善于学习,机智灵活;对工作充满热情与激情,能承受一定压力;形象良好,语言表达能力良好,有零售经验;能进行货品销售记录、盘点、账目核对,商品的来货验收、上架陈列摆放、补货、退货、防损	初级	3000～8000 元
装机员　技术员 售后服务员 技术支持	技术员	遵守公司制度,听从安排;熟悉计算机产品、数码产品及网络设备的安装、配置、维护与故障排除;有良好的团队精神;善于思考、善于学习,机智灵活,有责任心;对工作充满热情与激情,能承受压力	初级	3000～6000 元
产品主管　技术主管 售后主管	主管	除具备以上要求外,需具备组织管理能力、协调能力、抗压能力、亲和力;具备良好的演讲技巧,熟悉主管业务	中级	8000～12000 元
店长　销售经理 区域经理	经理	除具备主管要求外,能在上级的领导和监督下定期完成量化的工作要求,并能独立处理和解决所负责的任务,能够很好地协调各项工作,达成当季的销售任务;能及时地反映市场动向,正确地作出相应的调整,负责促销季销售活动的策划和执行,完成销售指标	高级	10000～15000 元

2.IT 产品销售员的职业素养

销售是点对点的营销方式,销售的工作就是去满足客户的需求,并艺术性地让客户认同和接受其工作。要成功地做到这一点,销售人员必须充分了解代理的产品性能和各项服务,并具备优良的销售技巧。

在过去的 20 年间,销售这一职业已经发生了巨大的变化,作为一名专业的 IT 产品销售员,必须对自身的能力作出正确、客观的分析、评价,并不断完善,提高自己以面对竞争日趋激烈的 IT 销售市场,逐渐成长为专业、优秀的 IT 产品销售员甚至部门主管、经理。

销售员若要在销售工作中取得成功,并成为一名职业的销售大师,必须具备以下 10 项关键素质:

(1)自觉遵守公司制度;

(2)较强的专业知识;

(3)自信心;

（4）勤奋、积极、主动的态度；

（5）良好的团队协作精神；

（6）明确任务目标；

（7）普通话及地方语言好，具有良好的沟通能力；

（8）良好的第一印象；

（9）一定的客户拜访技巧；

（10）一定的演讲技巧。

具备以上基本素质的 IT 产品销售人员，如能熟练运用一些销售技巧，加上产品品质、相应售前售后服务，并确信自己能够成功，就有可能使产品销售取得成功。

3. IT 产品销售技巧

销售是创造、沟通与传送价值给顾客，经营顾客关系以便让组织与其利益关系人受益的一种组织功能与程序。简单来讲，销售就是介绍商品提供的利益，以满足客户特定需求的过程。

技巧是指对生活或工作方法的熟练和灵活运用，而销售技巧是每个销售员各自与客户交流沟通特定的方法。销售技巧包括了沟通技巧、客户心理学、人类行为学以及自己所销售产品相关学科的专业知识，甚至是人的各种爱好以及对社会现象的态度。每个销售员因专业知识、个体能力、性格差异等自身条件不一样，所产生应对问题的习惯也不会一样，因为是个体的习惯，可以更加熟练、灵活地运用到销售过程当中，取得好的销售业绩，并能比别人更好地达到销售目的。

销售过程可简单归纳如下：

（1）销售员与客户处于相互帮助的位置；

（2）艺术性地把产品用自己的方式传递给对方；

（3）提供给客户所需的东西，但不一定是他们想要的东西；

（4）通过估量客户需求来促进业务的创造性活动；

（5）利用个人魅力说服客户从事可能并不太愿意干的事；

（6）协调产品资源、货物运送和服务的活动。

学习销售的技巧是为了提高自己的销售水平及业绩，由此可见，销售技巧可以帮助人们更好地去完成销售，人们得出这样的结论是因为看到某人使用这种销售技巧取得了不错的效果，但有一点值得注意，销售技巧放在自己身上是不是也能达到一样的效果。

每个人的性格、学识等自身条件不一样，很多别人用得好的方法在其他销售员那里不一定能得到良好的运用，如果强行运用，反而适得其反。同时，技巧可以通过训练得到提高，从不适应、难受、舒畅，再到得心应手。很多人会因为自己的习惯而拒绝让自己难受的一些销售技巧，不愿意进行学习或训练，那么就会影响销售技巧的提高。

销售不是一个人的游戏，它涉及方方面面因素，市场环境、商品品牌、消费习惯、人际关系、竞争对手、服务质量、自身条件等，这些林林总总的因素造就了销售环境的多样性，销售不是简单的复制就可以完成，但销售往往在一定程度上又具有共通性，因此，对于销售的技巧学习和把握要学会思考，找到适合自己的，改善成为可以帮助自己的方法，当把这些方法熟练应用到自己的销售过程当中时，就成为自己的销售技巧。

适合自己的才是最好的，对于什么是销售技巧，销售人员要仔细来辨别，选择学习，才会不断提升自己的销售能力。

4. 销售过程训练

1) 销售员的职责

一般实体 IT 产品卖场的销售员推销产品时会经过接触、了解需求、把握时机、促单、下单交订、出货等接待顾客的过程,如能有效地把握各个环节,就能大大提高产品推销的成功率。

接待顾客是一门很深奥、很微妙的学问,营销服务有其自身的规程,违背了这些规程就很难达到营销的目的。如何吸引顾客,这就要求履行以下职责,方可不断拓展业绩并招徕返客。

(1)"三一"服务:进门一个鞠躬、一声问候、一杯水。

(2)打招呼:要注意语气,轻柔而不造作,轻声而不低沉。

(3)定睛注视:不要目不转睛地盯着看,保持真诚热切的目光,给顾客尊重、稳健的感觉。

(4)接近顾客:顾客莅临,要主动接近顾客,不要让顾客有被冷落的感觉。

(5)询问顾客的要求:要耐心、细致,循循善诱,友善引导,不要让顾客感觉被蒙骗。

(6)拿商品给顾客看:应双手递上,恭敬谦卑,以示诚恳。

(7)商品讲解说明:针对商品特性,进行简要讲解说明,必要时,进一步全面解说。

(8)让顾客选取商品:要耐心、细心,不要显出不耐烦的迹象。

(9)使用说明:确定商品并交付订金后应简要说明产品使用的注意事项。

(10)收款:面带微笑并说声"谢谢"。

(11)包装商品,交付顾客:小心包装,点齐货品、配件及赠品,双手奉上。

(12)行礼:目送顾客离开,道声"欢迎再来",顾客走远,要招手致意。

2) 销售过程

通过卖场调研、网上调查、经验交流等渠道得知,在实际销售工作中,把握顾客的行为特征和时机尤为重要。以下描述了接触顾客的时机、了解顾客需求、出现成交意图、促单等销售过程,参考如下。

(1)初步接触的最佳时机。

① 当顾客长时间凝视某一商品,或若有所思时。

② 当顾客触摸某一商品一小段时间之后。

③ 当顾客抬头起来的时候。

④ 当顾客突然停下脚步时。

⑤ 当顾客的眼睛在搜寻时。

⑥ 当顾客与店员的眼光相碰时。

(2)选好时机后,通过以下 3 种方式实现与顾客的初步接触。

① 与顾客随便打一个招呼。

② 向顾客介绍他中意的商品。

③ 询问顾客的购买愿望。

(3)臆测顾客需求的 5 种方法。

① 让顾客了解商品的使用情形。

② 让顾客触摸商品。

③ 让顾客了解商品的价值。

④ 拿几件商品让顾客比较。

⑤ 按照从低档商品到高档商品的顺序拿商品。

（4）出现下列情况时，成交的时机就出现了。

① 顾客突然不再发问时。

② 顾客话题集中在某个商品上时。

③ 顾客不讲话而若有所思时。

④ 顾客不断点头时。

⑤ 顾客开始注意价钱时。

⑥ 顾客开始询问购买数量时。

⑦ 顾客不断反复问同一问题时。

（5）时机出现，促单的方法有以下 4 种。

① 不要给顾客看新商品。

② 缩小顾客选择范围。

③ 帮助顾客确定所喜欢的商品。

④ 对顾客所喜欢的商品作简要说明，促使下定决心，但千万不能用粗暴、生硬的语言去催促顾客。

3）"投其所好"的推销方法

IT 产品销售员为了引导消费者购买，应对产品性能了解全面，对于 IT 产品的技术、性能、使用、维护等了如指掌。不同顾客对计算机硬件配置、价位需求也不一样，下面就以应该怎样给顾客介绍一台计算机为例，针对不同类型的顾客来介绍计算机的销售方法。

首先要观察顾客，顾客分为很多种类型，以下就先来分析一下顾客类型。

（1）理性的顾客。对于这种顾客，对产品很挑剔，不容易轻易相信销售者的话，而这类人一般不轻易发表问题，而是抓住关键问题来问，作为销售人员应该放慢自己的说话节奏，配合顾客的提问，多向他引用文件、证据、图表之类，这样可能会起到良好效果。

（2）不懂装懂的顾客。对于这种顾客，需要大大地赞赏一下他的见识，估计交易就大功告成了。

（3）犹豫不决的顾客。对于这种顾客，对你产品的各项功能服务都非常满意，但是还在犹豫，为了达成销售，应该在语言中带有提示地告诉他一定要买，不买就会后悔的信息。例如，当一个顾客在犹豫的时候，你可以告诉他，我们这个产品搞特惠促销，今天买可以送……明天买可能就没有了；或者今天是特价销售，而明天就不会在以这个价格销售了。只要顾客没有离开你的店面，估计离成功就不远了。

（4）比较贪心的顾客。直接亮出公司的规章制度，并告诉他你的难处，但是为了挽留顾客，可以适当送一些赠品。

其次是介绍产品，介绍产品最重要的是强调产品价值。

再次就是多给顾客做演示。

通用的方法就是把机器的性能全部先背一遍，或者直截了当地询问顾客需要，让顾客开口说话才是最好的，两者相同点就是一定要把产品的特点凸显出来。了解顾客是从性能、实用性、价格，还是从其他方面考虑，总之要了解清楚，所以要求销售人员一定要把每一个因素都掌握好。

从性能上分析,就要着重把握产品的特点,如正规厂家生产、原装进口配件、正规发票等。

从实用性分析,就要了解顾客家庭情况和购买动机,提醒顾客买计算机够用就好,买低了不够用、高了用不着,让顾客明白你是在为他着想。

从价格上,就要从竞争对手和产品特点双方面来分析,如售后服务、品牌信誉等。毕竟计算机不是一般的电子产品,软件、硬件问题比较多,如果没有强大的售后服务做支撑,那么后果将会不堪设想。

如果想让顾客购买你的计算机,虚假的价格一定不行,一定要以真诚的态度推销计算机。其次是要在最短时间内知道对方的喜好,然后推荐相应配置的计算机,如推荐重点为声音、游戏运行性、画面画质等,让顾客感兴趣,才能有效果,总之就是抓住对方想要的东西进行推销。推销需要积累经验,不要空想,要多实践,时间久了自然就摸索出自己的一套销售技巧。

3.1　计算机产品推销技巧

人类所使用的计算工具是随着生产的发展和社会的进步,从简单到复杂、从低级到高级的发展过程,计算工具相继出现,如算盘、计算尺、手摇机械计算机、电动机械计算机等。1946 年,世界上第一台电子数字计算机(ENIAC)在美国诞生。这台计算机共用了 18000 多个电子管,占地 170m^2,总重量为 30t,耗电 140kW,运算速度达到每秒能进行 5000 次加法、300 次乘法。

电子计算机在短短的 70 多年里经过了电子管、晶体管、集成电路(IC)和超大规模集成电路(VLSI)4 个阶段的发展,使计算机的体积越来越小、功能越来越强、价格越来越低、应用越来越广泛,目前正朝智能化方向发展。

3.1.1　计算机及其应用

1. 生活中的计算机

在现代社会的日常生活中,计算机无处不在。在信息技术高速发展的中国,计算机的应用尤为重要。实际上,计算机存在于一些几乎想象不到的地方,包括家用电器、轿车、游戏机、玩具甚至是闹钟里面。

在过去的 20 年间,计算机改变了人们在家庭、工厂和学校的一种不可或缺的生活方式。现在,绝大多数行业都在多个方面使用信息化的设备,基本所有公司的内外部都连接有网络。根据 CNNIC 在 2022 年发布的《第 50 次中国互联网络发展状况统计报告》,截至 2022 年6 月,我国网民规模为 10.51 亿人,互联网普及率达 74.4%,网民规模持续提升,网络接入环境更加多元。农村地区互联网基础设施建设全面强化,我国现有行政村已实现"村村通宽带",农村地区互联网普及率达 58.8%;在网络接入环境方面,网民人均每周上网时长为29.5 小时,网民使用手机上网的比例达 99.6%,使用台式计算机、笔记本电脑、电视和平板电脑上网的比例分别为 33.3%、32.6%、26.7%和 27.6%。

2. 计算机的定义

计算机是一种能够按照事先存储的程序,自动、高速地进行大量数值计算和各种信息处理的现代化智能电子设备。由硬件和软件所组成,两者是不可分割的。人们把没有安装任何软件的计算机称为裸机。随着科技的发展,现在新出现一些生物计算机、光子计算机、量子计算机等新型计算机。

本书讨论的计算机是生活中随处可见的计算机——数字计算机。它们都是利用二进制数字进行操作的,也就是说,计算机把所有类型的信息都分解成很小的单个信息,并使用数字表示每个信息。数字计算机还按照严格的步骤运行,并按照组织严密的指令分别处理每个信息。

3. 个人用户使用的计算机

大部分计算机一次只能由一个人使用。虽然这样的计算机通常由几个人共享,如学校计算机室中的计算机、网吧中的计算机,但是在任意给定的时间,只有一个用户可以操作计算机。这一类的计算机主要包括台式计算机(desk-top computer)、工作站(workstation)、笔记本电脑(notebook PC)、平板电脑(tablet personal computer)、手持式电脑(hand-held computer,HHC)、智能电话(smart telephone)6 种类型。

这些系统全部都是 PC(personal computer,个人计算机)的示例,PC 这个术语表示一个人使用的计算机系统。个人计算机又称为微型计算机,因为它们是人可以使用的最小的计算机。个人计算机或 PC 通常用于描述台式计算机。

虽然个人计算机主要供个人使用,但它们可以连接在一起,形成网络。实际上,网络互联已成为个人计算机最重要的目的之一,即使很小的手持式电脑,现在都可以连接到网络上。

(1)台式计算机。最常用的个人计算机是台式计算机(desk-top computer),也就是可以放在桌子上面的计算机,在学校、家庭、办公室都可以见到,也是在计算机销售中份额最大的产品。

随着计算机技术的不断向前发展,其应用领域已经不仅仅局限于绘图、文字处理、游戏、通信等多媒体应用。在一些特殊行业中,计算机产品开始发挥着它们的巨大作用,如嵌入式 PC、计算机监控系统、电脑雕刻机、远程证券、金融等。

台式计算机体积大,不便于携带。台式计算机的主要组件是主机,即安装处理设备和存储设备等计算机关键零件的机箱。台式计算机的设计形式现在常见的有两种,比较传统的台式计算机采用垂直方向放置的主机,键盘、鼠标和显示器一起放在桌面上,通过数据线与主机连接,如图 3-1 所示。另外一种则是一体式计算机,将主机部分、显示器部分,甚至键盘鼠标整合到一起的新形态计算机,比较常见的为美国苹果公司的 iMac 一体式计算机,如图 3-2 所示。

图 3-1　传统的台式计算机

图 3-2　iMac 一体式计算机

　　(2) 工作站。工作站是一种专用的单用户计算机,功率和功能通常都优于标准的台式 PC。科学家、工程师、设计师都非常喜欢这样的机器,因为他们在执行复杂的任务时,需要系统具有高于平均的速度和功率。工作站通常配备体积大、分辨率高的显示器,并且具有高速图形处理能力,因而适合高级的建筑或工程设计、建模、动画制作和视频编辑。

　　(3) 笔记本电脑,简称笔记本,又称"便携式电脑,手提电脑、掌上电脑或膝上型电脑",特点是机身小巧。比台式计算机携带方便,是一种小型、便于携带的个人计算机,通常质量为 1~3kg。当前发展趋势是体积越来越小,重量越来越轻,功能越来越强。使用时,需要翻开笔记本电脑的盖子,露出薄薄的显示屏和键盘;不使用时,可以折叠起来,如图 3-3 所示。

　　(4) 平板电脑,也叫便携式电脑,是一种小型、方便携带的个人计算机,以触摸屏作为基本的输入设备。它拥有的触摸屏(也称为数位板技术)允许用户通过触控笔或数字笔来进行作业而不是传统的键盘或鼠标。用户可以通过内建的手写识别、屏幕上的软键盘、语音识别或者一个真正的键盘(如果该机型配备的话)实现输入,如图 3-4 所示。

图 3-3　笔记本电脑　　　　　　　　　　　图 3-4　平板电脑

　　(5) 手持式电脑。手持式电脑是非常小的计算机设备,可以放在手上操作,如图 3-5 所示。比较流行的手持式电脑是 PDA(personal digital assistant,个人数字助理)。PDA 还没有记事本大,一般用于特殊应用,如做笔记、记录查看日程表、记录客户资料、PDA 菜单等。许多 PDA 可以连接到较大的计算机上,进行数据交换。大部分 PDA 都配备有手写笔,可以在屏幕上书写。一些手持式电脑具有内置的小键盘或者接收语音的麦克风。

　　许多 PDA 能够通过无线连接访问 Internet,一些型号还具有移动电话、照相机、摄像机、视频音乐播放器和全球定位系统(GPS)等功能。

　　(6) 智能电话,俗称智能手机,是具有独立的操作系统、独立的运行空间,可以由用户自行安装软件、游戏、导航等第三方服务商提供的设备,并可以通过移动通信网络来实现无线网络接入的手机类型的总称,如图 3-6 所示。

图 3-5　手持式电脑　　　　　　　　　　图 3-6　智能电话

智能手机是由掌上电脑(pocket PC)演变而来的。最早的掌上电脑并不具备手机通话功能,但是随着用户对于掌上电脑的个人信息处理方面功能的依赖的提升,又不习惯于随时都携带手机和 PC 两个设备,所以厂商将掌上电脑的系统移植到了手机中,于是才出现了智能手机这个概念。

4. 专业机构使用的计算机

专业机构计算机可以同时处理许多用户的需要。这些计算机功能强大,通常位于机构网络中心机房,商业机构或学校等单位最常使用。

一般来说,每个用户通过自己的设备与这样的计算机进行交互,而不必排队等在一个键盘和显示器前。最大的机构计算机可以在几千米以外同时支持数千名个人用户。虽然其中的一些大型系统专门用于特殊目的,用户只能执行一些特定的任务,但许多机构计算机是通用系统,支持大量任务。

(1) 网络服务器(Web server)是计算机局域网的核心部件。网络操作系统是在网络服务器上运行的,网络服务器的效率直接影响整个网络的效率。因此,一般要用高档计算机或专用服务器计算机作为网络服务器,如图 3-7 所示。

(2) 大型计算机(mainframe)是用来处理大容量数据的机器。它运算速度快、存储容量大、联网通信功能完善、可靠性高、安全性好,但价格比较高,一般用于为大中型企、事业单位(如银行、机场等)的数据提供集中的存储、管理和处理,承担企业级服务器的功能,同时为许多用户执行信息处理任务,如图 3-8 所示。

图 3-7　QNAP 威联通 TS-532X 网络服务器

图 3-8　IBM System z10 大型计算机

(3) 小型计算机(minicomputer)是相对于大型计算机而言的。小型计算机的软、硬件系统规模比较小,但价格低、可靠性高、便于维护和使用,一般为中小型企、事业单位或某一部门所用。

(4) 巨型计算机(supercomputer)又称超级计算机,是计算机中功能最强、运算速度最快、存储容量最大的一类计算机,多用于国家高科技领域和尖端技术研究,是国家科技发展水平和综合国力的重要标志。巨型计算机主要用来承担重大的科学研究、国防尖端技术和国民经济领域的大型计算课题及数据处理任务,如大范围天气预报,整理卫星照片,探索原子核物理,研究洲际导弹、宇宙飞船,制订国民经济的发展计划等。

2016 年我国发布的神威·太湖之光超级计算机(图 3-9)是第一台全部采用中国处理器构建的当前运算速度世界第一的超级计算机。在世界范围内创造了首台峰值运行速度超过十亿亿次的纪录。直观地说,它 1min 的计算能力,就相当于全球 72 亿人同时用计算器不间断计算 32 年。

图 3-9　神威·太湖之光

5. 计算机在社会生活中的应用

1) 科学计算

科学计算也称数值计算。计算机最开始是为解决科学研究和工程设计中遇到的大量数学问题的数值计算而研制的计算工具。随着现代科学技术的进一步发展,数值计算在现代科学研究中的地位不断提高,在尖端科学领域中,显得尤为重要。例如,人造卫星轨迹的计算,房屋抗震强度的计算,火箭、宇宙飞船的研究设计等,都离不开计算机的精确计算。在工业、农业以及人类社会的各领域中,计算机的应用都取得了许多重大突破,就连我们每天收听收看的天气预报都离不开计算机的科学计算。

2) 数据处理

在科学研究和工程技术中,会得到大量的原始数据,其中包括大量图片、文字、声音等,信息处理就是对这些原始数据进行收集、分类、排序、存储、计算、传输、制表等操作。目前计算机的信息处理应用已非常普遍,如人事管理、库存管理、财务管理、图书资料管理、商业数据交流、情报检索、经济管理等。据统计,全世界计算机用于数据处理的工作量占全部计算机应用的 80% 以上,大大提高了工作效率,提高了管理水平。

3) 自动控制

自动控制是指通过计算机对某一过程进行自动操作,它不需人工干预,能按人预定的目标和预定的状态进行过程控制。所谓过程控制是指对操作数据进行实时采集、检测、处理和判断,按最佳值进行调节的过程。目前被广泛用于国防、航空航天领域以及操作复杂的钢铁企业、石油化工业、医药工业等生产中。

4) 辅助设计

计算机辅助设计(computer aided design,CAD)是指借助计算机的帮助,人们可以自动或半自动地完成各类工程设计工作。目前 CAD 技术已应用于飞机设计、船舶设计、建筑设计、机械设计、大规模集成电路设计等。有些国家已把 CAD 和计算机辅助制造(computer aided manufacturing)、计算机辅助测试(computer aided test)及计算机辅助工程(computer aided engineering)组成一个集成系统,使设计、制造、测试和管理有机地组成为一体,形成高度的自动化系统,因此产生了自动化生产线和“无人工厂”。

5) 网络应用

计算机技术与现代通信技术的结合构成了计算机网络。计算机网络的建立,不仅解决了一个单位、一个地区、一个国家中计算机与计算机之间的通信,各种软、硬件资源的共享,也大大促进了国际的文字、图像、视频和声音等各类数据的传输与处理。

6）人工智能

人工智能(artificial intelligence, AI)是指计算机模拟人类某些智力行为的理论、技术和应用。人工智能是计算机应用的一个新的领域,这方面的研究和应用正处于发展阶段,在医疗诊断、定理证明、语言翻译、机器人等方面,已有了显著的成效。例如,用计算机模拟人脑的部分功能进行思维学习、推理、联想和决策,使计算机具有一定"思维能力"。我国已开发成功一些中医专家诊断系统,可以模拟名医给患者诊病开方。

机器人是计算机人工智能的典型例子,机器人的核心是计算机。第一代机器人是机械手;第二代机器人能够反馈外界信息,有一定的触觉、视觉、听觉;第三代机器人是智能机器人,具有感知和理解周围环境的能力,基本掌握了语言、推理、规划和操作工具的技能,可以模拟人类完成某些工作。机器人不怕疲劳,精确度高,适应力强,现已开始被用于搬运、喷漆、焊接、装配等工作中。机器人还能代替人在危险环境中进行工作,如在有放射线、污染、有毒、高温、低温、高压和水下等环境中工作。

7）电子商务

电子商务(electric commerce, EC)是人们利用计算机和网络进行的新型商务活动。它是在互联网开放的网络环境下,基于浏览器/服务器应用方式,买卖双方互不谋面地进行各种商贸活动,实现消费者的网上购物、商户之间的网上交易和在线电子支付,以及各种商务活动、交易活动、金融活动和相关的综合服务活动的一种新型的商业运营模式。如阿里巴巴网站、淘宝网站、亚马逊网站等,都是电子商务的应用平台。

8）多媒体技术应用

多媒体技术将计算机技术、现代声像技术与通信技术融为一体,以计算机技术为核心,是更自然、更丰富的计算机技术。

3.1.2　台式计算机的基础知识与推销技巧

1. 计算机系统的组成

一个计算机系统包括硬件系统和软件系统两大部分。如图 3-10 所示,硬件是指构成计算机的所有实体部件的集合,而软件则是各种程序和文档的总和。通俗地说,硬件是计算机的躯干,软件是计算机的头脑和灵魂,两者缺一不可。

图 3-10　计算机系统的组成

台式计算机的硬件组成如图 3-11 所示。

（1）主机：指计算机用于放置主板及其他主要部件的容器，通常包括 CPU、主板、内存、硬盘、声卡、显卡、电源以及其他输入/输出控制器和接口。台式计算机主机内部结构如图 3-12 所示。

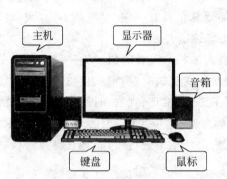

图 3-11　台式计算机的硬件组成　　　　图 3-12　台式计算机主机内部结构

CPU：即中央处理器，功能是控制计算机自动、协调地完成各种操作。作为整个系统的核心，CPU 也是整个系统最高的执行单元，因此 CPU 已成为决定计算机性能的核心部件，很多用户都以它为标准来判断计算机的档次。

主板：计算机中各个部件工作的一个平台，它把计算机的各个部件紧密连接在一起，各个部件通过主板进行数据传输。也就是说，计算机中重要的"交通枢纽"都在主板上，它工作的稳定性影响着整机工作的稳定性。

内存：又称内部存储器（RAM），属于电子式存储设备，由电路板和芯片组成，特点是体积小、速度快、有电可存、无电清空，即计算机在开机状态时内存中可存储数据，关机后将自动清空其中的所有数据。

硬盘：属于外部存储器，由金属磁片制成，而磁片有记忆功能，所以存储到磁片上的数据，无论开机还是开机，都不会丢失。

声卡：是组成多媒体计算机必不可少的一个硬件设备，作用是当发出播放命令后，将计算机中的声音数字信号转换成模拟信号送到音箱上发出声音。

显卡：在工作时与显示器配合输出图形、文字，作用是负责将 CPU 送来的数字信号转换成显示器识别的模拟信号，传送到显示器上显示出来。

网卡：充当计算机与网线之间的桥梁，是用来建立局域网的重要设备之一。

（2）显示器：有大有小、有薄有厚，品种多样，作用是把计算机处理完的结果显示出来。它是一个输出设备，是计算机必不可缺少的部件之一。

（3）键盘：是主要的输入设备，用于把文字、数字等输到计算机中。

（4）鼠标：当人们移到鼠标时，计算机屏幕上就会有一个箭头指针跟着移动，并可以很准确地指到想指的位置，快速地在屏幕上定位。它是人们使用计算机不可缺少的部件之一。

（5）音箱：通过它可以把计算机中的声音播放出来。

（6）摄像头、扫描仪、数码相机等设备。

2. 台式计算机重要配件的推销及主要参数指标

1）主机箱推销

主机箱是指计算机用于放置主板及其他主要部件的容器,随着新的技术发展,信息来源的丰富与易于获得,使用者会自己购买计算机配件,动手组装计算机整机。自己组装计算机不仅可以省钱,还可以体验 DIY 的乐趣,但是如何正确地选择配件,使计算机运行良好,也十分关键。无论普通的使用者、游戏者,还是发烧级的超频者,对机箱的选择都应该给予足够的重视。虽然机箱的技术含量不是很高,但是主板、硬盘和 CPU 等这些娇贵的电子器件都要安装到机箱内部,如果机箱质量较差,就不能保证上述部件稳定运行。

在决定计算机的用途后,购买时就应该找一台合适的机箱。著名的生产机箱的公司一般都有比较长的生产历史,它知道用户们需要什么。但这并不意味着刚开始生产机箱的小公司就没有好产品。

明显,迷你立式机箱适合狭小的空间使用。如果不想榨取计算机剩余性能,仅仅是一般用途的话,那么迷你立式机箱是不错的选择,这样的机箱具有省空间和经济性等特点,但升级性能不好。迷你立式机箱因缺乏空气循环流通而影响系统散热,热量将成为计算机故障的诱因。大立式机箱是专为计算机发烧友及服务器预备的。而卧式机箱适用于学校机房、网吧等需要节省空间、摆放有序的用户。常见的主机箱样式如图 3-13 所示。

卧式机箱　　　　　　　　　　立式机箱

图 3-13　机箱样式

很多用户认为,主机箱选购并没有什么技巧可言,只要款式好、价格够便宜就好,而事实并非如此,一个好的机箱不仅在款式上要新颖,在质量上更要有良好的保证。机箱可以起到支撑主机部件,使它们安全工作,不受外界的影响的作用。对于 DIY 来说,拆装机箱是家常便饭,对机箱的易拆卸性、安全性的要求就高。挑选机箱首先要了解机箱的结构,机箱一般包括外壳,机箱内用于固定主板、电源和各驱动器的支架,面板及必要的开关、指示灯等。要想把自己的机箱成功地推销给客户,首先要根据客户的喜好和用途来推介客户选购;其次推销员要熟知店内各款机箱的优点、亮点,并通过语言艺术传达给客户。推销员可根据以下几个重要因素进行推荐。

（1）外形。很多用户在挑选机箱时非常注重外形,这有一定的道理,但要注意的是,就算机箱有非常"酷"的外观,也需要考虑与显示器外观的整体搭配。一款仿 iMac 式的半透明机箱,就应该配上半透明设计的显示器。而一般方体设计的白色机箱,则配上白色的显示器会有更朴实的感觉,否则就会给人以不伦不类的感觉。总的来说,外形选择主要是用户的个人喜好。

（2）种类。了解机箱的种类才可以更好地选择机箱。从外形上来说,机箱可以分为立式和卧式两种。其实这两种机箱并无本质区别,只是立式机箱的通风散热能力稍好,对于要长时间使用计算机工作的人是一个好的选择。卧式机箱便于安装和维修操作,并有各种小型化或薄型款式可供选择。为了更好地散热和日后升级的需要,还是应该选择一个体积较大的机箱,一般来说面板上应至少留有 2 个 3.5in 和 3 个 5.25in 驱动器的位置。

(3)内部结构。从机箱的内部结构来看,它又可以分为 AT 型和 ATX 型,两者的区别在于放置计算机各部件的位置有所差异,主要是主板的固定方向。AT 机箱属于旧式的机箱布局规范,由于很多配件布局位置设计不合理,所以不易进行跳线、升级工作,机箱内也显得比较拥挤,内存条和各种插卡的安装都不够方便。针对 AT 架构的不足,一些大厂商联合推出了 ATX 标准,它使机箱内部结构更为合理,对于经常拆卸计算机的人士是相当方便的。

(4)用料。机箱的外部通常由一层 1mm 以上的钢板构成,并镀有一层很薄的锌;内部的支架主要由铝合金构建。一个优质的机箱外层应该较厚,并且表面光滑平整,具有承受一定压力的能力。选择的时候还要注意机箱外层和内部支架边缘切口是否圆滑,一些做工粗糙的劣质机箱很容易划伤手。用料上的选择比较困难,这是一个经验性的东西,现阶段的机箱重一点的比较好。

(5)电源。电源是机箱的重要组成部分,负责整机的能源供给。与机箱架构对应,电源也分为 AT 和 ATX 两类,其中 ATX 电源能够直接提供主板所需要的 3.3V 的 I/O 电压,而 AT 电源只有 5V 和 12V 输出,因为 ATX 电源在关机后并没有完全断电,所以计算机便可以实现软开机、Modem 唤醒等功能。至于电源的功率,基础选择 500W 以上的。如果电源质量不好,有可能导致主板、CPU、内存、硬盘等其他价格昂贵的部件发生故障,而一旦发生这样的惨剧,销售商是不会对电源以外的其他配件损失承担任何责任的。因此为了整机的安全,建议选一个质量可靠的机箱电源。

(6)价格。一般用户对价格也比较敏感,待用户了解了机箱的性能后,再给客户报价是惯用的推销对策,只要客户喜欢,一般价格都好商量。

主机配置中最重的三大件就是 CPU、主板和内存,而销售员在计算机导购过程中,首先根据客户购买计算机的用途选配一款功能、价格合适的 CPU,然后根据 CPU 的技术和性能选择合适的主板,再根据主板性能选择内存型号。配置合理的三大件,是发挥最大潜能的基本条件。

2)CPU 推销

(1)CPU 导购。CPU(central processing unit)即中央处理器,可以说是计算机里最重要的部件了,它的性能直接决定了计算机的性能。总的来说,客户选购 CPU 时主要考虑的是 CPU 总体性能,而 CPU 性能指标中最重要的就是主频,然后考虑 CPU 的生产厂商、性价比、缓存大小、超频能力、包装方式等,当然特别注意的是 CPU 一定要与主板的插槽相匹配。很多商家在进行计算机营销时大打 CPU 主频牌,其实光靠一枚高主频的 CPU 是不能提升计算机的整体性能的,只有根据客户的需求,合理搭配配件,性能均衡才能发挥计算机的最佳效果。在导购时,要根据客户的用途需求及经济能力合理地进行选择。目前市场较新 CPU 及主要参数如图 3-14 所示。

① 按需导购,通常有以下几种类型。

a.普通家用。普通家庭用户对计算机的要求主要是处理文字、观看电影、浏览网页、听音乐、玩计算机游戏、处理图片图像等。对于此类用途,目前市面上几乎所有 CPU 都可满

图 3-14　英特尔(Intel)13 代酷睿 i9-13900K 处理器

足要求,如果用户需求相对较高,可选配当前市场中端主流 CPU 即可。

b. 商用办公。普通商用办公应用对 CPU 要求同样不高,如果追求性价比,也建议购买中端主流产品。如果商用办公用户需要进行图形处理、平面设计、3D 设计、CAD 设计、图像处理的话,则另当别论。

c. 多媒体应用。对于专业多媒体设计用户,如图形处理、平面设计、3D 动画设计、CAD 设计、图像处理、音频处理的用户,建议不仅选配高端 CPU,并选配高档主板、显卡、声卡,高速大容量内存,高清大尺寸显示器等配件。对于色彩要求很高的用户,还可能要选择显色失真度小的 CRT 显示器。一般多媒体设计用户选择中端主流产品即可。

d. 网络服务器。网络服务器对 CPU、主板和内存的要求都很高,而显卡、声卡要求一般,建议选配多核或服务器专用多核 CPU,并选配支持多 CPU 的主板和高速大容量内存。

② 选择厂商。Intel 公司创建于 1968 年,在过去创下了令人瞩目的辉煌成就。其 1971 年推出全球第一个微处理器;1981 年,IBM 采用 Intel 生产的 8088 微处理器推出全球第一台 IBM PC;1984 年入选全美一百家最值得投资的公司;1992 年成为全球最大的半导体集成电路厂商。Intel 引领着 CPU 的世界潮流,从 286、386、486、Pentium、昙花一现的 Pentium Pro、Pentium Ⅱ、Pentium Ⅲ、Pentium 4 到现在主流的酷睿系列,它始终推动着微处理器的更新换代。Intel 的 CPU 不仅性能出色,而且在稳定性、功耗方面都十分理想。

AMD 创办于 1969 年,总公司设在美国硅谷,是集成电路供应商,专为计算机、通信及电子消费类市场供应各种芯片产品,其中包括用于通信及网络设备的微处理器、闪存以及基于硅片技术的解决方案等。AMD 是唯一能与 Intel 竞争的 CPU 生产厂家,AMD 公司的产品现在已经形成了以 Athlon、Duron 及 Phenom 系列为核心的一系列产品。AMD 公司认为,由于在 CPU 核心架构方面的优势,同主频的 AMD 处理器具有更好的整体性能。但 AMD 处理器的发热量往往比较大,选用的时候在系统散热方面多加注意,在兼容性方面可能也需要多打些补丁。AMD 的产品的特点是性能较高而且价格便宜,在多媒体功能上甚至优于 Intel 产品。

③ 选择盒装还是散装。从技术角度而言,散装和盒装 CPU 并没有本质的区别,至少在质量上不存在优劣的问题。对于 CPU 厂商而言,其产品按照供应方式可以分为两类,一类供应给品牌机厂商;另一类供应给零售市场。面向零售市场的产品大部分为盒装产品,而散装产品则部分来源于品牌机厂商外泄以及代理商的销售策略。从理论上说,盒装和散装产品在性能、稳定性以及可超频潜力方面不存在任何差距,但是质保存在一定差异。

一般而言,盒装 CPU 的保修期要长一些,通常为三年,而且附带有一只质量较好的散热风扇,因此往往受到广大消费者的喜爱。然而这并不意味着散装 CPU 就没有质保,只要选择信誉较好的代理商,一般都能得到为期一年的常规保修时间。事实上,CPU 并不存在保修的概念,此时的保修等于是保换,因此不必担心散装的质保水准会有任何水分。

④ 如何识别 CPU 的真假。CPU 目前市面上假货很少,基本上都是经销商把散装的或者旧的 CPU 加个风扇当盒装卖。盒装 CPU 可以通过以下方法来辨别真假。

a. 包装。如果是真品盒装,标配了 CPU、散热器、包装盒和说明书。如果里面没有说明书,肯定就是翻新包了。

b. 包装上的标贴。市场上所有处理器都是密封包装。为了更换方便,我们先不打开包装,先看看外面的序列号进行判断。首先,盒装序列号上面都有一个标签标注了处理器的参数型号,还有序列号和其他码数。如果购买的处理器不是这样的标签,只是两个封条,应该就是翻新的。

c. 序列号。这个是一个很重要的判断依据,尤其是英文盒,像三码合一就是个基础的判断,CPU 上的序列号和包装盒的序列号以及散热器上面的序列号是不是全部都可以对应上,如果对不上,就可以肯定不是真品。

d. 利用压痕判断新旧。如果是散片,可以利用压痕判断。因为 Intel 的主板需要直接向下压住 CPU,让两边的扣子压紧两边的 CPU,所以上机过就一定有压痕。

e. CPU-Z 检测。我们可以利用 CPU-Z 软件检测 CPU 型号以及参数和官方的参数对比。

CPU 虽然没有假货,但是很多翻新产品,网络上销售的很多廉价 DIY 主机,都是搭载了好几年前的老型号了,通常都是回收的二手 CPU,很多商家为了防止买家看出是二手的,通常这种 CPU 直接打磨掉上面的文字,然后再打印上字的,俗称翻新。建议装机用户不要贪图小便宜,带来没有必要的损失。

(2) CPU 的性能指标。CPU 的性能指标在很大程度上反映了它所配置的 PC 的性能,因此 CPU 的性能对 PC 来说是至关重要的。下面介绍一些 CPU 性能的常见指标。

① 主频、外频和倍频。主频是指 CPU 的时钟频率,也就是系统总线的工作频率。主频与 CPU 速度成正比,主频越高,CPU 速度越快。外频是系统总线的工作频率,即 CPU 与主板控制芯片之间传输数据的频率,决定主板的运行速度。CPU 的外频是通过与内存相连的方式来实现两者的同步运行。倍频是指 CPU 外频与主频相差的倍数。

② 前端总线频率。前端总线频率即北桥芯片的工作频率,控制着 CPU 与内存之间的数据交换速度。前端频率总线频率越高,CPU 与内存之间的数据传送能力也越强。如果前端总线频率控制不当将导致系统瓶颈问题。

③ 缓存。缓存是 CPU 进行高速数据交换的存储器,其大小与结构直接影响 CPU 速度。缓存通常与处理器同频率工作,工作频率远远大于内存和硬盘。缓存有 3 种:一级缓存、二级缓存和三级缓存。

④ 工作电压。工作电压是 CPU 正常运行时所需的电压。随着 CPU 技术的发展,工作电压越来越低,由原来的 5V 降到 1.5V 甚至更低。

⑤ 制程工艺。制程工艺主要用来衡量组成芯片电子线路和元件的细致程度。制程工艺已向高密集度的趋势发展,这就意味着在相同尺寸的芯片上,可以拥有密度更高、功能更多的元器件。制程工艺一般用纳米作为计量单位,但也有人使用微米计算。现在主流 CPU 制程工艺达到了 10nm 的制程(Intel 7 制作工艺)。

⑥ 核心代号。核心代号是指 CPU 生产商为便于 CPU 设计、生产和销售管理而设置的一个相应代号。不同型号的 CPU 有不同的核心代号,甚至同一核心的 CPU 还会有不同的步进代号。核心代号在一定程度上代表了 CPU 的工作性能,而核心代号的更换是为了改进上一版本中所存在的错误,并提升其性能。因此,与老的核心代号相比,新的核心代号的产品具有更好的性能。

（3）CPU 技术包括超线程技术和双核、多核 CPU 技术。

① 超线程技术。超线程技术(hyper-threading technology)是 Intel 在 2002 年发布的一项新技术,率先在 XERON 处理器上得到应用。由于使用了该技术,Intel 是世界上首枚集成了双逻辑处理器单元的物理处理器的提供者。据测试报告,此项技术能够提高 30% 的处理器性能。

所谓超线程技术,就是指利用特殊的硬件指令,把多线程处理器内部的两个逻辑内核模拟成两个物理芯片,从而使单个处理器就能"享用"线程级的并行计算的处理器技术。多线程技术可以在支持多线程的操作系统和软件上,有效地增强处理器在多任务、多线程处理上的处理能力。

超线程技术可以使操作系统或者应用软件的多个线程同时运行于一个超线程处理器上,其内部的两个逻辑处理器共享一组处理器执行单元,并行完成加、乘、负载等操作。这样做可以使得处理器的处理能力提高 30%,因为在同一时间里,应用程序可以充分使用芯片的各个运算单元。

对于单线程芯片来说,虽然也可以每秒处理成千上万条指令,但是在某一时刻,其只能够对一条指令(单个线程)进行处理,结果必然使处理器内部的其他处理单元闲置。而超线程技术则可以使处理器在某一时刻,多线程同步并行处理更多指令和数据。可以这样说,超线程技术是一种可以将 CPU 内部暂时闲置处理资源充分"调动"起来的技术。

在处理多个线程的过程中,多线程处理器内部的每个逻辑处理器均可以单独对中断作出响应,当第一个逻辑处理器跟踪一个软件线程时,第二个逻辑处理器也开始对另外一个软件线程进行跟踪和处理了。

另外,为了避免 CPU 处理资源冲突,负责处理第二个线程的逻辑处理器,其使用的仅是运行第一个线程时被暂时闲置的处理单元。例如,当一个逻辑处理器在执行浮点运算(使用处理器的浮点运算单元)时,另一个逻辑处理器可以执行加法运算(使用处理器的整数运算单元)。这样做无疑大大提高了处理器内部处理单元的利用率和相应的数据、指令吞吐能力。

② 双核、多核 CPU 技术。双核处理器(dual core processor)是指在一个处理器上集成两个运算核心,从而提高计算能力。双核概念最早是由 IBM、HP、SUN 等支持 RISC 架构的高端服务器厂商提出的,不过由于 RISC 架构的服务器价格高、应用面窄,没有引起广泛的注意。简而言之,双核处理器即是基于单个半导体的一个处理器上拥有两个一样功能的处理器核心,换句话说,将两个物理处理器核心整合到一个核中。

多核处理器是单枚芯片(也称为"硅核")能够直接插入单一的处理器插槽中,操作系统会利用所有相关的资源,将它的每个执行内核作为分立的逻辑处理器。通过在多个执行内核之间划分任务,多核处理器可在特定的时钟周期内执行更多任务。

3）主板推销

主板是计算机中各个部件工作的一个平台,它把计算机的各个部件紧密连接在一起,各个部件通过主板进行数据传输。也就是说,计算机中重要的"交通枢纽"都在主板上,它工作的稳定性影响着整机工作的稳定性,因此选购主板也是非常重要的工作,图 3-15 是选购主板时的主要技术参数,可供读者参考。

图 3-15　华硕 TUF GAMING B660M-PLUS WiFi D4 主板的主要参数

（1）主板导购。进行主板导购时,可以从以下方面帮助客户分析。

① CPU 定位。CPU 是选配主板的先导,在推介主板时,应根据计算机的用途及 CPU 的档次选配主板。

② 性价比。确定 CPU 的类型,就确定了主板的类型,不过,即使同一类主板,性能、价格、质量等方面也有很大的差别。在选配时,首先需要考虑是否集成显卡、声卡、网卡等设备的主板,除了基本办公用户或对计算机性能要求不高的用户,建议不要选择集成各种板卡的主板,因为集成板卡大多都性能较差,且不利于升级。但大多集成主板性价比高,可为大批量采购节省不少开支。

③ 芯片组。芯片组(chipset)是主板的核心组成部分,联系 CPU 和其他周边设备的运作。如果说中央处理器(CPU)是整个计算机系统的心脏,那么芯片组将是整个身体的躯干。主板最主要的芯片组主要是南桥芯片和北桥芯片。

在确定主板类型后,对主板的芯片组也应做相应的选择。芯片组可以说是整个主板的灵魂,对系统性能的发挥起着关键性的作用。不同的芯片组性能上会有较大的差别,而不同的芯片组所支持的硬件也不同,所以在选择主板时要对芯片组格外关注。最好的方法就是观察芯片的生产日期,一般来说,时间不宜相差 3 个月,否则会影响到主板的总体性能。

Intel 公司的芯片组在性能、稳定性等方面都比较领先,价格自然也比同档次其他产品高。如果用户希望经济实惠,也可以考虑 VIA、SIS、AMD、nVidia、ATI 等芯片组的主板。

④ 用料与布局。选配主板时,首先要看看主板的厚度与重量,厚度大说明是 4 层或 5 层板,质量上乘;重量重说明工厂用料扎实,机械性能好。再观察主板电路的层数及布线是否合理,安插 CPU、内存、板卡等是否方便,散热性能是否良好等。布局不合理的主板,不仅会影响各部件的电气性能、运行状态,以后用户拆装设备也不太方便。

在市场上,现在主流的主板分为 ATX 主板和 MATX 主板,它们的区别在于,首先是大小不同,ATX 是标准的计算机主板,即我们通常所说的大板,长和宽分别是 305mm 和 244mm;而 MATX 主板,即 Micro-ATX,是通常所说的小板,长和宽分别是 244mm 和 244mm。

其次是价格不同,ATX 主板由于面积大,元器件的布局相对于 MATX 更有发挥空间,散热相对于 MATX 整体上会更好一些,价格上,ATX 主板整体会略贵于 MATX 主板。

最后是可扩展性不同,MATX 主板尺寸小,所以通常装到 MATX 机箱里,相应的小空间限制了 CPU 的水冷散热尺寸和显卡的尺寸,所以可扩展性方面,XATX 比 ATX 主板略差。而且从扩展槽上面来说,ATX 主板的最大扩展插槽为 7 个,而 MATX 主板的最大扩展插槽为 4 个,这也一定程度上说明了 ATX 和 MATX 主板在扩展功能上有区别。

除此之外,MATX 和 ATX 主板其他区别并不大,两者都是主流的计算机主板,而且支持 ATX 的机箱一般也支持安装 MATX 主板。

⑤ 制造工艺和质量。主板的制造工艺一是看主板 PCB 的层数是否为多层,元件焊点是否光洁工整,走线是否清晰;二是看主板元件的制造精度;三是看结构是否合理;四是看是否有相应的安全测试;五是看产品的包装和相关的配件,其各种连接线、驱动程序盘、保修卡是否齐全等。

整流电容是保证主板质量的关键。电容在主板中主要用于保证电压和电流的稳定。主板电容一般是越大越好,因为只有大电容才能为 CPU 和内存及其他板卡提供稳定、充足的纯净电流,尤其是为 CPU 供电的整流电容,知名厂商一般要求此处的单个电容为 $2000\sim 4000\mu F$。所以要仔细观察 CPU 插座周围电容的大小。

⑥ 兼容性。兼容性是选购主板时必须考虑的因素,有些主板在设计上存在问题,导致与一些硬件不兼容。为了给以后升级做准备,在选购时要考虑到主板的兼容性问题,兼容性好的主板便于以后升级。主板的兼容性一般可以在主板的官方网站和计算机技术的网站上查到。由于新型号的主板使用了新技术、新接口,不兼容的问题就相对较多,所以可建议客户购买相对技术比较成熟的产品。一般主板与其他设备不兼容的问题大多都可通过升级主板的 BIOS 来修正。

⑦ 升级和扩充。购买主板要考虑到计算机日后的扩充和升级能力,计算机的扩充能力主要取决于主板的升级潜力。主板的升级潜力主要表现在主板对 CPU 频率的支持、扩展槽和内存插槽数量以及 BIOS 的可升级性方面,因此在选购时应该尽量选择采用 ATX 大板,其扩展能力和附加功能都较为齐全,为今后升级内存、硬盘以及添加其他 PCI 功能板卡留有余地。

⑧ 品牌与售后服务。由于知名品牌研发实力雄厚、生产设备先进、制造工艺精湛,所以这些公司设计、生产出来的主板质量会更好,售后服务也会相对完善,即使购买主板在出现问题后也能及时得到保修、更换或维修。

⑨ 市场因素。性能再好的产品也难免出现问题,主板也是一样。一般情况下,主板的保修期为 3 年,有的甚至是 5 年。在选购主板时,要选择在当地就可以进行售后服务的品牌,并且可能通过咨询了解到口碑较好的品牌。

(2) 主板的结构与分类。从外观上来看,主板一般为矩形电路板,由 4 层以上的印制板组成,上面安装了组成计算机的主要电路系统,一般有 BIOS 芯片、I/O 控制芯片、键盘接口、鼠标接口、USB 接口和面板控制开关接口、扩充插槽、CPU 插槽、内存插槽等元件。当前一些性价比较高的主板还集成了显卡、声卡、网卡等设备。

① 按 CPU 插槽分类。CPU 经过这么多年的发展,采用的接口方式有引脚式、卡式、触点式、针脚式等。而目前 CPU 的接口都是针脚式接口,对应到主板上就有相应的插槽类型。不同类型的 CPU 具有不同的 CPU 插槽,因此选定 CPU 后,就必须选择带有与之对应插槽类型的主板。主板 CPU 插槽类型不同,插孔数、体积、形状都有变化,所以不能互相接插。目前,常用 CPU 的插槽类型有 Intel 公司的 LGA1700、LGA1200、LGA2066、LGA1151、BGA,AMD

公司的 Socket TR4、Socket TRX4、Socket AM4、Socket AM3＋、Socket AM3。

② 按芯片组分类。芯片组是主板的核心组成部分，按照在主板上的排列位置的不同，通常分为北桥芯片和南桥芯片。北桥芯片提供对 CPU 的类型和主频、内存的类型和最大容量、ISA/PCI/AGP 插槽、ECC 纠错等的支持。南桥芯片则提供对 KBC（键盘控制器）、RTC（实时时钟控制器）、USB（通用串行总线）、Ultra DMA/33（66）EIDE 数据传输方式和 ACPI（高级能源管理）等的支持。其中北桥芯片起着主导性的作用，也称为主桥（host bridge）。

③ 按支持 CPU 类型分类。CPU 的发展速度相当快，不同时期 CPU 的类型是不同的，而主板支持此类型就代表着属于此类的 CPU 大多能在该主板上运行（在主板所能支持的 CPU 频率限制范围内）。CPU 类型从早期的赛扬（Celeron）系列、奔腾（Pentium）系列、速龙（Athlon）系列，到今天的酷睿（Core）系列、至强（XEON）系列、锐龙（Ryzen）系列，经历了很多代的改进。每种类型的 CPU 在针脚、主频、工作电压、接口类型、封装等方面都有差异，尤其在速度性能上差异很大。只有购买与 CPU 类型相同的主板，两者才能配套工作。

④ 按主板结构分类。所谓主板结构，就是根据主板上各元器件的布局排列方式、尺寸大小、形状、所使用的电源规格等制定出的通用标准，所有主板厂商都必须遵循。主板结构分为 AT、Baby-AT、ATX、Micro ATX、LPX、NLX、Flex ATX、EATX、WATX 以及 BTX 等结构。其中，AT 和 Baby-AT 是多年前的老主板结构，现在已经淘汰；而 LPX、NLX、Flex ATX 则是 ATX 的变种，多见于国外的品牌机，国内尚不多见；EATX 和 WATX 则多用于服务器/工作站主板；ATX 是目前市场上最常见的主板结构，扩展插槽较多，PCI 插槽数量为 4～6 个，大多数主板都采用此结构；Micro ATX 又称 Mini ATX，是 ATX 结构的简化版，就是常说的"小板"，扩展插槽较少，PCI 插槽数量在 3 个或 3 个以下，多用于品牌机并配备小型机箱；而 BTX 则是英特尔制定的最新一代主板结构。

4）内存推销

内存是计算机中重要的部件之一，是与 CPU 进行沟通的桥梁。计算机中所有程序的运行都是在内存中进行的，因此内存的性能对计算机的影响非常大。下面将介绍在选购内存时应该注意的问题。图 3-16 是选购内存的主要参数，可供读者参考。

图 3-16　金士顿 FURY Beast 8GB DDR4 3200 内存主要参数

（1）内存导购。进行内存导购时，可以从以下方面帮助客户分析。

① 按需选购容量。选购内存的容量大小是根据计算机的用途和安装的操作系统来确定的。目前对于一般用户，8GB 的内存已完全够用；而用于图形、图像工作站或运行大型 3D 游戏的计算机，内存可适量加大；网络服务器的内存一般是越大越好，只要不超过主板和操

作系统支持的最大值便可。

②　内存类型。以前的内存类型有 SDRAM、RDRAM、DDR、DDR2、DDR3 等,现在基本使用的内存类型为 DDR4,DDR5 内存虽然也上市了,但价格比较昂贵。所以现在主流配置一般为 DDR4 内存。

③　兼容性。大家或许遇到这样的情况,新购买的计算机开机没有显示,或者在安装和进入 Windows 操作系统后出现蓝屏死机现象,最后经过替换的方式排查发现是主板或内存的问题,但是将该主板换上其他的内存,或将原来的内存插在其他主板又工作正常,这就是主板和内存的兼容出了问题。

因此建议用户在购买内存前,最好了解用户主板支持内存的情况,一般主板的官方网站上就提供了它的各种主板支持不同内存的列表文档,这对于用户选择内存是很有益的。另外,如果主板上已有一条内存,而另外想加一条扩大内存的话,最好购买与原内存同规格、同容量的内存,以保证兼容原内存而不会出现开不了机或经常死机的现象。

(2)　内存的性能指标主要有内存容量和内存主频。

①　内存容量。计算机的内存容量通常是指随机存储器(RAM)的容量,是内存条的关键性参数。目前,内存容量以 GB 为单位。内存的容量一般都是 2 的整次方,如 64MB、128MB、512MB、1GB、2GB、4GB、8GB、16GB 等,一般而言,内存容量越大越有利于系统的运行。目前,台式计算机中主流采用的内存容量为 8GB、16GB 或更大。系统对内存的识别以 B(字节)为单位,每个字节由 8 位二进制数组成,即 8bit(比特,也称"位")。

②　内存主频。内存主频和 CPU 主频一样,习惯上用来表示内存的速度,代表着该内存所能达到的最高工作频率。内存主频是以 MHz(兆赫)为单位来计量的。内存主频越高,在一定程度上代表着内存所能达到的速度越快。内存主频决定着该内存最高能在什么样的频率正常工作。

(3)　内存可以按工作原理或传输类型进行分类。

①　按工作原理分类。内存分为 DRAM 和 ROM 两种,前者又称动态随机存储器,它的一个主要特征是断电后数据会丢失,人们平时说的内存就是指这一种;后者又称只读存储器,人们平时开机首先启动的是存于主板上 ROM 中的 BIOS 程序,然后再由它去调用硬盘中的 Windows,ROM 的一个主要特征是断电后数据不会丢失。

②　按传输类型分类,可以有以下类型。

SDRAM 时代:自 Intel Celeron 系列以及 AMD K6 处理器以及相关的主板芯片组推出后,EDO DRAM 内存性能再也无法满足需要了,内存技术必须彻底得到革新才能满足新一代 CPU 架构的需求,此时内存开始进入比较经典的 SDRAM 时代。

DDR 时代:DDR 采用时钟脉冲上升、下降沿各传一次数据,1 个时钟信号可以传输 2 倍于 SDRAM 的数据,所以又称为双倍速率 SDRAM。它的倍增系数就是 2。

DDR2 时代:仍然采用时钟脉冲上升、下降沿各传一次数据的技术(不是传 2 次),但是一次预读 4bit 数据,是 DDR 一次预读 2bit 的 2 倍,因此,它的倍增系数是 $2 \times 2 = 4$。

DDR3 时代:作为 DDR2 的升级版,最重要的改变是一次预读 8bit,是 DDR2 的 2 倍,DDR 的 4 倍,所以,它的倍增系数是 $2 \times 2 \times 2 = 8$。

DDR4 时代:DDR4 相对于 DDR3,性能有了大幅度提升,而且功耗还降低了不少,频率方面,DDR3 内存起始频率为 800MHz,最高频率达到了 2133MHz。DDR4 内存起始频率就达到了 2133MHz,最高频率达到了 4266MHz,从内存频率来看,DDR4 相比 DDR3 提升很大。

DDR5 时代:DDR5 和 DDR4 主要在带宽速度、单芯片密度以及工作频率等方面有区别。带宽速度上,DDR5 为 32GB/s,DDR4 为 25.6GB/s;单片芯片密度上,DDR5 单芯片的容量为 16GB,DDR4 单芯片的容量为 4GB;工作频率上,DDR5 工作频率达 4800MHz 以上,DDR4 最低为 1600MHz。但目前 DDR5 刚上市,属于初期产品,还需要一定的优化过程,所以目前主流还是选择技术成熟的 DDR4 内存。

5) 硬盘推销

(1) 硬盘导购。硬盘是除特殊计算机外,一般计算机都不可少的外部存储部件。硬盘的选用影响到多媒体计算机的整机性能,因此选用硬盘应十分慎重。硬盘技术发展迅速,产品更新速度快,现在硬盘基本分为固态硬盘和机械硬盘,如图 3-17 所示。

固态硬盘　　　　　　　　　机械硬盘

图 3-17　硬盘的种类

① 按需选购。首先是两者的区别,机械硬盘是一款传统式硬盘,在没有固态硬盘之前搭配的都是机械硬盘,优点主要是容量大,价格便宜,技术成熟,硬盘破坏可做数据恢复,而缺点主要是速度相比固态硬盘要慢,发热大,噪声大,防震抗摔性差。固态硬盘是在机械硬盘之后推出的一款新型硬盘,也是现在装机首选硬盘之一,优点主要是相比机械硬盘,读取速度更快,寻道时间更小,能够提升系统、软件、游戏等读写速度,静音、防震抗摔性佳,低功耗、轻便、发热小。而缺点主要是价格偏贵、容量较小,大存储需要的时候,往往需要搭配机械硬盘来运用。所以,如果是买来存储资料,建议选择机械硬盘,如果是日常使用,建议选择固态硬盘,现在主流的搭配是固态硬盘作为主盘,机械硬盘作为存储副盘,采用这种双硬盘装机搭配。

② 根据主板选择硬盘接口。硬盘接口是硬盘与主机系统间的连接部件,作用是在硬盘缓存和主机内存之间传输数据。不同的硬盘接口决定着硬盘与计算机之间的连接速度。在整个系统中,硬盘接口的优劣直接影响着程序运行快慢和系统性能好坏。选购硬盘时,应根据主板选择主板支持的硬盘类型。

机械硬盘现在都是 SATA3 接口,而固态硬盘常见的有:SATA 3 接口,PCI-E 接口,M.2 接口,其中 M.2 接口也有不一样的规格,主要有 2242、2260、2280 三种规格。

现在主流是 M.2 接口的固态硬盘,如图 3-18 所示。

首先,M.2 接口分为两种,一种支持 SATA 协议,另一种支持 NVME 协议,支持 SATA 的 M.2 固态和普通 2.5 英寸 SATA 固态硬盘传输速度差异不大,只是接口的区别。而支持 NVME 协议的固态走 PCIE 通道,带宽高达 32GB,数据通过总线直接与 CPU 连接,省去内存调用硬盘数据的过程,运行速度更快。

其次,M.2 固态硬盘需要主板上有 M.2 接口,才能安装使用,M.2 硬盘尺寸有 2242、2260、2280。现在主流常用的是 2280 尺寸的固态硬盘。

最后,M.2 固态硬盘分为一个缺口(M Key)和两个缺口(B Key)两种类型,如图 3-19 所示。图中从上到下分别是东芝饥饿鲨 RD400 NVMe 固态硬盘、东芝 Q200 240G M.2 固态硬盘和东芝 RC100 NVMe 固态硬盘,分别对应 PCIE NVMe、SATA AHCI 和 PCIE NVMe 接口。也就是说,两个缺口的 M.2 固态硬盘既有可能是 NVMe 协议,也有可能为 SATA 协议,而只有一个缺口(M Key)的通常只有 NVMe 协议一种可能。

图 3-18　M.2 接口硬盘　　　图 3-19　不同接口的 M.2 固态硬盘

(2) 硬盘使用的注意事项。机械硬盘的绝大部分故障是由于使用不当而造成的,尤其是在使用和搬运过程中,最容易造成机械硬盘的硬件出现故障,使用时应当注意以下事项。

① 防止振动和挤压:当硬盘驱动器执行读/写操作时,不要移动或碰撞工作台,否则磁头容易损坏盘片,造成盘片上的信息读取错误。

② 注意环境温湿度:硬盘驱动器的电机、主轴电机及其驱动电路在使用过程中都会发热,因此硬盘驱动器周围的环境温度不能过高(一般为 10℃至 40℃)、湿度不能过大,在潮湿的梅雨季节,要经常加电,以便使机内的水气蒸发。

③ 请勿拆卸硬盘:硬盘发生故障时,在任何时候、任何场合都不要将其打开。因为,在达不到绝对无尘的条件下拆开硬盘,空气中的灰尘就会进入硬盘内部,当磁头进行读/写操作时,势必将划伤盘片或损伤磁头,从而导致盘片或磁头损坏。

④ 注意防磁:硬盘驱动器不要放在喇叭、TV 等强磁场物体附近。

⑤ 防止突然断电:机械硬盘在运作的时候盘片会高速旋转,磁头也会浮在盘片上,如果此时突然断电会导致磁头无法回到初始位置而停留在数据区,下次启动就会在数据区进行,进而使磁头和盘片的寿命缩短。

固态硬盘对比机械硬盘,在使用上没有那么多外在影响,但也要注意如下事项。

① 不要使用碎片整理:碎片整理是对付机械硬盘变慢的一个好方法,但对于固态硬盘来说这完全就是一种“折磨”。碎片整理会大大减少固态硬盘的使用寿命。Windows 的“磁盘整理”功能是机械硬盘时代的产物,并不适用于 SSD。

② 使用完计算机之后不要马上按关机:如果向 SSD 盘复制大量的数据操作后,不能随

手立即关机，因为固态硬盘要对复制到磁盘里的数据进行整理，你可以等 10 分钟左右的时间让固态硬盘整理好后再关机。

③ 固态硬盘最好不要分区，以及尽量使用机械硬盘作为下载盘。这种做法也是为了保护固态硬盘，延长其使用寿命。

6）显卡推销

显卡（video card，graphics card）又称为显示适配器（video adapter）、显示卡、图形卡，是个人计算机最基本组成部分之一。显卡的用途是将计算机系统所需要的显示信息进行转换驱动，并向显示器提供行扫描信号，控制显示器的正确显示，是连接显示器和个人计算机主板的重要元件，是"人机对话"的重要设备之一。客户选购显卡时应注意的主要参数如图 3-20 所示。

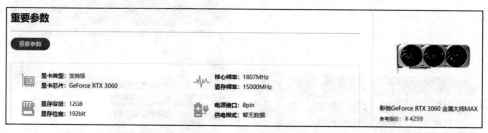

图 3-20　影驰 GeForce RTX 3060 金属大师 MAX OC［FG］显卡主要参数

（1）显卡导购及性能指标。显卡作为计算机主机里的一个重要组成部分，承担输出显示图形的任务，对于从事专业图形、图像、动画设计、3D 游戏玩家、高清电影玩家的人来说非常重要。民用显卡图形芯片供应商主要包括 AMD（ATI）和 NVIDIA（英伟达）两家。

① 按客户的需求，推荐集成显卡、核心显卡或独立显卡。

a. 集成显卡：集成显卡是将显示芯片、显存及其相关电路都集成在主板上，与其融为一体的元件。

集成显卡的优点是功耗低，占用空间小，发热低；缺点是性能差，故障难维修。

集成显卡因其性能低下，所以一般适合没有太多图形需要处理的工作环境。

b. 核心显卡：核心显卡是将图形核心与处理核心整合在同一块基板上，构成一颗完整的处理器。此乃英特尔公司的杰作。在普通家用级 CPU 里便是整合了一块图形核心，如酷睿系列。

核心显卡的优点是核心显卡的优点与集成显卡的优点基本一致，不过在性能上核心显卡通常是强于集成显卡，这也满足了不少用户的游戏需求；缺点是难以胜任大型游戏以及专业图形处理工作。

c. 独立显卡：独立显卡是指将显示芯片、显存及其相关电路单独做在一块电路板上，自成一体而作为一块独立的板卡存在，需占用主板的扩展插槽（ISA、PCI、AGP 或 PCI-E）。

独立显卡的优点是单独安装有显存，一般不占用系统内存，在技术上也较集成显卡和核心显卡先进得多，性能远超集成显卡和核心显卡，同时容易进行显卡的硬件升级，出现故障也容易更换和维修；缺点是功耗高，发热量大，占据空间大，性能较强的显卡价格昂贵，对于笔记本电脑来说这几点是非常影响整个系统的稳定性的（热量）。

独立显卡也分为两类，一类是专业的图形卡，另一类是娱乐用的游戏卡，如同 CPU 的至强和酷睿一样,需求不同,性能侧重点不同。

独立显卡由多个部件组合而成,协同工作,更像是一个将数字信号转换为模拟信号的硬件系统。虽然独立显卡有诸多缺点,但是独立显卡市场依然火热,究其原因还是因为独立显卡拥有集成显卡和核心显卡所难以企及的强大性能,在客户眼中只要拥有强大的性能,其他那些缺点都无足轻重。

② 根据显卡 GPU 芯片选购。GPU(graphic processing unit,图形处理器)是 NVIDIA 公司在发布 GeForce 256 图形处理芯片时首先提出的概念。GPU 使显卡减少了对 CPU 的依赖,并进行部分原本 CPU 的工作,尤其是在 3D 图形处理时。GPU 所采用的核心技术有硬件 T&L(几何转换和光照处理)、立方环境材质贴图和顶点混合、纹理压缩和凹凸映射贴图、双重纹理四像素 256 位渲染引擎等,而硬件 T&L 技术可以说是 GPU 的标志。GPU 的生产主要由 NVIDIA 与 ATI 两家厂商生产。

常见的生产显示芯片的厂商有 Intel、AMD、NVIDIA、VIA(S3)、SIS、Matrox、3D Labs. Intel、VIA(S3)、SIS 主要生产集成芯片。ATI、NVIDIA 以独立芯片为主,是市场上的主流;Matrox、3D Labs 则主要面向专业图形市场。

③ 根据主板支持的接口类型选购。接口类型是指显卡与主板连接所采用的接口种类。显卡的接口决定着显卡与系统之间数据传输的最大带宽,也就是瞬间所能传输的最大数据量。不同的接口决定着主板是否能够使用此显卡,只有在主板上有相应接口的情况下,显卡才能使用,并且不同的接口能为显卡带来不同的性能。

目前,各种 3D 游戏和软件对显卡的要求越来越高,主板和显卡之间需要交换的数据量也越来越大,过去的显卡接口早已不能满足这样大量的数据交换,因此通常主板上都带有专门插显卡的插槽。假如显卡接口的传输速度不能满足显卡的需求,显卡的性能就会受到巨大的限制,再好的显卡也无法发挥。显卡发展至今主要出现过 ISA、PCI、AGP、PCI Express 等几种接口,所能提供的数据带宽依次增加。其中,2004 年推出的 PCI Express 接口已经成为主流,以解决显卡与系统数据传输的瓶颈问题,而 ISA、PCI、AGP 接口的显卡已经基本被淘汰,目前市场上基本是 PCI-E 接口的显卡。

a. PCI 接口:由 Intel 公司 1991 年推出的用于定义局部总线的标准。此标准允许在计算机内安装多达 10 个遵从 PCI 标准的扩展卡。最早提出的 PCI 总线工作在 33MHz 频率之下,传输带宽达到 133MB/s(33MHz×32b/s),基本上满足了当时处理器的发展需要。随着对更高性能的要求,1993 年又提出了 64 位的 PCI 总线,后来又提出把 PCI 总线的频率提升到 66MHz。PCI 接口的速率最高只有 266MB/s,1998 年之后便被 AGP 接口代替。

b. AGP 接口:accelerate graphical port 是 Intel 公司开发的一个视频接口技术标准,是为了解决 PCI 总线的低带宽而开发的接口技术。它通过将图形卡与系统主内存连接起来,在 CPU 和图形处理器之间直接开辟了更快的总线。其发展经历了 AGP 1.0(AGP1X/2X)、AGP 2.0(AGP4X)、AGP 3.0(AGP8X)。最新的 AGP8X 理论带宽为 2.1Gb/s,到 2009 年,已经被 PCI-E 接口基本取代(2006 年大部分厂家已经停止生产)。

c. PCI Express 接口:是新一代的总线接口,而采用此类接口的显卡产品已经在 2004 年正式面世。早在 2001 年的春季"英特尔开发者论坛"上,Intel 公司就提出了要用新一代的技术取代 PCI 总线和多种芯片的内部连接,并称为第三代 I/O 总线技术。随后在 2001 年年底,包括 Intel、AMD、DELL、IBM 在内的 20 多家业界主导公司开始起草新技术的规范,并在 2002 年完成,对其正式命名为 PCI Express。

④ 显存因素。显存是显示内存的简称。顾名思义,其主要功能就是暂时存储显示芯片要处理的数据和处理完毕的数据。显存的主要参数有显存大小、显存类型、显存速度、显存频率。图形核心的性能越强,需要的显存也就越多,以前的显存主要是 SDR 的,容量也不大。目前,显卡基础上都是 DDR 显存,主流显卡也都基本为 DDR6 显存,显存容量也基本上达到 8GB 以上。显存主要由传统的内存制造商提供,如三星、现代、Kingston 等。

⑤ 核心频率。显卡的核心频率是指显示核心的工作频率,其工作频率在一定程度上可以反映出显示核心的性能,但显卡的性能是由核心频率、显存、像素管线、像素填充率等多方面的情况所决定的,因此在显示核心不同的情况下,核心频率高并不代表此显卡性能强劲。在同样级别的芯片中,核心频率高的性能要强一些,提高核心频率就是显卡超频的方法之一。显示芯片主流的只有 ATI 和 NVIDIA 两家,两家都提供显示核心给第三方的厂商,在同样的显示核心下,部分厂商会适当提高其产品的显示核心频率,使其工作在高于显示核心固定的频率上以达到更高的性能。

⑥ 显存频率。显存频率是指默认情况下,该显存在显卡上工作时的频率,以 MHz(兆赫兹)为单位。显存频率一定程度上反映着该显存的速度。GDDR6 显存是目前中高端显卡采用最为广泛的显存类型。

(2)显卡的主要性能指标有最大分辨率、刷新频率等。

① 最大分辨率。显卡的最大分辨率是指显卡在显示器上所能描绘的像素点的数量。大家知道显示器上显示的画面是一个一个的像素点构成的,而这些像素点的所有数据都是由显卡提供的,最大分辨率就是表示显卡输出给显示器,并能在显示器上描绘像素点的数量。分辨率越高,所能显示的图像的像素点就越多,并且能显示更多的细节,当然也就越清晰。

色深也称为色位深度,在某一分辨率下,每一个像素点可以有多少种色彩来描述,单位是 bit(位)。典型的色深是 8 位、16 位、24 位和 32 位。深度数值越高,获得的色彩越多。

② 刷新频率。图像在屏幕上更新的速度即屏幕上的图像每秒出现的次数,单位是赫兹(Hz)。刷新频率越高,屏幕上图像闪烁感就越小,稳定性也就越高,换言之对视力的保护也越好。一般人的眼睛不容易察觉 75Hz 以上刷新频率带来的闪烁感,因此最好能将显卡刷新频率调到 75Hz 以上。要注意的是,并不是所有的显示卡都能够在最大分辨率下达到 75Hz 以上的刷新频率(这个性能取决于显示卡上 RAMDAC 的速度),而且显示器也可能因为带宽不够而不能达到要求。

7)显示器推销

(1)显示器导购。显示器属于计算机的 I/O 设备,即输入/输出设备,可以分为 CRT、LCD 等多种。显示器主要参数如图 3-21 所示。

图 3-21　三星 S32AM700PC 显示器主要参数

① 分类。对于显示屏,我们听到的最多的就是液晶两个字,但是每次上网搜索液晶显示屏,总会出现 LCD 显示屏、LED 显示屏、OLED 显示屏等相关词,那么 LCD、LED、OLED 究竟是什么? 这些显示屏有什么差别?

a. LCD、LED、OLED 三种显示屏的定义如下。

LED 显示屏(LED display)是一种平板显示器,由一个一个小的 LED 模块面板组成,用来显示文字、图像、视频、录像信号等各种信息的设备。

OLED 显示屏是利用有机电致发光二极管制成的显示屏。由于同时具备自发光有机电激发光二极管,因此拥有不需背光源、对比度高、厚度薄、视角广、反应速度快、可用于挠曲性面板、使用温度范围广、构造及制程较简单等优异之特性,被认为是下一代的平面显示器新兴应用技术。

LCD 显示屏,又叫液晶显示屏,为平面超薄的显示设备,由一定数量的彩色或黑白像素组成,放置于光源或者反射面前方。液晶显示器功耗很低,因此倍受工程师青睐,适用于使用电池的电子设备。它的主要原理是以电流刺激液晶分子产生点、线、面配合背部灯管构成画面。

b. LCD、LED、OLED 三种显示器的区别如下。

在色域上,OLED 显示器可以显示无穷无尽个颜色,而且不受背光灯的影响,像素在显示全黑画面的时候非常有优势,LCD 显示器色域就目前来说为 72%～92%,而 LED 显示器的色域在 118% 以上。

在价格上,同尺寸的 LED 显示器是 LCD 显示器的 2 倍还多,OLED 显示器则更贵。

在技术成熟方面,因为 LCD 显示器是一款传统的显示器,所以在技术的成熟方面要比 OLED、LED 好得多,例如显示反应速度,OLED、LED 远远比不上 LCD 显示器。

在显示器的角度方面,OLED 显示器要比 LED 显示器和 LCD 显示器好很多,具体表现为 LCD 显示器的可视角度非常小,而 LED 显示器则在层次感和动态表现上较为一般,另外 LED 显示器画面的纵深感也不够好。

② 性能指标。在购买显示器时,不要只关注显示器的尺寸大小、外观形状,更应注意点距、屏幕比例、分辨率、响应速度、刷新率等性能指标。

③ 品牌与售后服务。品牌与售后服务也是购买显示器时需要考虑的一个重要因素。购买知名公司的产品,在质量上和售后服务都会得到保障,当然价格也会稍贵,一般可以根据客户的需求与经济能力进行推荐。

(2) 显示器性能指标如下。

① 尺寸大小。常规显示器尺寸有 19in、21.5in、23.5in、27in、30in、32in 等。2020 年 19in 以下的显示器已经基本退出了历史舞台。

虽然说显示器尺寸越大越好,但考虑到一般我们都是坐在显示器前办公、游戏或者是看视频,显示器太小肯定不行,但太大的话会导致左右不能兼顾,会影响工作或游戏体验,所以还是要根据实际情况来选择适合自己的尺寸。

② 分辨率、长宽比和点距。同样尺寸的屏幕下分辨率越高,也就是 PPI 越高,清晰度越高,画面越精细。而长宽比,目前 90% 的电视、手机、计算机都是采用 16∶9 的长宽比。因为根据人体工程学的研究,发现人的两只眼睛的视野范围是一个长宽比例为 16∶9 的长方形,所以电视、显示器行业根据这个黄金比例尺寸设计产品。

长宽比除了常见比例外,还有一些特殊的比例。4:3 是历史最久的比例,早期 CRT 显示器都是这个比例。很多医院拍片、工业制造等行业软件、硬件还一直遵循老标准。所以这个长宽比一直存在市场上。16:10 都是 16:9 的优化升级版,为了在尺寸小幅增加的基础上,能显示更多内容。但劣势是因为面板尺寸非标,切割利用率降低,造成售价偏高。21:9 俗称带鱼屏,适用于特殊需求的用户,具有更大的显示面积,可以分屏操作,是双屏需求最好的代替者。

了解了长宽比和分辨率之后,我们将这两个参数与显示器尺寸相结合。长宽比决定面板尺寸大小,相同尺寸下,分辨率决定了点距(两个像素点之间的距离)大小,点距越小画面越精细。

③ 屏幕面板类型。一台显示器 80% 左右的成本都集中在面板上,可以说面板就是液晶显示器的心脏,现在市场上主流的类型有三种,分别是 IPS、VA、TN。

IPS 面板就是所谓的“硬屏”,目前主流热门的面板类型,我们用手按上去屏幕不会出现明显的波纹,可视角度广,响应速度与色彩还原均不错。不过 IPS 面板漏光十分常见,这是无法避免的,一般只要漏光不是非常夸张的肉眼可见,都是正常的。

现在 IPS 技术发展的很快,有主打游戏的 Fast IPS、兼顾游戏和画质的 Nano IPS。

VA 面板主要出自富士通主导的 MVA 面板和由三星开发的 PVA 面板,综合来看三星的属于改良产品,市场上使用率也是比较高的。VA 面板的正面对比度较高,可视角度也不错,但是相比 IPS 略差,并容易出现颜色显示不均匀的情况,只能看各个品牌显示器如何通过软件优化了,目前 VA 面板大多数采用到中高端显示器上。

TN 面板属于“软屏”,用手按下去会有“水波纹”,可视角度差,由于成本相对比较低廉,一般使用在入门级显示器上。不过它的优势是容易提高响应速度,不少游戏本会采用 TN 面板。在色彩表现上,TN 面板明显不如 IPS、VA,虽然随着技术有着很大的进步,但显示效果还是不尽如人意。

目前主流的屏幕面板基本都是 IPS 面板。

④ 响应时间。我们可以将响应时间理解为画面延迟,这个指标对游戏玩家来说比较重要一些,响应时间越短越好。显示器的响应时间越短,游戏画面里的拖影就少,也更清晰一些。一般普通的显示器响应时间为 5~8ms(1ms 就是 1/1000s),而电竞显示器一般都在 3ms 以下,响应速度越快,价格也就越高。

⑤ 刷新率。显示器刷新频率就是显示器 1 秒可以刷新多少帧的图像。刷新率越高,所显示的画面稳定性就越好。一般普通显示器基本都是 60Hz,而主流电竞显示器的是 144Hz。

⑥ 亮度。亮度值越高,代表性能越好,色彩还原越准确,画面也更鲜艳,越是能在强光下看清画面。目前市面上的显示器大部分的亮度都达到了 250cd/m²,而一些较为高端的产品已经达到了 300cd/m² 至 500cd/m²。

⑦ 对比度。对比度是屏幕上同一点最亮时(白色)与最暗时(黑色)的亮度的比值,高的对比度意味着相对较高的亮度和呈现颜色的艳丽程度。一般我们所说的对比度是指静态对比度,也就是画面中从白到黑之间分了多少级。越高的静态对比度就意味着白到黑的级数越多,画面也就拥有较高的亮度和鲜艳程度。主流的显示器静态对比度一般为 1000:1 到 1500:1。

⑧ 色域、色准和色深。这三个概念是设计师、摄影师等视觉相关专业必备的。一台高

色域、高色准的专业显示屏对于视觉创作者来说是非常重要的。一台专业的显示器,可以提升色彩的表现能力以及还原能力,实现真正的"所拍即所显,所见即所得"。

首先色域这个概念。色域表示色彩广度,又被称为色彩空间。所以有些厂商会将高色域显示器,称为广色域显示器。

色准就是色彩精准度,一般用 ΔE 值表示显示器色彩与标准值之间的差距有多大。ΔE 值越小、颜色准确度越高。大众级显示器的 ΔE 值为 3～12,可以满足普通人日常上网、打游戏、看视频的需求。色彩精准度 $\Delta E \leqslant 2$,在色彩表现方面就非常专业了。适合色彩敏感及对细节有严格要求的专业设计人士。一般专业级的显示器都会配备一份校色报告。

色深简单理解就是色彩数量的多少,影响色彩过渡的平滑程度。目前市面上主流的显示器色深基本上有 6bit、8bit、10bit 三种。色彩数量越多,过渡越顺滑。一般市面上常见的显示器 bit 值都在 8bit 到 10bit 之间。8bit 表示 RGB 三原色中各有 256(2 的 8 次方)种颜色,总色数达到 1670 万色;10bit 则表示 RGB 三原色中各有 1024(2 的 10 次方)种颜色,总色数达到 10.7 亿色。还有一种是 6bit 抖 8bit(6bit＋FRC)或是 8bit 抖 10bit(8bit＋FRC),FRC 就是通过驱动软件使显示画面抖动将颜色糅合在一起,从而提高颜色的细腻度达到高色深的标准。不过原生 8bit 要比 6bit＋FRC 的颜色表现更好。

⑨ 接口分类。传统的主流视频接口有 VGA、DVI、HDMI、DP 四种。但现在已是 2022 年了,VGA 和 DVI 接口基本已经淘汰了,只有在一些低端显示器或特殊功能的显示器上才有。在消费级的笔记本上这两种接口也已经绝迹了。现在市场主流产品常用的接口有 HDMI(标准 HDMI、mini HDMI、micro HDMI)、DP(标准 DP、mini DP、雷电)、USB-C(全功能 Type-C 和雷电 3/4),一般显示器为了更好的通用性,接口都会采用标准的视频接口。

3. 台式机选配方案推荐

在目前装机的大部分普通消费者中,预算在 5000 元左右可以说占据了大多数。一方面,从价格来讲,5000 元的预算对于普通消费者来说既不过于昂贵,也不会让人为难。另一方面,5000 元的配置比入门级的配置在性能上要高出许多,既能满足大家日常学习、娱乐和游戏的需要,也不至于有过高的性能造成浪费。正是因为以上的原因,5000 元的计算机配置成为目前装机用户的主流选择。

价位确定好,就该选择合适的配件了。对于装机来说,CPU、内存、主板等核心配件肯定是占重要地位的。这 3 个配件作为计算机组成的重要核心,直接影响着整个计算机系统的性能。

不过,由于不同的用户对计算机也有着不同的需求,如有的人是为了玩大型 3D 游戏,而有的人则是为了看高清娱乐大片,更有的人只是为了满足日常工作与上网的综合性应用,因此在选择这些核心配件的时候,一定要根据自己的实际需求来选择,这样才能够让配件发挥最大的功效。

针对准备在近期装机的主流消费者群体,从以下四个方面进行配置。

1) 日常办公使用

如果仅仅作为日常生活、上网玩玩小游戏等,或者是平时办公,也不进行专业的作图等,仅使用一些 Word 办公软件等,这些软件是不需要什么配置的,可以不用使用独立显卡,直接 i5 的 CPU 就可以了。集成显卡就可以满足要求。

目前办公计算机使用 i5 处理器一直是比较主流计算机配置。表 3-2 为一套 3500 元左右的 11 代 i5 核显计算机,可以满足大部分用户的要求,虽然没有独显也可以玩游戏,但也只能玩配置要求不高的游戏。

表 3-2　日常办公计算机配置

计算机硬件	配 件 品 牌
处理器	Intel 酷睿 i5-11400
散热器	Tt 水星 S400
显卡	内置 UHD730 核显
主板	华硕 PRIME B5650M-K 主板
内存	海盗船 复仇者 LPX 系列 DDR4 3200 8G
硬盘	WD SN550 250G NVME M.2 固态硬盘
机箱	Tt 启航者 F1
电源	安钛克 BP350
显示器	小米 Redmi 23.8 英寸显示器

2) 游戏娱乐方向

如果你的计算机是用作游戏用途,那么一定要清楚你的游戏配置要求,一般作为游戏都得标配 i7 以上 CPU,再配一个独立显卡,这个显卡一定要满足你玩游戏的最低要求。玩游戏一般使用 N 卡比较好。

表 3-3 为一套 6500 元左右的 12 代 i5 带独立显卡的一般游戏计算机配置。

表 3-3　一般游戏计算机配置

计算机硬件	配 件 品 牌
处理器	Intel 酷睿 i5-12400F
散热器	泽洛 P4
显卡	技嘉 GTX1660 OC 6G
主板	华硕 B660M-K D4
内存	海盗船 复仇者 LPX 系列 DDR4 3600 8G
硬盘	三星 PM9A1 512G PCIe 4.0 固态硬盘
机箱	鑫谷赛博 H1
电源	安钛克 BP500
显示器	AOC 23.8 英寸游戏电竞计算机显示器 Q24G2

表 3-4 为一套 12000 元左右的 10 代 i7 带独立显卡的高端游戏计算机配置。

表 3-4　高端游戏计算机配置

计算机硬件	配 件 品 牌
处理器	Intel 酷睿 i7-10700KF
散热器	九州风神 堡垒 240 CPU 水冷散热器
显卡	NVIDIA RTX3070 8G
主板	微星 MPG Z490 GAMING EDGE WiFi

续表

计算机硬件	配件品牌
内存	海盗船 复仇者 LPX 系列 DDR4 3200 16G
硬盘	三星 970EVO Plus 500G
机箱	先马 黑洞标准版
电源	酷冷至尊 GX650
显示器	AOC 27 英寸游戏电竞计算机显示器 Q27G2S/D

3）专业绘图方向

如果你要使用该计算机进行专业级别的绘图工作，需要配置一个专业级别的绘图显卡，不然绘图的时候会非常的卡，但是这种显卡并不适合玩游戏，所以，玩游戏也会卡。内存需要依据你使用情况，一般都需要 16GB 以上。另外，绘图对显示器的色彩有较高的需求，所以需要搭配色彩全面精准的显示器，而该类显示器一般都比较昂贵。

表 3-5 为一套 14000 元左右，专业图形显卡和专业显示器的专业绘图计算机配置。

表 3-5　专业绘图计算机配置

计算机硬件	配件品牌
处理器	Intel 酷睿 i7-10700K
散热器	鑫谷冰酷 240 一体水冷
显卡	丽台 P2200 5GD5 专业图形显卡
主板	华硕 Z490-P
内存	海盗船 复仇者 LPX 系列 DDR4 3200 16G 两条 组成双通道
硬盘	西数 SN550 500G NVME M.2 ＋ 东芝 2T 机械硬盘 双硬盘配置
机箱	安钛克 P101
电源	安钛克 NE650 金牌全模组
显示器	戴尔 27 英寸影院级专业修图显示器 U2720QM

4）平面设计方向

平面设计在设计行业算是初级，不需要多么高端配置的计算机，就日常使用的独显计算机就能很好满足。6 核 i5 处理器配个 GTX1650 显卡，对于平面设计来说真的是优化的搭配方案，满足需合理搭配硬件才是明智之举。

表 3-6 为一套 6000 元左右的 10 代 i5 带独立显卡的平面设计计算机配置。

表 3-6　平面设计计算机配置

计算机硬件	配件品牌
处理器	Intel 酷睿 i5-10400F
散热器	九州风神玄冰 400
显卡	影驰 GTX1650 4G
主板	技嘉 B460M DS3H
内存	威刚 DDR4 2666 16G
硬盘	金士顿 A2000 500G NVME M.2 ＋ 东芝 1T 机械硬盘 双硬盘配置

续表

计算机硬件	配 件 品 牌
机箱	安钛克 NX200M
电源	安钛克 BP500
显示器	小米 Redmi 27in 显示器

如果预算不高,也可以适合降低一些配置。如表 3-7 为一套 4000 元左右的适合平面设计计算机配置,因为要控制价格,所以 CPU 选择千元以内,这里推荐定位中端主流 i5-9400F,由于 F 版本没有内置核显,所以我们需要配合独立显卡才可以正常使用。

表 3-7　一般的平面设计计算机配置

计算机硬件	配 件 品 牌
处理器	Intel 酷睿 i5-9400F
散热器	CPU 盒装自带散热器
显卡	七彩虹 战斧 GeForce GTX 1650 4G
主板	华硕 EX-B360M-V3
内存	威刚 DDR4 2666 8G
硬盘	金士顿 A2000 2500G NVME M.2
机箱	爱国者 YOGO M1 机箱
电源	长成 HOPE-4500DS
显示器	小米 Redmi 23.8 英寸显示器

4. 台式机推销训练

指导老师可安排学生和指导老师分别扮演推销员、导购员,使学习者分别体验两者的处境,增强导购员的服务意识,清楚导购员应具备的专业知识和市场认知。通过见习、实训、实习完成推销技巧的训练。

1) 情境设置

(1) 实训地点: 实训机房。

(2) 角色扮演: 让学生轮换扮演客户、导购员、店长的角色。

(3) 配机清单: 根据客户需求写出合适的配机清单或品牌机建议。

(4) 使用说明: 使客户能正确使用计算机;知道出现故障后的处理流程;了解产品的保修服务。

2) 导购流程

(1) 接待客户。

(2) 了解需求、商定配件单。

(3) 促单。

(4) 成交付款。

(5) 交付客户(装机)。

(6) 对有需要的客户作适当的使用说明。

3.1.3 笔记本电脑的基础知识与推销技巧

笔记本电脑(laptop),简称笔记本,又称便携式电脑,手提电脑、掌上电脑或膝上型电脑,特点是机身小巧。它比台式计算机携带方便,是一种小型、便于携带的个人计算机。通常重 1kg～3kg。当前发展趋势是体积越来越小,重量越来越轻,功能越来越强。为了缩小体积,笔记本电脑采用液晶显示器(液晶 LCD 屏)。除键盘外,还装有触摸板(touchpad)或触控点(pointing stick)作为定位设备(pointing device)。

笔记本电脑和台式计算机的区别在于便携性,它对主板、中央处理器、内存、显卡、计算机硬盘的容量等有不同要求。

当今的笔记本电脑正在根据用途分化出不同的趋势:上网本趋于日常办公以及电影;商务本趋于稳定低功耗获得更长久的续航时间;家用本拥有不错的性能和很高的性价比;游戏本则是专门为了迎合少数人群外出游戏使用的;发烧级配置,娱乐体验效果好,当然价格不低,电池续航时间也不理想。

1. 笔记本电脑分类

并不是每台笔记本电脑都适合每个人,通常厂商会对其产品进行分门别类的划分以满足不同的用户需求。目前,笔记本电脑市场主要分为三大类:轻薄本、游戏本、高端本。

(1) 轻薄本定位于工作、学习、差旅的长待机。在 2011 年 Intel 启动了超轻薄笔记本市场,当时建立了一个 3 亿美元的市场基金,以促进轻薄成为现代笔记本电脑设计的新标准。目标是实现一个极其轻薄的设计理念,标准如下。

① 一种低电压的 Core-i U 系列 CPU,具有 5 到 8 小时的电池续航时间。

② 建议采用固态硬盘(SSD)。

③ 消除不必要的插槽/端口。

④ 建议采用全外置(One-Spindle)设计,在外形设计上取消光驱。

⑤ 把重量限制在一般计算机的一半——1.4kg。

⑥ 限制厚度不大于 20 毫米。

每一样需求的产生都会影响整个笔记本设计的趋势。轻薄本的主要客户群体是几乎不怎么游戏,有着大量学习、工作需求的用户(平板电脑生产力比较匮乏,属于娱乐品)。就今天的轻薄本而言,无一例外都达到以上要求,于是在上面这些标准基础上,产生出了下面这些与生产力更加贴合的需求。

① 更好的屏幕:不再拘泥于 1080P 分辨率。

② 更窄的边框设计:有更好看的屏占比。

③ 更低的功耗设计:带来更长的徐航时间。

④ 快速充电功能:支持 PD 充电,可以和手机混用。

⑤ 更轻的外壳:通常低于 1.4kg,携带方便。

但是轻薄笔记本的缺陷也很明显:

① 超薄体积导致相对平庸的性能,对于游戏极度不友好。

② 超轻体重导致相对较小的屏幕,工作区展现不大友好。

③ 由于设计原因,外部接口偏少,不利于增加外设。

(2) 游戏本定位于便携/游戏的性能机。这是一类被误解最大的笔记本电脑,实际上游戏本并非为游戏而制造，而是过去生产力使用比例小于游戏用途，随着 3D 建模软件的崛起，以及大量的视频编辑需要，很多学校的建筑、建模相关专业都要用到这类笔记本电脑。

游戏本完全不同于轻薄本的设计，各种硬件配置规格都很高，比如 CPU、显卡，以及供电系统都更加庞大，这也产生了很多缺陷。相比于轻薄本，有以下缺点。

① 更厚的体型：加大散热设计。

② 更大的重量：放更多散热模块。

③ 更差的续航能力：更高的功耗。

④ 更贵的价格：成本差距大。

（3）高端本定位于大型科技公司的移动工作站。这是一个最没有必要存在的分类，实际上只是轻薄本的显卡性能提升，用的都是低端独显，上不成下不就的，全能本外观，重量基本和轻薄本没有太多差距，配置了 MX 系列显卡，可以提供更强的 3D 性能，但是还不如游戏本的专用显卡。几乎轻薄本优缺点，全能本都有。价格相对较高。

2. 笔记本电脑的推销

轻薄笔记本电脑（简称轻薄本）和游戏笔记本电脑（简称游戏本）最大的差别是体积厚度重量，游戏本因为散热的需要，一般都比较厚，太轻薄的笔记本电脑通常风扇和散热片都很难设计得好。另外一点是游戏本因为耗电厉害，通常情况下，续航也不如轻薄本。而且整体比较重——包括充电头。所以两者之间的平衡要看用户的具体使用场景和使用者的体力决定。

对于用户来说，如果只是办公看电影之类的，对续航有要求的一般比较建议轻薄本。对于性能有要求的，比较建议游戏本和台式机。但是要特别说明的是，参数看起来和台式机一样的游戏本，性能要低不少，不能光看配置，直接对比，而且同样配置的游戏本，在不同的散热和供电下，性能也会差距很大。女生通常比较建议轻薄笔记本，男生玩游戏比较多，建议游戏本。

不同类型的笔记本电脑针对的用户群体如下。

（1）轻薄笔记本电脑：主要以核显笔记本电脑为主，适用于大部分用户，比如看电影、办公、演示出差，方便查阅资料，并续航时间长，重量轻巧方便携带，方便出差通勤。这部分笔记本的价位大部分集中 4000～6000 元，中位数 5000 元，3000～4000 元也有不错的。

（2）全能笔记本电脑：适合对于轻薄有要求，但是需要在 3D 方面有部分提高，可以胜任一些 3D 的学习环境要求，也可以满足较多的游戏需求（非极限），没有特别要求显卡性能的游戏都可以。这类笔记本一般提高显卡，价格在 4500～7500 元区间，中位数 5500 元。

（3）游戏笔记本电脑：除了大部分游戏需求，也适合 3D 方面要求较高的专业，以及对于游戏需求（比如 3A 级游戏），产品的价格一般较高。入门游戏本，采用 1650ti 显卡，基本 5000～6500 元区间，2060 显卡中端游戏本基本 7000～9000 元，而 2070 以上显卡的笔记本基本过万，2021 年的 3000 系列显卡笔记本电脑基本会在 8000 元起步。

（4）苹果笔记本电脑：适合高端商务用户，主流用户群体（音乐、视频、编程），部分对于轻薄要求高，或者对苹果品牌比较喜欢的文科类用户。整体对于游戏并不友好。这部分产品定价比较迷惑，像 EVO 认证的高端笔记本从 6000～20000 元都有。

（5）商务笔记本电脑（高端轻薄本）：EVO 认证商务笔记本，实际上是 intel 的一个新标准，2022 年预计会更新到 EVO3.0，增加氮化镓充电器支持，以及 2.5K 屏幕。

EVO 认证是 2020 年年底,Intel 重新推出了 EVO 认证的轻薄笔记本电脑,EVO 认证的几个核心要求:

① 时刻保持超快响应;

② 高清分辨率下保持 9 小时以上续航;

③ 机器唤醒时间 1s 以内;

④ 半小时快充支持 4 小时使用;

⑤ 更强的连接能力:支持 WiFi6 和雷电 4 接口。

3. 笔记本电脑的性价比

通常性价比是指下面两种情况:

(1) 产品差不多质量、性能、价格优势明显;

(2) 价格差不多,但是产品各方面远超竞品。

以上这些都有时间限制,没有产品能够无比性价比长期存在,随着时间的推移,产品也会很快更新换代,有些短期内没有竞争者的产品,即便价格较高,但是符合用户需求,也可以算作性价比产品,尤其在电子电器类的。所以这个名单几乎每年都会更换,也是厂家竞争最有意思的地方。笔记本电脑差不多每半年更新一次。

一般性价比比较高的笔记本电脑,主要具备以下特点。

(1) 同等级笔记本电脑配置最佳:CPU/显卡等内部配置同价位较高,屏幕等硬参数都达到同级别优秀,作为性价比的门槛之一,虽然有很多笔记本电脑达到这个基本门槛,但是后续的不足。计算机硬件配置可以查看笔记本的 CPU 和显卡天梯图。

(2) 较好的做工、品控,笔记本的整体品质上得去。许多优秀的笔记本产品还有一些额外的颜值加成,这可以满足一部分用户的特殊需求,比如 RGB、人脸识别等,同价位的笔记本电脑独有,也可以算作性价比之一,即便是同品牌旗下,相同价位,不同型号也有很大的差距,这些看不到的部分,其实都间接提高了品牌的成本,也带来了更好的体验。

(3) 品牌和售后,一般头部笔记本电脑品牌都会做得比较好,通常产品线生命周期较长,有足够的配件更替,特别像笔记本主板这种大硬件都是厂家独有,而很多小品牌这方面会比较差一些,但不是大厂的都行,大厂一些销量小的型号一样有这个问题。

一般把握好上面三点,基本可以买到市面上比较优秀的笔记本电脑。

另外还有一个非常特殊的情况,比如苹果笔记本因为没有直接竞品,而特殊的操作系统和特殊的专用软件(音乐、视频编辑),包括 2020 年最新推出的采用 M1 芯片的笔记本,都有独特的竞争力,这些加上苹果品牌加持,笔记本的保值率非常高,性价比一样存在。

4. 笔记本电脑技术指标

即便是性能非常接近的两台笔记本,价格也会有很大的区别,这个跟汽车一样,因为集成度较高,每家公司都有自己的私货设计理念。比如早些年 IBM 笔记本的质量确实过硬,无论是散热,系统硬盘保护或者笔记本键盘的设计,都不是一般的小公司都比的,而一些杂牌笔记本因为配置的主板、内存、显卡质量较低比较容易出现蓝屏故障,也有散热不佳导致的笔记本卡死,更厉害的是垃圾电池,会出现自燃事故。不过现在技术比较成熟了,对于较大的品牌而言,差别一般不大了。

笔记本电脑选购过程中,三个配件会较大影响笔记本性能:①CPU(Intel i3/i5/i7,

AMD 等);②显卡(核显/MX 系列/NV/AMD 高级独显);③显示屏(电竞 144/IPS 高色域/2K)。

次要影响的配件和因素:①内存(DDR4,8GB/16GB);②硬盘(M2 硬盘品牌及大小速度);③外部接口数量及类型;④品牌溢价(比如外星人、苹果);⑤散热模组(热管及风扇性能);⑥笔记本电池(充电速度);⑦键盘(手感及键位)。

一般来说,大多数笔记本内存和硬盘都可以更换,只有少数品牌做得比较极端(更多是考虑机身厚度),比如华为和苹果,内存就很难更换,特别是华为有几个型号笔记本内存直接板载(焊接),要知道内存及硬盘是大部分笔记本少数在后期可以更换的配件,同时也影响着笔记本的服役周期,不过对于多数人更换不多,前期选择主流配置一般没有问题。

5. 笔记本电脑品牌介绍

目前,笔记本电脑主流市场的品牌如图 3-22 所示。

图 3-22　笔记本常见品牌

1) 苹果笔记本电脑

苹果公司靠顶尖的工业设计能力和系统研发能力,凭借一己之力吞下全球 80% 的手机利润(2012—2017 年),同时有着世界上均价较贵的笔记本电脑。

苹果的笔记本和手机,都是普通消费级别中较贵的(不含工作站),用料和设计都较好。对品质的苛刻要求,让苹果的 Macbook 颇受好评。苹果笔记本开创了笔记本真正超薄的先河,但是其操作系统很多人可能用不惯,更加适合程序员,音乐、视频从业创作者。

苹果是笔记本电脑厂家里面型号较少的公司。苹果笔记本电脑以优秀的设计著称,同时不同于 Windows 系统,苹果自家的 MAC OS 操作系统对于编程原生 shell 的支持更好,而且有一些平台效率软件,非常适合音乐和视频创作者,但是系统对于很多游戏和软件的支持上,远不如 Windows。推荐的型号:MacBook Air、MacBook Pro 13、MacBook Pro 16。

2) 联想(含 ThinkPad)笔记本电脑

联想旗下主要两个品牌,一个是本身的联想(IdeaPad),另外一个是 2005 年收购的 ThinkPad(IBM)。后者有着大量的专利积累,在 IBM 时代,凭借可靠稳定的质量,有着极好的口碑,ThinkPad 是每个商务人士的必备,当然,放在今天而言,这个品牌依旧做得还不错,但相比其他品牌,价格比较贵。这两年,联想进步很大,在一些机型上提高质量和设计,比如小新和拯救者系列,其实做得还不错,销量很大,也是联想最值得购买的产品系列。

过去几年联想笔记本电脑家族庞大,但这两年的产品设计上,特别在性能和散热调教方面非常激进,一些过去不受欢迎的型号都下线,产品越来越倾向于精品化,提供的款式不算多,但是几乎每个价位都有产品都可以满足用户需求,目前最值得买的两个系列:小新、拯救者。

而 ThinkPad 也分为好几个系列,在售的主要有:

(1) T 系列,主打商务应用为主,产品的性能和设计都比较高端,价格也不错;

(2) X 系列,以轻薄本便携为主,主要给出差的用户设计,产品性能也不错;

（3）Z 系列，现在不多见了；

（4）W 系列，定位于高端的移动工作站用户，拥有最好的性能和扩展力，适用于密集图形设计、影视特效制作等高端领域。

3）戴尔 DELL（含外星人）笔记本电脑

在美国，个人消费笔记本电脑中，HP、IBM 都是非常老的品牌，Dell 相对比较年轻（1984 年创办），是第一家通过网络销售计算机起家的。在计算机普及的红利时代，Dell 获得了大量的企业机构和政府订单。

DELL 主要分为两条路线，轻薄版 XPS 走轻薄路线，外星人走高端游戏本路线。Dell 的售后服务在过去几年都做得很好，产品的供货量也比较稳定，戴尔笔记本电脑几乎每年每个笔记本电脑制造商都会发布一些新的产品，一些老旧的型号系列逐步被新的系列所取代，除了少数型号会保留。下面是戴尔目前主要在售的系列。

（1）通用、商用系列：灵越、Latitude。

（2）高端商用轻薄系列：XPS。

（3）游戏本系列：游匣。

（4）奢侈游戏系列：外星人。

（5）移动工作站系列：Precision。

4）惠普（HP）笔记本电脑

惠普的笔记本质量高端和低端差别很大，特别是工作站级别的笔记本质量即便二手产品都可以让你继续用好几年，但是低端产品就不大行，家用笔记本散热做得很差。但这两年开始，惠普的产品有些改观，配置也开始用心，是三大国际一线可买品牌。目前惠普最值得购买的系列是战 66（轻薄本）、暗影精灵、光影精灵。但是 2022 年，惠普大部分轻薄笔记本依旧是低分辨率 1080P（1920×1080），比较尴尬。惠普笔记本电脑产品系列推荐如下。

（1）战系列：战 66、战 99、战 X。

（2）星系列：星 13、星 14。

（3）暗影精灵，PLUS 系列。

（4）商务的：ENVY/幽灵。

5）华硕（ASUS）笔记本电脑

华硕是中国台湾的老品牌，其主板很出名，特别是其高端产品 ROG（玩家国度）的质量和设计较好，价格也较贵。目前华硕做得最好的系列是天选，已经推出到天选 3，很多时候都是 AMD 的首发，不过华硕旗下的 ROG 笔记本电脑随着这两年的降价，现在的价格也很亲民了。产品从做工到音效视觉体验，都是比较领先的。

6）华为笔记本电脑

华为是唯一一没有上市的世界五百强。因为产品定位，除了华为，还拆分出来一个荣耀。华为的机器设计做工都不错，但是内存很多是焊死在主板上，后期不好升级。不过华为在轻薄本上面用的显示器，是仅次于苹果和微软的，同价位国产质量前排。产品目前更新速度慢，价格昂贵。

7）荣耀笔记本电脑

荣耀整个品牌系列已经从华为脱离独立运营了，相比于之前在华为体系下，荣耀独立后的自由度更高，在产品上已经不是华为的低端产品，产品很多也做出了自己的风格和特点，像

2021 年 9 月推出的 V14 笔记本则是用了笔记本上最好的摄像头，非常适合商务会议以及视频聊天。不过荣耀的新机发布频率较低。最新的版本和华为差不多，但是价格方面优势更大。

8）小米（含红米）笔记本电脑

小米通过极低的利润，把手机行业的价格拉低，而品控做得又不错，笔记本也一样。只要小米参与的领域，性价比一律不成问题。小米也是奉行双品牌战略，也做了第二个品牌红米（Redmi），产品亲民，整体的设计做工基本可以赶上苹果，而且屏幕基本是同价位最好的配置。小米的笔记本系列做得最好的是 RedmiBook 系列，也是最值得买的小米笔记本。线下售后点非常多，线上线下保修容易。

9）雷神笔记本电脑

雷神作为海尔旗下的新锐品牌，这两年的数码产品让人眼前一亮，部分较为低端的和机械师一样采用蓝天的公模，如果遮掉 logo，其实看起来都一样，ZERO 系列就是单独开发设计，外观上有很高的辨识度，除此之外，还有显示器和其他的外设，整体产品质量不错。目前雷神最值得买的是 ZERO 游戏本系列。

10）机械师笔记本电脑

机械师在游戏本行业算是比较新的品牌，产品主打性价比，使用蓝天的公模，成本容易控制，在同等价位下，很多产品的配置规格都很高，这两年随着模具设计改良，在散热、主板功能上面也追赶上来，性价比其实还不错，整个品牌发展非常迅速，不过主要领域在游戏本居多，轻薄本没有什么机型。另外，机械师的外设产品做得比笔记本好得多，尤其是机械键盘和鼠标做得非常好，品质优秀，价格实惠。

11）LG 笔记本电脑

作为韩国二号 IT 企业，这家公司做过手机，还有各种高端显示器、笔记本、洗衣机家电数码等，但是这几年没有什么出色的产品。在中国制造的压力下，LG 在数码成品领域的退出只是时间问题。LG 的笔记本电脑特点是极致轻薄，大外壳量采用轻型的碳纤维材料。

12）三星（SAMSUNG）笔记本电脑

韩国三星是一家非常特殊的企业，韩国举国之力扛起来的半导体巨无霸。从竞争层面来讲，三星的产品设计上没有亮点，大部分和国内品牌差不多，价格也没有优势，主要靠品牌老本。除了存储的固态硬盘和内存，其他并不推荐。三星的中国消费市场的萎缩，直接变成上级零件供应商，比如 VA 曲面液晶还在影响着市场。

13）Acer（宏基）笔记本电脑

宏基是中国台湾的另外一个老牌子，这家在国际三大巨头的打压下，通过走低价路线，在过去几年做得风生水起，但是现在也慢慢不行了，主要还是国产的竞争力上来后，低价的优势消失殆尽。

14）神舟笔记本电脑

早年最便宜的笔记本都是这家公司做出来的，旗下还有一个炫龙品牌，主攻游戏本，品控比机械师好些，但是低端市场一分钱一分货，质量相差基本不大。

15）技嘉、微星笔记本电脑特点

做主板、显卡的老公司，游戏本的后起之秀，这两年推出不少重磅游戏本，质量和设计跟华硕 ROG 有得一拼，但是定价上面并不是太友好，产品设计上比较倾向于大型游戏，一般都是独立显卡为主，部分型号销量还不错。

16）IBM、Sony、东芝、富士通和各种小品牌

长江后浪推前浪，IBM 放弃了整个 PC 部门，Sony 专心去做手机摄像头、电视、微单，东芝做存储，连名字都改为"KIOXIA"，中文"铠侠"，富士通也不做 PC 了。

3.2　常用办公自动化设备推销技巧

3.2.1　打印机的基础知识与推销技巧

打印机是办公室一种比较常用的 IT 设备，给办公生活带来了很多方便。作为一名打印机推销者，必须对打印机的技术指标、选配要点等知识有一个比较全面的了解。

1. 打印机的分类

市场中打印机的种类有多种，我们在推销打印机时，一定要注意客户使用需求，每一种打印机耗材不一样。用途不一样；下面介绍常用打印机的分类、用途和优缺点。

目前的打印机主要分为以下 5 类。

1）针式打印机

一般用于打印票据或者按压打印的材料，可以打印多联纸（需要一式多份的材料），通过将色带上的墨水压在纸上实现打印，一般为黑白色，平时需要更换的材料是色带。

针式打印机的经济性比较高，但是打印速度慢，噪音大，图像模糊，不过打印出的纸张字迹可以保留很久，如图 3-23 所示。

（1）原理：依靠打印针撞击"色带"进行物理打击成像。

（2）优点：打印耗材色带成本低，可以多联复写打印。

（3）缺点：打印时噪声比较大。

（4）应用：主要用来打印发票、单据、存折、证卡等。

2）激光打印机

办公场所常见打印机，一般用来打印普通文档，打印的颜色也一般为黑白色，利用激光加热墨粉来实现打印，需要更换的是墨粉和硒鼓。

一般价格较高，耗材更换很方便，如果闲置很久也可以使用，如图 3-24 所示。

（1）原理：依靠加热组件加热"碳粉"在纸上成像。

（2）优点：打印速度快、成像质量高、故障率低。

（3）缺点：打印成本较高，打印会产生少量臭氧、粉尘。

（4）应用：适合打印文本，适合家用或办公。

图 3-23　针式打印机

图 3-24　激光打印机

3) 喷墨打印机

一般家用、摄影等用得较多,可以打印黑白和彩色的纸张、照片等材料,将墨水喷到材料上实现打印,平时需要更换的是墨盒和墨水。

经济性较高,更换墨盒较为方便,但是补充墨水会很难,一旦闲置必须更换墨盒才能使用,如图 3-25 所示。

(1) 原理:依靠打印头上的喷嘴喷出"墨水"在纸上成像。

(2) 优点:购机成本低,打印效果好;无臭氧、粉尘排放。

(3) 缺点:长时间不打印喷嘴容易堵,需要定期打印。

(4) 应用:适合打印照片,文本也可兼顾。

图 3-25　喷墨打印机

4) 热敏打印机

一般是收银台用来打印收据,或者物流用来打印快递单,需要使用热敏纸,通过加热纸张来实现打印,一般为黑白色,需要更换的只是热敏纸。

热敏打印机是一种噪声低、打印速度快、图像清晰的打印机,但是打印材料保存时间有限,如图 3-26 所示。

(1) 原理:打印头上安装有半导体加热元件,打印头加热并接触热敏打印纸后就可以打印出需要的图案。

(2) 优点:打印速度快、噪声低,打印清晰,使用方便。

(3) 缺点:不能多联打印,打印出来的单据只能短期保存。

(4) 应用:适合打印超市/外卖小票、快递单据。

5) 标签打印机

标签打印机或智能标签打印机指的是无须与计算机相连接,打印机自身携带输入键盘或者智能触屏操作,内置一定的字体、字库和相当数量的标签模板格式,通过机身液晶屏幕可以直接根据需要进行标签内容的输入、编辑、排版,然后直接打印输出的打印机,如图 3-27 所示。

(1) 原理:通过机身液晶屏幕可以直接根据自己的需要进行标签内容的输入、编辑、排版,然后直接打印输出的打印机。

(2) 优点:打印速度快,打印介质多。

(3) 缺点:需要手动操作执行。

(4) 应用:在办公室、工厂、仓库以及商场等许多地方都需要使用各种类型的标签。

图 3-26　热敏打印机

图 3-27　标签打印机

2. 打印机的推销

很多人都有着这样的一个"误区",总是觉得计算机和打印机是一个行业,更有甚者,觉得打印机和计算机是一个东西,所以在买打印机的时候,很容易把选购计算机的思路,带入打印机当中,也就是所谓的"看配置"。

首先我们要和客户说清楚,打印机和计算机是两回事,根本不是一个行业,也就是说选购计算机的思路,根本不适合打印机,计算机看的是配置,打印机基本不需要看配置,而是看"可靠性""稳定性""易用性"和"经济性"。

总之就是只要耗材便宜,不容易坏,操作简单,运行稳定,这就是好机器。除非是中高端复合机才需要看配置,家用打印机看纸面参数,没有任何意义。

常用的打印机有以下三种,分别是激光打印机,喷墨打印机,针式打印机。

激光打印机和喷墨打印机,适合家用,不仅可以打印黑白,也可以打印彩色,而针式打印机,只适合打印票据,使用场景单一,不适合家用。

所以,一般购买打印机基本都是在喷墨打印机和激光打印机这两者中选择。从功耗来说,激光打印机功耗高,比较费电,喷墨打印机功耗低,节能环保。从使用频率来说,喷墨打印机,不经常用容易堵头。使用频率高,选喷墨打印机,使用频率低,选激光打印机。

1) 喷墨打印机

喷墨打印机分为"墨仓式"和"墨盒式",墨仓式也就是原装连供,可以直接加墨水使用。墨盒式只能换墨盒,无法加墨水,除非改装连供,或者给墨盒打孔把墨水加进去,可是不管是"打孔加墨水",还是"改装连供",故障率都比较高,所以不建议新手进行"改造"。

如果客户的打印量很小,并且天天能用到,一天就打印两三张,可以买个墨盒式喷墨机。

要是客户的打印量比较大,一次要打印几十张,那墨盒机肯定不够用,一个墨盒也就打印几百张,而且低端墨盒机,没有养护组件,还是热发泡喷头,堵头概率比较高,就算把墨盒包装拆开,没怎么用过,它自己也会干掉,下次还要换墨盒。

所以,如果客户的打印量很小,可以考虑墨盒式,打印量大的话,直接选墨仓式。

下面将按功能使用,推荐一些高性价比机型,这些都是故障率不高,使用成本也比较低的打印机。

(1) 打印功能。如果用不到"复印功能",只需要打印。推荐:爱普生 L1218、佳能 G1810。

这两款都是墨仓式喷墨打印机,使用成本很低,耗材便宜,打印张数也多,特别适合家用。唯一的不同就是,佳能采用的是热发泡喷头,寿命短,但是打印效果鲜艳,爱普生使用的是微压电喷头,寿命长,但是打印颜色没有佳能的鲜艳,可以根据自己的需求,进行选择。

(2) 复印功能。如果需要用到复印功能,推荐:兄弟 DCP-T425W、惠普 519、爱普生 L3255、佳能 G3810。

这四款机器都属一体机,打印、复印、扫描、无线打印都支持,功能很齐全,可以和手机连接,直接打印手机上的文件。都采用了墨仓式设计,使用成本都很低,无须改装,也可以加墨水。

总的来说,爱普生 L3255 和兄弟 DCP-T425W,比佳能 G3810 以及惠普 519 好一些,因为"兄弟"和"爱普生"是微压电喷头,而"惠普""佳能"是热发泡喷头。

但是细分下来,爱普生 L3255 又比兄弟 DCP-T425W 好一些,虽然都是微压电,但是爱普生市场占有率高,后期耗材和配件比较好配。

佳能 G3810 和惠普 519 相比,G3810 又比 519 强一些,惠普低端喷墨没有养护组件,堵头概率更高一些,虽然佳能也是热发泡但是配备了养护组件,比惠普还是要强一些的。

预算少就是在惠普 519 和兄弟 DCP-T425W 中选择,预算高就在爱普生 L3153 和佳能 G3810 中选择。

(3) 自动双面打印功能。上面推荐的喷墨机,都没有自动双面功能,如果需要自动双面,推荐:爱普生 L4268、佳能 G6080、兄弟 DCP-T725DW。

这三款机器增加了双面器,可以实现自动双面打印,适合有双面需求的用户使用。

三款机器都支持打印、复印、扫描、无线,以及自动双面,也都采用了墨仓式设计,使用成本都很低,无须改装,也可以加墨水。不过,兄弟 DCP-T725DW,配置更高一些,支持输稿器,这一点是佳能 G6080 和爱普生 L4268 没有的,如果需要连续复印,兄弟 DCP-T725DW 会更好一些。

(4) 自动输稿器功能。自动输稿器(也称为 ADF)是一些高档传真机或高档多功能打印机里的部件,可以实现自动输送原稿的功能,不需要一张一张地放稿件,方便办公。

自动输稿器应用在多页稿件的扫描、复印,以及多页的自动传真中,一次最多可自动输纸的页数不定(因不同的机子而不同),是办公领域的理想工具。

如果需要自动双面,以及输稿器复印,推荐爱普生 L6178,这款机器是这些喷墨机里面配置最高的,也是最贵的,支持无线打印、自动双面、输稿器复印,可以连续复印,还有无边距打印,功能很强大,适合办公室使用。

(5) 照片打印功能。如果需要打印照片,推荐六色喷墨打印机。比如:爱普生 L805 和 L850 都是六色喷墨打印机,打印效果远超四色机器,L805 只有打印功能,不支持复印,L850 是一体机,可以复印和扫描,功能更加强大一些,同时也采用了墨仓式设计,不仅打印效果好,还大幅度降低了使用成本。

2) 激光打印机

(1) 如果不需要复印功能,只需要打印,推荐:兄弟 1218w、兄弟 1208、兄弟 2260/2260d、佳能 6018w。

兄弟 1218w 和 1208 这两款机器,基本上是一样的,耗材是通用的,采用的也都是鼓粉分离设计,唯一区别就是,1218w 支持无线打印,其余地方,都是一模一样,这两款机器采用的是 1035 粉盒,最便宜的才 10 多块钱,可以打印 1000 张左右。

兄弟 2260d 和 2260 唯一的区别就是,前者有自动双面,后者只有手动双面,采用的鼓粉分离设计,使用成本同样很低,硒鼓寿命可以达到 1 万多张,平时换粉盒,或者加粉就可以,这款机器粉盒也很便宜,100g 的碳粉,加进去,清零打干净可以打印 3500 张以上。

(2) 如果需要复印功能,推荐:兄弟 1618w、兄弟 1608w、兄弟 7080d/7090dw、惠普 1136、惠普 126、惠普 132、佳能 MF3010、佳能 4712、佳能 MF113w。

兄弟 1608 和 1618w,是 1218w 和 1208 的升级版,增加了复印功能,属于一体机,可以打印、复印、扫描,耗材是通用的,也是 1035 粉盒,1608 没有无线,1618w 支持无线。这款机器同样采用 1035 粉盒,可以后期加碳粉使用,性价比高。

兄弟 7080d 是 2260d 的升级版,增加了复印功能,还支持复印和扫描,耗材和 2260d 是通用的,可惜没有无线打印,如果需要无线功能,可以看看 7080d 的升级版 7090dw。

　　佳能 MF3010 是打印、复印、扫描一体机,采用的是鼓粉一体设计,虽然看起来和 88a 一模一样,但是并不通用,不过却继承了 88a 稳定耐用的优点,后期成本也很低,同时第三方硒鼓适配的比较多,可以有效降低成本。

　　佳能 MF113w,是惠普 132 的原型机,耗材是通用的,功能也基本类似,都是打印、复印、扫描、无线一体机 ,不过这两款机器的耗材芯片不通用,耗材本身是通用的,稳定性和可靠性几乎相同。同样也是鼓粉分离设计,也可以加粉使用,第三方粉盒也很便宜,加粉使用成本更低。

　　总之,如果你只需要黑白打印,选择激光打印机即可,打印速度快,不堵头,不干墨,稳定性和可靠性很强;需要彩色打印,选择喷墨打印机,可有效降低使用成本,同时彩色打印效果也比较好。

　　家庭用户不建议选择彩色激光打印机,机器价格太高,而且耗材价格比较贵,内部结构复杂,维修成本较高。

3.2.2　扫描仪的基础知识与推销技巧

　　扫描仪可以电子化书籍、实现无纸化办公,是许多家庭和公司的必备品之一。而以富士通的 ScanSnap 和佳能的 imageFORMULA 系列为首,兄弟、爱普生等大品牌也纷纷推出新产品。不过,可大量扫描的自动进纸平台式机型、支持 A3 纸张的置顶式扫描仪,或是方便携带的手持商品等,要了解其区别,以便于帮助用户挑选满足需求的产品。

　　下面将会介绍怎么推销,并且推荐十款人气商品。除了用于文件以外,扫描仪的用途非常多元,无论是整理名片和明信片,或是管理家庭收支时要留存收据时都很方便。

1. 扫描仪的推销

　　文件扫描仪有各式各样的机种,首先将会介绍推销时的重点。

1) 根据用途选择分辨率

　　如果客户希望扫描后的档案能够方便阅览使用,最需留意的就是影像品质。为此接下来将介绍,依据不同用途适合哪种分辨率的扫描仪。

　　(1) 打印可选 200dpi、OCR(光学字符识别)则需 400dpi。想知道扫描品质,可以确认扫描仪的分辨率。其单位通常以 dpi 标示,种类则分为黑白、彩色和灰阶。如果要用影印机打印文件,分辨率可设为 200dpi,进行 OCR 文字识别的话则能设定为 400dpi 左右。由于每款产品的分辨率都会有所差异,建议客户选购至少比上述规格还要高阶的产品。

　　(2) 若客户要夹带档案至邮件,则得选分辨率范围广的扫描仪。以高分辨率扫描时虽然影像品质比较好,但是档案也会随之变大。如果想将扫描后的档案附加到邮件,或在网站上使用的话就需要降低画质。综合上述,对于今后预计会影印的档案可以高分辨率扫描,但若不需要那么清晰的画质,则上述分辨率的一半左右就能使用。

　　分辨率的设定可分为"用 1dpi 为单位微调"和"固定设定范围"两种类型。理论上可以设定的范围越广,用途也更加广泛,所以推销时要记得确认分辨率的最高值及最低值。

2) 根据想要扫描文件的尺寸、纸质推销

　　一般扫描仪通常都有支持 A4 尺寸的扫描,如果要处理更大的纸张,则建议挑选附有专用文件护套的机型,或是置顶式的扫描仪。此外,能够扫描收据和身份证等小型纸张、塑胶卡片的款式,也十分受欢迎,推销时依照客户的实际需求推荐即可。

3) 要在相同的条件下比较扫描速度

由于扫描仪常需要大量处理文件,因此读取速度也很重要。基本来说,分辨率越高的扫描就越花时间,而根据用纸尺寸和彩色、黑白模式的不同,机器运行的时间也有所差异,必须在相同的条件下才能确实判别扫描速度。许多厂商会以 200dpi 的 A4 彩色扫描为预设条件,不妨以其为基准来比较各机种的速度。

4) 自动进纸式机型利于大量扫描

"进纸式扫描仪"是以滚轮等构造来带动纸张进机器扫描,当中又可以再划分为"手动送稿"和能一次大量扫描的"ADF(自动送稿机)"类型。接下来介绍这两种扫描仪各自的优点和缺点。

(1) 可携式扫描仪:体积轻巧且能随处使用。需要手动逐张送稿的扫描仪,最吸引人的地方就是机身小、不占空间。且因为其主打随身携带使用,所以通常会内置电池并支持充电或 USB 供电,可以在没有插座处也能开启。虽然这类机型普遍不支持双面扫描,但是某些款式有 U 型回纸路径的功能,在正面扫描完后可以立即扫描反面,能够大幅提升处理效率。

再者,除了文件、杂志和书籍之外,用于整理明信片或名片也十分方便。唯独需要留意有些机型不支持塑胶卡片或浮雕纸,在插纸前还请务必仔细确认,以免损毁纸张和机器。

(2) 自动进纸＋双面扫描仪:适用书籍电子化、需留意可设置的最大张数。有搭载 ADF(自动送稿机)的扫描仪,只要设置好原稿,机器就会自动扫描,所以非常适合想自行电子化书籍的使用者。开始前只需将书背接合处切除以便分开书页就好,除此之外无须花费任何工夫,就能有效率地完成作业。尤其是有支持双面扫描的机种,就更能迅速执行了。

由于一次可设置的用纸张数越多,就越能省下手动处理的时间,因此也请记得确认可设置的最大张数是多少。

5) 置顶式、手持式商品无须裁切书籍即可扫描

置顶式(直立式)扫描仪和手持式扫描仪无须裁切书籍就能扫描,所以也是很受欢迎的类型。接下来会分别介绍这两种扫描仪的特色,各位可以依据用途挑选。

(1) 置顶式扫描仪:无须接触原稿就能扫描。置顶式扫描仪不会接触到原稿,而是从上方拍照来进行扫描。因为仅将书籍翻开摊平就可扫描,适合不想裁切书本的人使用。再加上多数的置顶式机款都有支持 A3 尺寸,这点也十分吸引人。

此外,分辨率不仅是以 dpi 标示,也可能会以相机的像素标出。但无论是哪一种,基本上只要数值越大就越能呈现出高画质的影像。而有些机型连接计算机或投影机后,还可以当作书画摄像机使用,用途可说是相当广泛。

(2) 手持式扫描仪:易于携带。手持式扫描仪最大的特色就是机身轻巧、易于携带。而其又分为有线和无线款式,若不想受线材干扰,则推荐选择后者。不过,由于手持式产品需要逐一扫描原稿,会花费较多时间和工夫,不适合用于大量扫描。如果需处理庞大文件或是公司要实现无纸化办公,不妨考虑选择其他种类的扫描仪。

6) 无线＋本体储存的类型更好携带使用

移动式和手持式的文件扫描仪,建议挑选能以电池驱动或是供电的机种,这样就能单独使用机器而无须担心有无外接电源。另外,若是支持 USB 供电的款式,甚至可以用移动电源充电,对于经常在外使用者来说相当便利。不仅如此,有上述需求者也可一并参考能将资

料储存于本体或 SD 存储卡的机型,这样就不需另外读取计算机和手机资料,在随处都能直接打印。

7)让使用更方便的附加功能

决定好要选购哪种文件扫描仪后,就来看看有哪些附加功能可以让使用更方便吧。

(1)自动校正功能可修正原稿歪斜。自动校正功能可以调整放置原稿时的偏差,虽然此功能的效果会依据机款而有不同,但建议至少选用能修正纸张歪斜的款式。倘若还有附加略过空白页和自动侦测用纸尺寸的功能,就更方便了。此外,由于置顶式扫描仪是在书籍摊开的状态下使用,搭载校正表面曲线的机型应更能满足需求。

(2)比较输出格式和软件性能。文件扫描仪的输出格式通常有 PDF、JPEG、Word 等,而根据产品会有所不同,因此需要挑选支持所需档案格式的机种。再者,虽然这类产品常会搭载能识别文字的 OCR 功能,但根据各厂商的软硬件条件,辨识的精准度也会随之产生差异。

不仅如此,有些机款在各作业系统下的扫描表现也不同,因此建议将候补的产品选项缩小到一定程度后,再比较输出格式和软件性能来决定要选购哪种机型。

(3)支持 WiFi、蓝牙的机型适合手机及平板用户。支持 WiFi 或蓝牙的文件扫描仪是以无线方式传输数据,因此即使本体在远离计算机的地方仍然可以使用,使得扫描仪的放置场所不受限。尤其在连接手机或平板扫描时,有些机种仍需要外接转接器来传送资料,此时若能有无线传输的款式就再方便不过了。

2. 扫描仪推荐

接下来推荐 10 款目前市场最受欢迎的扫描仪。请参考上述推销重点,并根据客户的需求挑选出最适合款式。

(1)成者(CZUR)ET18U 书籍扫描仪:搭载索尼传感器,页面边缘也清晰。

成者科技 ET18U 以独特的台灯构造呈现,搭载了索尼 1800 万像素的 CMOS 传感器,智能监测功能不仅能在 1.5s 钟读取一张 A4 尺寸,还可智能识别翻页后持续触发自动扫描,所以连续扫描书本时操作起来也十分轻松快速。另外,独创的激光辅助立体展平技术可以直接扫描曲面凸起的书籍页面,再将影像自动还原成平面,对于不想拆书或不喜欢书本有折痕的使用者而言实为方便。

除此之外,此产品具有 OCR 文字识别功能,可以将扫描影像识别成文字导出,且可支持的机身按键、脚踏板拍摄、桌面按键、鼠标拍摄四种启动扫描方法都可以轻松操作,无疑是工作与日常生活中的可靠帮手。

参数如下。

① 分辨率:4896dpi×3672dpi。

② 扫描尺寸:单页文件≤A3;成册书籍≤A4。

③ 扫描速度:1.5s/页(单页文件);1.5s/双页(成册书籍)。

④ 附加功能:激光辅助曲面展平、OCR 文字识别等。

(2)爱普生(Epson)DS-1610/1660W 高速彩色自动进纸扫描仪:机身不占空间且功能实用。

如果想找具备 ADF 自动进纸的机种而预算又有限的话,这台不到两千的爱普生扫描仪很值得参考。其支持双面扫描,以及每分钟自动进稿可达 22 张;机身虽然不大,但却支持多种纸张尺寸,且一样具有多样的智能影像优化功能。

美中不足的是,虽然其机身偏小不占空间,但跟其他小型的手持式扫描仪相较之下仍逊色一些,对于想在出差或外出时使用扫描仪的使用者而言,或许有更轻便的选择。

参数如下。

① 分辨率:600dpi、1200dpi。

② 扫描尺寸:单页文件≤A4、成册书籍≤A4。

③ 扫描速度:8s/页。

④ 附加功能:智能影像优化、多档案检测、支持 Mac 和 Windows 系统、OCR 文字识别等。

(3) 富士通(Fujitsu)SV600 扫描仪:无须裁切书籍,也能得到清楚影像。

如果想要为无法外借、不便切割的图书留存内容,不妨考虑此款商品,直接在书本摊开的状态下就能进行扫描。同时,还具有书本校正功能可以自动拉平并校正书籍表面的曲线,也能利用 Point Retouch 功能将按住书本时,不小心扫进去的手指影像移除。

但是本机型价位偏高,加上市场上非接触型的扫描仪选择较少,如果扫描仪的龙头厂商富士通能推出平价的新款直立式扫描仪,搭配上如此高品质的扫描技术一定会更受使用者青睐。

参数如下。

① 分辨率:150、200、300、600dpi。

② 扫描尺寸:A3、A4、A5、A6、B4、B5、B6、明信片、名片等。

③ 扫描速度:3s/页。

④ 附加功能:多个档案检测、自动侦测翻页、自动修正影像等功能。

(4) 精益(Plustek)PS288 彩色高速双面扫描仪:自动编码命名,增进工作效率。

使用 PS288 管理各种文件会非常方便,不仅可以扫描收据、名片、塑料卡片等文件,扫描到有条码的档案时,还可以直接将编号设定为档案名称,方便使用者在不开启档案的前提下快速调出所需资料,可以大幅增进工作效率。

而其使用界面也十分直觉简单,因预设好 9 种扫描类型,只要一按想要的种类就能随即扫描;也可自行新增常用机能,往后便无须花费功夫设定。至于自动旋正方向、字元增强等影像处理功能也大致具备,但是自动裁切黑边时偶有不均的情形,若是对附加功能的处理效果要求比较高者可以多考虑一下。

参数如下。

① 分辨率:600dpi。

② 扫描尺寸:最大为 216mm×5080mm;最小为 13.2mm×13.2mm。

③ 扫描速度:25ppm。

④ 附加功能:自动旋正、自动裁切、自动框正、字元增强、删除空白页、填补装订孔等。

(5) 方正(Founder)Z9 便携式手持扫描仪:轻量又不损扫描品质。

这款商品重量仅有 360g,且不需要连接到计算机或使用软件即可扫描,并且采用锂电池供电,方便使用者轻松带出门。此外,也别因机身迷你而小看了它,最高达 1050dpi 的分辨率令人赞赏;扫描方式也十分简单,只要按下启动就能通过 8 滚轮在文件页面上滑动,再按一次就完成扫描。

值得一提的是,其相较于上一代的 Z6 添加了 WiFi 功能,使用起来方便快捷当下就能查看,再搭配最高支持的 32GB 内存卡存储大量文件也不用担忧。内置的大容量电池 2 小时即可充满电,一次性可以扫描 600 张文件。

参数如下。

① 分辨率:1050dpi。

② 扫描尺寸:A4。

③ 扫描速度:黑白为 2s、彩色为 8s。

④ 附加功能:无。

(6) 富士通(Fujitsu)ScanSnap i×100 便携式扫描仪:名片管理的轻便好助手。

此产品机身轻薄并采用锂电池供电,无须外接电源线就可启动扫描;充满电后可以扫描 260 个档案,且可搭配移动电源以 USB 充电,充分发挥移动扫描的优势。加上支持 WiFi 连接,通过直连模式就能无线扫描到笔记本电脑或移动设备。

此外,其支持两张小尺寸的档案同时扫描,对于名片或收据的管理十分方便,并且具有自动歪斜校正、自动方向辨识等影像处理功能,扫描前无须花费时间注意文件位置或方向是否有对齐,因此很适合想要轻松操作扫描和希望携带方便的使用者。

参数如下。

① 分辨率:600dpi。

② 扫描尺寸:最大为 216mm×360mm、279.4mm×431.8mm(使用文件护套);最小为 25.4mm×25.4mm、长页扫描:863mm。

③ 扫描速度:最快为 5.2s/张;最佳模式为 20.4s/张。

④ 附加功能:自动歪斜校正、自动方向辨识、自动颜色侦测等。

(7) 兄弟(brother)ADS-3600W 安全级网络扫描仪:兼具安全保密性及高效能。

如果是注重快速扫描和防范信息风险可以多留意此产品。其扫描速度高达 50ppm,且一次可以自动进纸扫描 50 张文件,也能支持塑胶卡片、名片与特长纸的扫描,优秀的扫描性能十分吸引目光。

不仅如此,还具有 NFC 功能,能利用 ID 卡轻触设备来解锁,使得机密资讯的保密变得更加容易。而通过兄弟开发的 iPrint&Scan 应用程序,可以将扫描档案传输到多个移动设备或云端空间,能简化扫描资料的分享和储存管理,也不必担心资料毁损问题。

参数如下。

① 分辨率:最大为 1200dpi。

② 扫描尺寸:宽度为 51~215.9mm(单张);长度为 51~5000mm(单张)。

③ 扫描速度:最快为 50ppm。

④ 附加功能:多页进纸侦测、自动图像旋转、自动倾斜校正、安全功能锁等。

(8) 佳能(Canon)P-215Ⅱ高速便携式扫描仪:高速自动送稿,便携性高的好选择。

对于携带性、扫描效率和影像品质都有要求者,应该会对此款产品很有兴趣。不但机身小巧,还内置自动送稿器,一次最多可自动扫描 20 页文件。节省原稿设置时间之余,也无须将文件翻面就可以完成双面扫描,能有效率地处理文件。

同时,相关的附加功能也非常优秀,像是各种尺寸的文件混合扫描时,无须逐一设定文件尺寸,机器就能自动侦测出文件大小进行扫描;若是文件进纸方向不慎歪斜了,也无须特地调整纸张机器就会自动校正倾斜,以确保扫描影像的品质。

参数如下。

① 分辨率:150dpi×150dpi、200dpi×200dpi、300dpi×300dpi、400dpi×400dpi、600dpi×600dpi。

② 扫描尺寸:宽度为 50.8～216mm;长度为 70～356mm;名片扫描为 54mm×86mm。

③ 扫描速度:最快 15ppm、30ipm。

④ 附加功能:矫正倾斜影像、自动尺寸侦测、略过空白页等。

(9)爱普生(Epson)DS570WII 高速文件无线扫描仪:商用扫描仪的入门首选。

财务、会计人员难免会收到满是皱褶的单据,在需要扫描归档时总会花上不少时间,生怕文件破损或读取失败,而本机型便以业界少见的智能慢速扫描模式造福各位;同时搭载可靠的分纸滚轮和超音波侦测功能,避免多重进纸之余,使用者也能放心混搭各种纸材一并扫描,提升工作效率。

另外,扫完的文件不但可以加密或编辑,也可直接输出打印,或运用 E-mail、云端、FTP 等储存方式进行共享。综观上述,实为公司或自由工作者值得入手的机型。

参数如下。

① 分辨率:600dpi。

② 扫描尺寸:最大为 215.9mm×6096mm;最小为 50.8mm×50.8mm。

③ 扫描速度:A4 单面:35ppm;双面:70ipm。

④ 附加功能:自动侦测进纸、支援混合纸材扫描、慢速扫描、自动略过双重进纸等。

(10)富士通(Fujitsu)iX1600 双面高速扫描仪:操作直觉简单,进纸稳定快速。

iX1600 配备有 4.3 英寸的触控屏幕,只要按一下触控屏幕就能完成从扫描到资料使用的各种处理流程,操作上十分直觉简单,即使是不擅长操作电子产品的使用者也能安心使用。

更棒的是,其标榜较上一代 iX1500 的扫描速度加快了约 33%,每分钟可处理多达 40 张文件;并且具有超音波感应器可侦测到原稿是否有多重进纸现象,以提供快速又稳定的进纸。此外,同时间最多可以连接到 4 台计算机,并且可以在触控屏幕自由切换计算机使用者,很适合在家庭或小型企业的成员之间共享使用。

参数如下。

① 分辨率:彩色、灰阶模式为 150dpi、200dpi、300dpi、600dpi;黑白模式为 300dpi、400dpi、600dpi、1200dpi。

② 扫描尺寸:最大为 216mm×360mm;最小为 50.8mm×50.8mm。

③ 扫描速度:最快为 40ppm;最佳模式为 10ppm。

④ 附加功能:多页进纸检测、灰尘检测、条纹消除等功能。

3.2.3　投影仪的基础知识与推销技巧

投影仪作为企业刚需,商务办公投影仪一直都有着极强的生存空间,合作谈判、项目讨论、培训推广等,无一例外均能在商务办公投影仪的帮助下更好地开展。毫无疑问,自投影仪在商用领域开始投入使用之后,投影仪就是企业非常重要的战略物资。下面将从投影仪的分类、区别、推销注意事项及推荐 4 个方面进行介绍。

1. 投影仪的分类

目前市面上投影仪的主要分为三类：家用投影仪、商教投影仪、工程投影仪。这三者之间主要是通过亮度来区分的。

1）家用投影仪

家用投影仪顾名思义使用地方主要是在家里，受环境光影响小，相对来说对投影仪的亮度要求没有那么高，1000ANSI 流明至 2000ANSI 流明左右就有不错的投影效果。一些微型投影仪或者便携式投影仪亮度甚至只有几百 ANSI 流明。

2）商教投影仪

商务活动的环境光一般都比较大，所以商教投影仪的亮度要求比较高，而 3000ANSI 流明应该算是一个标准线，达到这个亮度意味着可以用于小型会议室使用了，十来个人观看投影没有问题。一些大的会议室，还需要亮度更高的投影仪，比如 4000ANSI 流明左右的。

商教投影仪指的是商务和教育，这二者虽然被划了一类，但还是有一些区别。目前教育类投影仪已经在向短焦方面发展，最好是短的距离投影出大的画面，为的是老师在上面讲课可以避开投影仪的光线；一些高端的教育投影仪交互功能也开始被大量使用，让课堂上更加生动有趣。相对应地，商务投影仪对焦距没有过多要求，还是以正常焦距为主，有便携性更好。

3）工程投影仪

工程投影仪在日常生活中你可能很少见到，一般都用在一些"大场面"。亮度要求更高，几千到几万不等。使用场景一般为大型会场、大型展览会，一些大型会议室也会用到。

2. 商务投影仪和家用投影仪的区别

首先是亮度。上述的分类也提到了商务投影仪相比家用投影仪来说亮度要高得多。

其次是分辨率。家用投影仪更追求画质和色彩，1080P 已经是标配，4K 分辨率也慢慢变成主流了；而商务投影仪里面很多目前还是 720P 的。

最后是使用环境。家用投影主要是电影追剧、听歌游戏为主；商务投影用于办公、培训、教学，播放宣传片、PPT 等。

3. 商务投影仪推销注意事项

（1）商务投影仪的亮度。一般来说投影仪的亮度越高越好，上述也提到了，商务投影仪和家用投影仪在亮度方面有区别，商务投影一般都在 3000ANSI 流明以上，这个亮度完全能够满足商务会议需求。

（2）商务投影仪的分辨率。家用投影仪常见的分辨率有 720P、1080P、4K 分辨率，商务投影仪一般是以演示文档、报表、PPT 为主，分辨率没有家用的高，商务投影机常见的分辨率有：SVGA（800×600）、XGA（1024×768）、WXGA（1280×800）、1080P（1920×1080）、WUXGA（1920×1200）等几种。分辨率越高画面越清晰，投影仪的价格也越高。

4. 商务投影仪的推荐

目前商务投影仪领域做得比较好的有明基、爱普生、索尼等传统投影仪厂商，下面按使用环境给大家推荐这几个厂商几款经典的商务投影仪。

1）适用于 5 人左右的小型会议

（1）明基（BenQ）E310S，这是一款入门级的智能商务投影仪，自带安卓系统，拥有

3200ANSI 流明亮度,800×600 标准分辨率,支持 U 盘直读各种格式的文件;并且自带 WiFi 热点,不需要计算机,支持手机、平板电脑、笔记本电脑直连,支持 Windows/Android/iOS 三大平台无线投影。

(2)明基(BenQ)E320,这款是上面 E310S 的进阶版,自带安卓系统,亮度升级为 3600ANSI 流明,分辨率仍然为 800×600 标准分辨率,U 盘直读,自带 WiFi 热点,支持 Windows/Android/iOS 三大平台无线投影,同时它的内存也升级为 16GB 的超大内存,支持蓝牙连接设备。

2)适用于 10 人左右的中型会议

(1)明基(BenQ)E500S,亮度为 3200ANSI 流明,分辨率升级为 1024×768 标准分辨率,更好的显示效果,自带安卓系统,支持 Windows/Android/iOS/Mac 四大平台无线投影,U 盘直读,自带 WiFi 热点。

(2)明基(BenQ)E520,亮度为 3600ANSI 流明,分辨率为 1024×768 标准分辨率,自带安卓系统,支持 Windows/Android/iOS/Mac 四大平台无线投影,U 盘直读,自带 WiFi 热点,还有蓝牙功能连接设备,并且有 16GB 的超大内存。

(3)明基(BenQ)E530,拥有 3600ANSI 流明亮度,1024×768 的标准分辨率,自带安卓系统,支持双频双开(2.4GB/5GHz 两个频段,内置两个 WiFi 热点),支持 Windows/Android/iOS/Mac 四大平台无线投影,16GB 超大内存,U 盘直读,蓝牙连接和语音控制。

(4)明基(BenQ)E540,属于高亮型的机型,最大亮点就是拥有 4000ANSI 流明亮度,1024×768 的标准分辨率,自带安卓系统,自带 WiFi 热点,支持 Windows/Android/iOS/Mac 四大平台无线投影,16GB 超大内存,U 盘直读,蓝牙连接。

(5)爱普生(Epson)CB-E01E,拥有 3300ANSI 流明亮度,1024×768 标准分辨率,1.35 倍数字变焦,内置分屏功能,可实现双画面并列显示。但没有智能系统,也没有自带 WiFi 热点。

(6)爱普生(Epson)CB-X06,亮度为 3600ANSI 流明,1024×768 标准分辨率,内置分屏功能,可实现双画面并列显示,1.2 倍光学变焦,3LCD 投影技术,16000∶1 对比度,最多可实现同屏 4 个画面。同样没有智能系统,也没有自带 WiFi 热点。

(7)索尼(Sony)VPL-EW435,亮度为 3100ANSI 流明,宽屏 1280×800 的标准分辨率,3LCD 投影技术,12000∶1 高对比度,支持 1.3 倍手动变焦。但没有智能系统,也不自带 WiFi 热点功能。

(8)索尼(Sony)VPL-DX271,这款主打的是便携商务,首先尺寸和重量比较小,只有 3kg,一个手可以轻松拿起来;3600ANSI 流明的亮度,1024×768 标准分辨率,3LCD 投影技术,支持 1.3 倍手动变焦。还有独特的演示计时功能和镜像功能。但没有智能系统,也不自带 WiFi 热点功能。

(9)索尼(Sony)VPL-EX453,亮度为 3600ANSI 流明,1024×768 标准分辨率;3LCD 投影技术,支持 1.3 倍手动变焦,支持 U 盘直读,通过无线同屏器可以使手机、iPad 和计算机同屏显示。遗憾的是没有智能系统,不自带 WiFi 热点功能。

3)适用于大型会议

(1)明基(BenQ)E580,拥有 3500ANSI 流明亮度,1920×1080 的标准分辨率,1080P 画质,非常适合有高需求的会议使用,比如简报中的数据以及图表会更加的清晰,以及空间比较大的大型会议室使用。支持 Windows/Android/iOS/Mac 四大平台无线投影，16GB 超大内存，U 盘直读，蓝牙连接等。

（2）明基（BenQ）E582，拥有 3600ANSI 流明亮度，1920×1080 的标准分辨率，1080P 画质，自带安卓系统，支持双频双开（2.4GHz/5GHz 两个频段，内置两个 WiFi 热点）。支持 Windows/Android/iOS/Mac 四大平台无线投影，16GB 超大内存，U 盘直读，蓝牙连接等功能和 E580 的差不多。

（3）明基（BenQ）E592，属于超高清 WUXGA 商务投影仪了，亮度为 4000ANSI 流明，1920×1200 标准分辨率，比 1080P 更加高清。自带安卓系统，支持双频双开（2.4GHz/5GHz 两个频段，内置两个 WiFi 热点），支持 Windows/Android/iOS/Mac 四大平台无线投影，16GB 超大内存，U 盘直读，蓝牙连接以及智能语音助手功能。还支持 1.2 倍变焦和侧投功能。

（4）索尼（Sony）VPL-EX570，这款投影仪和 VPL-EX453 差不多，不过亮度更高，属于高亮版本，亮度提升到 4200ANSI 流明，支持 1.6 倍的光学变焦，其他功能差不多。

3.3　常用数码产品推销技巧

3.3.1　数码相机的基础知识与推销技巧

数码相机，英文全称为 digital still camera（DSC），简称为 digital camera（DC），是数码照相机的简称，又名数字式相机。数码相机是一种利用电子传感器把光学影像转换成电子数据的照相机。

在 20 世纪，相机一直作为专业的摄影设备，很少被大众阶层所接触。而随着社会的发展，科技的进步，现代社会中的家庭越来越多人可以接触到相机，甚至越来越多高端相机逐渐被人们所接受和喜爱。

1. 相机的种类

根据相机的感光介质不同，可以将相机分为胶片相机和数码相机。胶片相机是一种比较古老的相机，顾名思义，胶片相机以胶片作为感光材料。数码相机不同于胶片相机，其常用的感光材料有 CCD 电荷耦合元件（charge-coupled device）和 CMOS 互补金属氧化物（complementary metal oxide semiconductor）。

根据相机的取景方式不同，可以将相机分为单反相机、无反相机、卡片相机、运动相机、双反相机。

（1）单反相机。单反相机即单镜头反光镜照相机，简称单反，如图 3-28 所示。

优点：单反能轻易地更换自身的镜头，在拥有大量的镜头群的支持下能满足各种拍摄的需求，消费者可以根据自己需求购买需要的镜头。单反相机相对其他相机来说画质更高，没有视差且反应迅速，这些是它比较明显的优势。

缺点：价格较高、操作复杂、对新手不友好。

图 3-28　单反相机

（2）无反相机。无反相机即无反光镜照相机，也有的称微单相机或单电，如图 3-29 所示。现在我们经常听到的微单相机其实就是无反相机（"微单"

这个叫法其实是被索尼注册下来的。虽然这么说,但类似一种约定成俗,大家看到无反相机基本都称作微单)。

优点:其机身内没有反光镜结构,采用电子取景器,因而能在一定程度上减轻体积和重量,而且依然能像单反相机那样更换镜头的相机,使其在照片质量上不输于单反又拥有更佳的便携性。

缺点:是响应速度比较慢,操控性比较差,配件少,弱光环境下取景困难,耗电量大,不过微单代表着未来的发展方向,这些问题正在逐步得到解决。

(3)卡片相机。卡片式数码相机,也称便携式卡片机,如图 3-30 所示。

图 3-29　微单相机　　　　　　　　　　图 3-30　卡片相机

优点:体积小巧,外观时尚,携带方便,操作简单,成像一般是这类相机最大的特点,除拍照以外大多都有视频拍摄功能,主要用于拍摄留念照,比较适合旅游或者出差、追求简单轻松生活对画质要求不高的人群。

缺点:手动功能较薄弱一些,镜头感比较差,而且不能更换镜头。未来使用范围会越来越窄,慢慢会被智能手机代替。

(4)运动相机。运动相机主要适用于一些室外 vlog 拍摄以及极限运动的拍摄,由于运动相机一般防水性能都不错,所以也适合拍摄一些水下的画面,如图 3-31 所示。

(5)双反相机。双反相机即双镜头反光镜照相机,简称双反,如图 3-32 所示。

图 3-31　运动相机　　　　　　　　　　图 3-32　双反相机

双反相机是在单反相机之前出现的,两个镜头各司其职,下方的一个镜头是用于拍摄的取景镜头,上方的一个镜头是用于观察被摄物体的镜头,这就导致它的体型比较大,而且更换镜头也不是很方便,所以当相对轻巧且更换镜头方便的单镜头反光相机出现后,就逐渐取代了双反相机。

现在双反相机已经被淘汰,仅在收藏爱好者那里可以看见。

2. 不同种类相机的简要对比

目前市面上常见的相机的简要对比见表 3-8。

表 3-8　不同各类相机的简要对比

相机种类	适用场景	结构特点	缺点
胶片相机	专业摄像	胶卷作为感光元件	需要一定摄影技术,胶卷贵
单反相机	专业摄像	有反光镜,可更换镜头	体积较大
微单相机	专业摄像	无反光镜,可更换镜头	耗电
卡片相机	记录生活	体积小,不可更换镜头	不可更换镜头、成像质量差
运动相机	户外运动	防水性好	成像质量差

3. 相机的专业术语解释

(1)画幅/半画幅。画幅是成像单元的尺寸,在胶片相机中指底片的尺寸,而在数码相机中就是指感光元件的尺寸。一般都在 36mm×24mm 左右。理论上画幅越大,画质越好,价格越贵。

(2)色彩直出。色彩直出即相机拍摄后的视频或图像没有经过任何调色或后期处理,拍摄后直接导出的内容。

(3)对焦。对焦就是指使被摄物体处于焦内,即处于清晰的范围内。对焦包括自动对焦和手动对焦。

(4)像素。像素是组成照片的最小单位,即在由一个数字序列表示的图像中的最小单位。像素可以决定图像的清晰度,像素越大,图片越清晰。

(5)取景器。取景器包括光学取景器和电子取景器。

光学取景器即 OVF,通过五棱镜观察反光镜反射到毛玻璃上的成像,应用于单反相机中,优点是取景时观察真实,画面和现实永远是实时同步的,不会存在延时现象,且不会耗电,因此使得相机续航能力比较好。但同时因为其复杂的光学结构,使得相机的体积比较大,机身沉重。同时在拍摄时对曝光、景深、对焦等不是很好控制。

电子取景器即 EVF,微单相机中采用的就是电子取景器,图像经过光电信号转换所得,不需要复杂的光学结构,所以机身轻便,所见即所得。

(6)连拍。连拍是相机中的一种拍照模式,不同于单张拍摄,连拍模式下按下快门后会拍摄多张照片。可用于拍摄人像或运动物体。

(7)画质。画面的分辨率、高感、锐度、色彩、宽容度、景深等。

(8)面部检测。面部识别是自动对焦,拍摄时相机能够自动识别人或者动物的面部、眼睛等。

(9)测光。数码单反使用的是 TTL 反射测光,即测量被摄物体本身的反射光线,相机测光过程中默认所有物体的反射率均为 18%,即中级灰,通过曝光来还原这种灰色。

测光包括评价测光、局部测光、中央重点平均测光、点测光。评价测光测量的是整个画面的光线亮度,比较适合中低光比环境下的拍摄;局部测光测量的是画面中心部分的亮度,常用于人像拍摄;中央重点平均测光测量的是画面中央为主的亮度,边缘的亮度也会适当在其中;

点测光测量的是对焦点周边很小范围的光线亮度。四种测光的区别主要是测光的范围不同。

（10）4K。4K 即相机拍摄的视频或图片的分辨率为 3840px×2160px。

（11）移焦。移焦即移动焦点，指在一个多层次的画面中通过改变焦距来切换被摄物体的清晰程度。

（12）无线互联分享。无线互联分享即相机无须数据线与计算机连接导出图片，而可以通过 WiFi 联网将拍摄的图像分享到社交账号、邮箱等。

（13）感光度（ISO）。感光度即感光元件对光线的敏感程度。胶片相机中感光度指的是胶卷的一个属性，胶卷的化学成分不同决定了感光程度不同。

而数码相机则是通过调整相机中的参数，来改变感光元件对于外界光线的敏感程度。

其他参数相同时，感光度数值越大，相机对外界的光线越敏感，拍摄出的画面越亮。反之则越暗。值得注意的是，感光度越大，随之也会导致画面中的噪点越多。

（14）光圈。通常大家提到的光圈有 3 种可能。

第 1 种，光圈指的是光圈装置，即镜头内用来控制光线进入机身内光线多少的装置。

第 2 种，光圈指的是光圈孔径，即镜头内光圈装置的叶片收缩后的孔径大小。

第 3 种，光圈指的是光圈值，即拍摄过程中设置的参数大小。光圈值越大，光圈孔径越小，进入相机内的光线就越少，所以画面就越暗，同时景深越深。

（15）快门。当提到快门时要根据不同情况做不同理解。

第 1 种，快门指的是快门装置，也就是相机机身内位于感光元件前的快门帘，它的作用就是挡住外来的光线。而当拍摄时，快门帘才会打开，使得光线接触感光元件。

第 2 种，快门指的是快门按钮，也就是当我们决定拍照时按下去的那个按钮，当按下快门按钮的时候，机身内的快门帘就会打开。通常半按快门时可以使相机自动对焦，全按快门时即可进行拍摄。

第 3 种，快门指的是快门参数，也就是快门帘打开的速度，即快门速度。快门帘打开也就意味着感光元件开始接受曝光，快门帘关闭也就意味着感光元件停止曝光，所以快门速度也就可以指曝光时长了。

（16）传感器。相机的传感器即感光材料，数码相机常用的影像传感器有 CCD 电荷耦合元件（charge-coupled device）和 COMS 互补金属氧化物器件（complementary metal oxide semiconductor）。

（17）噪点。噪点一般是数码相机中的说法，即感光元件在进行光电转换后在画面中形成的比较粗糙的部分，使得画面没有那么细腻。

（18）接口。接口即相机上用于转换不同镜头的卡口，不同厂商的相机卡口不同，因而要使用相匹配卡口的镜头。

（19）防抖。防抖即相机在抖动的情况下，也能拍出较为清晰画质的照片，学名为影像稳定系统，分为光学防抖、电子防抖和感光器防抖。

4. 数码相机的推销

怎么推销合适的相机，总的来说最重要的两个方面：第一是客户的预算，第二是要用相机来干什么。

1）预算与需求

如果客户购买相机只是用来日常的家用拍摄、旅游拍照的，那么建议选择半画幅的相机,选择的预算在 1 万元以内就够了。

如果客户购买相机是用有各种商业用途,如各种婚纱拍摄、收费的展览摄影等,那么就需要购买全画幅的相机,而且预算要安排在 1 万元以上。

2) 同系列选择

选择好了预算和用途,那么在很多系列里面,该怎么选择客户合适哪一款。首先是生产年份要越新的越好,在一些比较关键性的性能上,追焦能力越大越好,画幅越高越好,操控性能越便捷越好,对焦的点数越多越好,连拍的速度也是越高越好。

5. 数码相机的推荐

下面将按不同的价位进行推荐。

1) 5000 元以下相机推荐

(1) 佳能 EOS200D:这是一款佳能主打的小巧型单反相机,虽然机身小巧,但却有大型的图像感应器,能够获得很好的背景画虚拟效果,高达 25600 的感光度是夜间拍摄,也能获得低噪点高管感光的照片,运用智能的计算技术,可以把人拍得更美。

(2) 尼康 D6100:拥有 2500 万的有效像素标准的 ISO 6400 感光度对夜间拍摄也很友好,最大每秒 6 张的连拍速度释放,约 100% 画面覆盖率,39 点 AF 系统配合 Multi-CAM 4800 自动对焦感应器模块,满足大部分自动对焦的要求。

2) 5000~10000 元相机推荐

(1) 富士的 XS10:这一款富士的 XS10 相机,使用了全新的 6.05 档,使拍摄的画面更加稳定,最大 2610 万的有效像素,在不影响信噪比的情况下提高了相机图像的分辨率。可 180° 多角度翻转的显示屏适应各种角度的拍摄。

(2) 佳能 EOS90D:这款相机。拥有高达 3250 万的有效像素,十字形的自动对焦点多达 45 个,更高的是其每秒 10 张的连拍。能力对各种高速运动的物体都能做到精确的抓拍。

3) 10000~20000 元相机推荐

(1) 索尼 7M3:这款数码相机采用了新型人工智能技术,对眼睛能够精准快速的对焦,每秒 10 张的高速连拍,对各种快速运动的物体能精确的记录,最大高达 51200 的感光支持,夜间也能拍出低噪点的清晰照片。

(2) 佳能 EOS R6:相机定位为中高端的数码相机及每秒 20 张的最高连拍支持,将一切都能拍得清晰。依靠机身与镜头的双重防抖实现了而多达 8 级的防抖能力,经扩展后可支持达 204800 的 IOS 感光度,是夜景拍摄的最佳利器。

4) 20000 元以上相机推荐

佳能 EOS R5:佳能的新一代全画幅微单旗舰相机,可支持 8K 的视频拍摄,机身与镜头双重防抖支持,即使是在夜间和剧烈晃动下也能清晰拍摄。每秒 20 张快速连拍是别的相机所仰望的存在,强大的自动对焦能力,无论是对眼部追踪、人物追踪、动物追踪都能自动识别所需要拍摄的对象。

3.3.2 数码摄像机的基础知识与推销技巧

数码摄像机就是 DV(digital video),DV 译成中文是"数字视频"的意思,它是由索尼、松下、胜利、夏普、东芝和佳能等多家著名家电巨擘联合制定的一种数码视频格式。然而,在绝大多数场合中,DV 则是代表数码摄像机,如图 3-33 所示。

图 3-33 数码摄像机

1. 按照使用用途分类

(1)广播级机型。广播级机型主要应用于广播电视领域,图像质量高、性能全面,但价格较高、体积也比较大。它们的清晰度最高、信噪比最大、图像质量最好,当然价格也非常昂贵,一般都是几十万元以上。

(2)专业级机型。专业级机型一般应用在广播电视以外的专业电视领域,如电化教育等,图像质量低于广播用摄像机,不过近几年一些高档专业摄像机在性能指标等很多方面已超过旧型号的广播级摄像机,价格一般为数万至十几万元。相对于消费级机型来说,专业 DV 不仅外形更酷,更起眼,而且在配置上要高出不少,如采用了有较好品质表现的镜头、CCD 的尺寸比较大等,在成像质量和适应环境上更为突出。代表机型如索尼公司的 DVCAM 系列机型。

(3)消费级机型。消费级机型主要是适合家用的摄像机,应用在图像质量要求不高的非业务场合,如家庭娱乐等。这类摄像机体积小、重量轻、便于携带、操作简单、价格便宜,价格一般在数千元至万元级。如果再把家用数码摄像机细分类的话,大致可以分为以下几种:入门 DV、中端消费级 DV 和高端准专业 DV 产品。

2. 数码摄像机的主要参数

(1)水平分辨率。这个参数主要是使用电视线来表示的,相应的彩色摄像机的电视线是在 320~500,一般分辨率比较高的,其照片也比较清晰。

(2)摄像机核心 CCD。作为摄像机最核心的 CCD,它主要集中我们的尺寸和像素,一般像素是 CCD 比较重要的指标,像素比较高的,那么图片也比较清晰。

(3)信噪比。这一项参数主要是决定摄像机的信号和噪声的,计量单位是 dB,一般信号里面的噪声比较小的,则说明它的信噪比也是比较大的,反之则越小。

(4)最小照度。这个参数主要是说对光线的灵敏程度,相应的数值比较小的,则说明我们的光线要求也比较小,摄像机也是比较灵敏的。

(5)摄像机电源。交流电源分为 220V、110V、24V,其直流的电源是在 12V 或 5V,而球形摄像机采用的是 24V 的交流电,不过也有一些摄像机采用的是 220V,对于家庭使用的是 5V。

3. 数码摄像机的推销技巧

要给客户推销一台称心如意的摄像机,主要从以下几个方面考虑。

(1)了解品牌选择。市面上的摄像机品牌还是比较多的,我们一定要了解各个品牌的优劣,比如摄像机比较知名的是索尼、佳能和松下,其他如三星、爱国者、欧达和三洋这些品牌也是很不错的,这些品牌质量不错,并且价格也便宜。

(2)查看各个部件质量。给客户摄像机时,要注意检查一下摄像机的镜头,作为摄像机的核心部件,首先要检查它的镜头是否完好,另外检查一下它的光学指标以及对焦程度是否满足客户的需要。

(3)注意摄像机尺寸。市面上摄像机的尺寸有很多种,比如肩扛式和手持式,不过不管哪种形式的,我们选择适合客户的。一般来讲很多摄像机都是由 CCD 来决定其像素好坏的,向客户推销时要看这一项是否满足客户的需求。

3.4　家用路由器的基础知识与推销技巧

1. 路由器的基础知识

1) 路由器的基本工作原理

路由器本质上是一种网关,是互联网的一个结点设备。实现的功能是对不同网络之间的数据包进行存储和分组转发。简单来说,大家可以把路由器理解为网络分发工具。

除了分发工具,还有一个名词大家应该也比较熟悉。学名 Modem,一般称为猫。Modem 的本质是调制解调器,转换数字信号和模拟信号。

网络通过光纤等方式入户,在 Modem 处完成信号转换,由 Modem 传输到路由器上进行无线/有线网络分发,如图 3-34 所示。

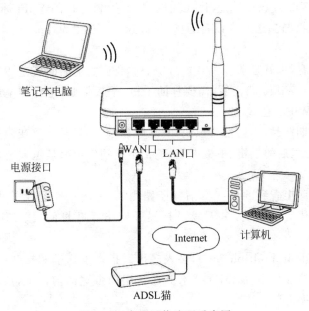

图 3-34　家用网络流程示意图

路由器上最常见的接口有两个,一个是 WAN 口,一个是 LAN 口。

WAN(wide area network),广域网,通俗讲就是和 Modem 连接的网线口。

LAN(local area network),局域网,路由和用户之间网线口(比如连接电视/计算机)。

2) 网口

经常听到的所谓千兆路由器,指的就是该路由器拥有千兆(1000Mbps)的网口,就是背后插网线的端口(WAN / LAN)。

目前市面上最多的就是千兆网口,已经完全普及。即便是一两百块钱的路由器,都是全千兆网口,很早以前那种百兆(100Mbps)网口几乎看不到。千兆网口可以满足 1000 兆宽带的接入,对于绝大多数家庭是完全够用的。

目前市面还有 2.5Gbps 网口的路由器,可以提供 2500Mbps 有线传输网口。由于家庭宽带目前最高也就是 1000 兆,所以 2.5Gbps 网口主要是为了应对家庭内部的无线局域网高速传输需求,例如有 NAS(network attached storage:网络附属存储)设备就很需要。

市场上还有万兆网口(10Gbps)。目前有万兆网口的路由器寥寥无几,民用级的只有华硕帝王蟹 RT-AX89X。

3) 单频、双频

路由器厂商宣传的双频,指的是路由器支持 WiFi5 协议,有 2.4GHz 和 5GHz 两个频段的无线网。

早些年的路由器只支持 2.4GHz 频段,这个频段有众多的无线协议和设备在使用,所以干扰极为严重,非常影响上网体验。一直到 WiFi5 协议(802.11ac)发布,才让更纯净、干扰更小的 5GHz 频段开始极大的普及,现在百元路由器都已经支持。

5GHz 频段在速度、抗干扰都比 2.4GHz 强很多,但是穿墙性差很多。

4) WiFi6 是什么

WiFi6(原称:802.11ax)即第六代无线网络技术,新一代的 WiFi 标准。它最主要的特点就是 WiFi6 将允许与多达 8 个设备通信,最高速率可达 9.6Gbps,换算成常用的下载速度就是每秒 1.2GB。

WiFi6 向下兼容,也就是兼容 WiFi5、WiFi4。我们之前用的就是 WiFi5、WiFi4 协议的路由器,如果使用了 WiFi6 路由器,需要你的手机、平板电脑、笔记本电脑也支持 WiFi6 才可以,否则用的是 WiFi5 协议。

路由器是长周期产品,一般都可以用 3~5 年以上,如果需要重新购买路由器,建议购买 WiFi6 路由器,因为以后的手机、平板电脑、笔记本电脑肯定都是越来越多的支持 WiFi6。

5) 天线数量

我们经常在市面上看到的那些所谓穿墙路由器,或者一个路由器弄上 6 根、8 根的天线,这些并不会提升信号强度,多天线只是提升网络吞吐量的,跟 MIMO(多入多出)有关系。

MIMO(multiple-in multiple-out),多入多出。指在发送端和接收端使用多根天线,同时收发信号。在无线通信中,MIMO 技术能在不增加带宽的前提下,成倍地提高通信系统的容量和频谱利用率。

到后来演变出了 SU-MIMO(single-user multiple input multiple output),单用户多输入多输出,和 MU-MIMO(multi-user multiple-input multiple-output),多用户多入多出。简单理解就是多根路由器天线同时服务多个终端设备,降低时延,提高利用率。

所以,天线数量并不会提升信号的强度,如果需要提升信号强度,可以使用 mesh 组网或者 AC+AP 方案。

6) Mesh 组网与 AC+AP

一般而言,我们把网络拓扑结构分为:总线型、星型、环状、树型和网状。其中网状就是我们这里说的 Mesh,而一般我们家庭所使用的无线中继,或者是无线桥接的方式属于星型,也即 AC+AP。

(1) AC+AP。AP(wireless access point),无线访问接入点。传统有线网络中的 HUB。AP 相当于一个连接有线网和无线网的桥梁,其主要作用是将各个无线网络客户端连接到一起,然后将无线网络接入以太网,从而达到网络无线覆盖的目的。

AC(wireless access point controller),无线控制器,是一种网络设备。用来集中化控制局域网内可控的无线 AP,是一个无线网络的核心,负责管理无线网络中的所有无线 AP。

对于一般大户型,可以使用一个主路由,然后使用路由桥接或者是 AP 设备中继的方式来进行无线网络的扩展,但是最终所有设备的出口都是入户的路由猫或光猫。

AC+AP 模式有一个硬性要求,就是必须要提前部署网线,一般来说在装修的时候就要计划好。后期如果想加装就会比较麻烦,不太适合普通家用。

(2) Mesh 组网。Mesh 网络是一种全新的无线局域网类型。在传统的 WLAN 中,每个客户端均通过一条与接入点(AP)相连的无线链路访问网络,用户若要进行相互通信,必须首先访问一个固定的 AP,这种网络结构称为单跳网络。

而在无线 Mesh 网络中,AP 可以采用无线连接的方式进行互连,并且 AP 间可以建立多跳的无线链路。每个节点之前的通路不再只有一条,每个节点至少与两个节点相互连接,能更高程度提高稳定性和可靠性。

简单点说,无线 Mesh 网络比传统网络要更加稳定,信号不容易受阻,大房子多户型多点覆盖范围很少会出现死角的情况。即使是某点网络连接出现问题,节点特有的多通道特性也会让用户继续保持正常上网。

7)网线选择

有时候优质的网络宽带,配上高端的路由器和光猫,网络还是不稳定,或者速度提不上来,这时候就要考虑是不是网线出了问题。网线对网络的质量影响,至关重要,但是很容易被大家忽视。

现在市场上,主要使用在家庭宽带中的是五类线以及以上的网线,之前的一类、二类、三类、四类线已经彻底淘汰了,目前使用最多的是六类网线。在千兆网络环境,目前主流的网络环境足够使用,对于一般家庭完全可以保持在未来不淘汰。

8)路由器认知误区

(1)网络稳定。网络的稳定不仅仅是跟路由器有关,其实最大的原因是宽带运营商,目前网络质量最好的还是电信的宽带;甚至还有你家的网线,和运营商送的光猫质量都对网络有影响。

(2)信号强。不要指望买一个贵的路由器,它的信号就很好,穿墙能力就很强,由于国家规定的无线发射功率是固定的,在穿墙这方面,所有路由器效果都差不多,信号不好应该就去做 Mesh 组合,或者 AC+AP。

(3)路由器稳定。需要 7×24 小时不掉线,那是企业级路由器的特长,一般来说家用路由器,偶尔的死机重启一两次还是正常的,太多就不正常了。实际上高端华硕路由器用的博通处理器,虽然性能很强,但散热不好,还经常因为过热而死机重启。

2. 路由器的推介

1)路由器的参数

推介路由器的时候,我们可以注意以下几个参数:CPU、内存、闪存、功放芯片。

CPU 也有品牌,知名度高,且很多路由器在用的有:博通、高通、联发科 MTK 等,还有中兴、华为的自研产品。

内存上,越大越好。目前最大内存的家用路由器是 1GB 内存。普通路由器,一般就

128MB、256MB,比较大就 512MB。

闪存和内存同理,闪存越大越好。

FEM 芯片,分为独立、集成(非独立)两种。独立 FEM,在抗干扰上,会比集成好一些,当然,这不绝对。

2)路由器常见品牌

路由器常见品牌如图 3-35 所示。

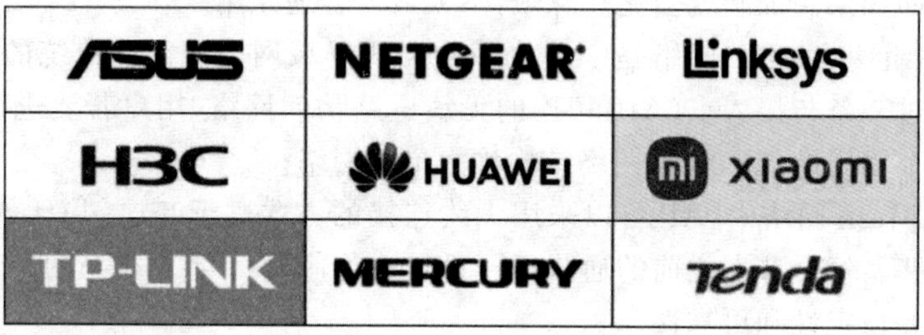

图 3-35　路由器常见品牌

主要做高端:华硕(ASUS)、网件(NETGEAR)、领势(Linksys)。

中端、高端都不错的:新华三(H3C)、华为(HUAWEI)、小米(Xiaomi)。

全方位覆盖的:普联(TP-LINK)、水星(MERCURY)、腾达(Tenda)。

3)路由器推荐

按价格进行推荐如下。

(1)100~200 元价位。第 1 款是水星这款 191G,第 2 款是 TP-LINK WDR7660,这两款都是适用小户型,网络体验一般,如果需要提高网络体验,建议最少要购买 200 元以上的路由器。

(2)200~350 元价位推荐以下 4 款。

第 1 款:水星 X301G。CPU 是双核 1GHz 的 IPQ0509,集成了 256MB 内存;5G 芯片用的是 QCN6102,最大传输率为 2402Mbps。这个路由器是 X30G 的升级版,主要是支持自定义接口和模式切换,硬件是一样的。

第 2 款:红米 AX6S。CPU 是双核 1.35GHz 的 MT7622B,有 256MB 的内存;2.4GHz 频段的最大传输速度为 800Mbps,比 X30G 强。

第 3 款:中兴 AX3000 巡天版。自研处理器,CPU 是双核 1GHz,闪存为 128MB,内存为 256MB,自带加速器;2.4GHz 频段的最大传输速率为 574Mbps,5GHz 频段的最大传输速率为 2402Mbps。缺点是界面简陋,但如果对界面设置要求不高,那么性价比非常高。

第 4 款:荣耀 4 Pro。采用双核 1GHz 的高通处理器,内存为 256MB。穿墙能力比 AX3 Pro 好,如果对覆盖范围有要求,可以优先考虑。

(3)350~700 元价位推荐以下 3 款。

第 1 款:TP-LINK XDR5430。采用高通 IPQ0518 处理器双核 1GHz,内存为 256MB;5G 芯片采用 QCN6024,在 160MHz 频宽下最高 5G 无线速率为 4804Mbps(80MHz 为 2402Mbps),2.4GHz 频段下的最大传输速率为 574Mbps。缺点是发热较严重,买个 USB 风扇或铝制散热器,放在底部会好很多。

第 2 款：H3C NX54。采用高通处理器，内存为 512M；5GHz 频段下的最大传输速率为 4804Mbps，2.4GHz 频段下的最大传输速率为 574Mbps。

第 3 款：TP-LINK XDR5480。有 6 颗独立功放芯片，信号很强；采用高通处理器，内存为 256MB，5G 芯片为 QCN9074，最大传输速率为 4804Mbps，2.4G 最大传输速率为 574Mbps。建议加铝制散热器或 USB 风扇使用。

（4）700 元以上推荐以下 3 款。

第 1 款：华硕 AX5400。采用博通处理器，3 核 1.5GHz。自带游戏加速器。

第 2 款：TP-LINK XDR6070。5G 芯片采用 QCN6024，最大传输速率为 4204Mbps。支持 8 台组网。

第 3 款：TP-LINK XDR6080。5G 芯片采用 QCN9074，比 6070 更强，2.4G 最大传输速率为 1148Mbps。拥有 8 颗独立 FEM 功放芯片，信号强，有 2.5G 网口＋4 个全千兆网口。

训　练　题

1. 根据当前最新报价，分别按办公使用、游戏使用、设计使用来制作定 3 份购机配置清单。

2. 根据当前最新报价，分别为学校系办公室、医院办公室和普通家庭制作定 3 份办公设备采购单。

3. 请同学们通过当地电脑城或者网络了解一个或两个品牌不同档次数码相机、摄像机的性能和使用技巧等，并有意记下销售员的销售技巧，回校后进行集体讨论。

模块 4

IT 设备的装配与售后服务

 岗位目标：IT设备技术员

知识目标：

（1）了解计算机产品售后服务行业的工作岗位设置；

（2）熟悉装机员的职业素养；

（3）熟悉计算机各类硬件产品的性能特征。

（4）熟悉各种办公自动化设备技术指标、结构、工作原理；

（5）熟悉各种办公自动化设备的安装与调试；

（6）熟悉各种办公自动化设备的使用操作；

（7）熟悉各种办公自动化设备的检测与维修。

（8）了解计算机网络相关概念；

（9）掌握局域网组建技术；

（10）掌握各类网络设备的安装配置。

能力目标：

（1）能熟练地组装计算机硬件；

（2）能安装各类操作系统；

（3）能快速地检测与维护计算机各类软、硬件故障。

（4）能熟练安装与调试各种办公自动化设备；

（5）能熟练使用各种办公自动化设备；

（6）掌握各种办公自动化设备故障的检测与维修。

（7）能组建局域网络、无线局域网络；

（8）能安装、配置各类网络设备；

（9）具有一定的中小型网络规划设计的能力。

4.1 计算机组装与售后服务

4.1.1 计算机组装与测试

1.任务背景

随着信息技术的发展，现在越来越多的家庭拥有自己的计算机。早些年由于人们对计算机的了解甚少，大部分家庭购买品牌机，随着计算机知识的普及，现在更多的家庭用户愿意选择购买组装机。组装机不但价格便宜,且可以随自己的意愿任意搭配组建,具有更大的灵活性。

2．相关知识

1）工具与材料准备

（1）螺丝刀：在装机时要用两种螺丝刀,一种是一字形的,通常称为平口改锥;另一种是十字形的,通常称为梅花改锥。应尽量选用带磁性的电动螺丝刀,这样可以降低安装的难度,因为机箱内空间狭小,用手扶螺丝很不方便。但螺丝刀上的磁性不能过大,以免对部分硬件造成损坏。磁性的强弱以螺丝刀能吸住螺丝并不脱离为宜。

（2）尖嘴钳：尖嘴钳主要用来拔一些小的元件,如跳线帽或主板的支撑架等。

（3）镊子：镊子主要是在插拔主板或硬盘上的跳线时使用。

（4）材料准备：在准备组装计算机前,还需要准备好所需要的配件,如主板、CPU、内存和硬盘等,最好将这些配件依次放置在工作台上,以方便取用,也不会因为随意放置而出现跌落损坏等情况。

2）组装的注意事项

（1）静电。几乎所有的计算机配件上都带有精密的电子元件,这些电子元件最怕的就是静电。因为静电在释放的瞬间,其电压值可以达到上万伏特,在这样高的电压下,配件上的电子元件有可能会被击穿。释放静电的最简单方法就是触摸大块的接地金属物品（如金属自来水管）,或者戴上防静电手套,有条件的还可以在工作台上铺防静电布。

（2）不要连接电源线。在组装过程中不要连接电源线,也不要在通电后触摸机箱内的任何组件。

（3）轻拿轻放物品。对各个部件要轻拿轻放,不要碰撞,尤其是机械硬盘。

（4）防止出现短路现象。像主板、光驱、硬盘这类需要很多螺钉的硬件,应将它们在机箱中放置安稳,再对称将螺钉安上,最后对角拧紧。安装主板的螺钉要加上绝缘垫片,防止主板与机箱短接。

（5）拧紧螺栓的松紧度。在拧螺栓或螺帽时,要适度用力,并在开始遇到阻力时便立即停止。过度拧紧螺栓或螺帽可能会损坏主板或其他塑料组件。

3）计算机组装步骤

（1）拆卸机箱和安装电源。首先将机箱放在工作台,用十字螺丝刀把机箱上的挡板固定螺丝打开。把与机箱配套的配件包打开,里面有很多小零件。有很多不同型号大小的螺丝,一般分专门固定硬盘用的螺丝,专门固定主板、光驱的螺丝,专门固定机箱挡板、电源用的螺丝,专门固定显卡、声卡等内置插卡的螺丝;一些用于把电源线、硬盘线捆绑在一起的塑料扎线;还有为了适合不同类型主板的机箱挡片以及支撑主板的铜柱等。

机箱打开后安装电源,先将电源放进机箱上的电源位,并将电源上的螺丝固定孔与机箱上的固定孔对正,如图 4-1 所示,然后先拧上 1 颗螺丝（固定住电源即可）,将最后 3 颗螺丝孔对正位置,再拧上剩下的螺丝即可,记得对角拧紧的顺序。

需要注意的是,在安装电源时,首先要做的就是将电源放入机箱内,这个过程中要注意电源放入

图 4-1　安装电源

的方向,有些电源有 2 个风扇,或者有 1 个排风口,则其中 1 个风扇或排风口应对着主板,放入后稍稍调整,让电源上的 4 个螺丝和机箱上的固定孔分别对齐。把电源装上机箱时,要注意电源一般都是反过来安装,即上下颠倒。只要把电源上的螺丝位对准机箱上的孔位,再把螺丝上紧即可。

(2) 组装最小系统。具体步骤如下。

① 一般为了测试硬件是否有损坏,通常会将硬件在工作台上组装好,测试通过后再装进机箱。

② 安装 Intel CPU 和风扇(见图 4-2 和图 4-3)。AMD 和 Intel CPU 的安装方式差别不大,注意 CPU 上的三角形指示标记要的主板上的 CPU 槽的三角形标记方向一致,反了方向是插不进槽里。AMD 锐龙 CPU 的外形如图 4-4 所示,AMD 锐龙 CPU 与对应的插座如图 4-5 所示。

 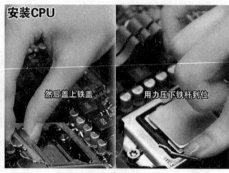

图 4-2　安装 Intel CPU

图 4-3　安装 Intel CPU 风扇　　　　　图 4-4　AMD 锐龙 CPU 的外形

图 4-5　AMD 锐龙 CPU 与对应的插座

③ 安装内存条。现今内存主流为 DDR4,新一代的 DDR5 也已经逐渐普及。这里以 DDR4 内存的安装为例,相对于以前的 DDR2、DDR3,DDR4 内存条金手指的下边缘不再像现在那样是完全平直的,而是有弧度的,在插拔的时候可以更省力一些。用力扳开白色的内存条卡子,然后按照内存条上的缺口跟内存条插槽缺口一致的方向插上,确保方向没有错的情况下,均匀用力压下,如图 4-6 所示。此时应该听到"啪,啪"的两声,这是固定内存条的扣正常扣紧了内存条时发出的声音。而笔记本的内存是卡片式的,斜插进槽里再按压,直到两边的金属卡脚卡进内存两侧凹口里,如图 4-7 所示。

图 4-6　安装台式机内存条

图 4-7　安装笔记本内存条

如果需要支持双通道,则按照主板说明书上的说明在另外一个内存插槽中再安装一条内存条。

④ 安装显卡。现在的显卡一般是 PCI-E 的显卡,主板上一般有一至两根甚至多根 PCI-E 插槽,如图 4-8 所示;注意插槽边上的卡脚,显卡插到位后卡脚应能卡住显卡插脚上的突出,如图 4-9 所示。

图 4-8　PCI-E 插槽

图 4-9　安装显卡

注意:如果主板集成了显卡就可以跳过该步骤。

⑤ 连接电源。连接主板电源:找到主板电源线,将其插入主板插座,如图 4-10 所示。大部分主板采用了 24 针的供电电源设计,但也有些品牌机主板为 14 针。

插入显卡专用的电源插头,如图 4-11 所示。高档大功率的显卡需要外接 6~8 针设计,以提供显卡稳定的电压供应。

⑥ 测试最小系统。参见主板说明书,用螺丝刀头轻触短路主板上标有 POWER SW(电源开关)的跳线启动计算机,注意跳线脚之间的距离很小,尽量不要短接到其他针脚。是否通电可以观察主板的指示灯、CPU 和电源风扇,灯亮和风扇旋转说明主板已通电,显示器上

图 4-10   插入主板电源线和辅助供电   图 4-11   插入显卡电源线

很快就会显示主板生产厂商、检测等信息,表示机器运转正常,俗称"亮机",通过此步骤后就可以装进机箱了。未完全安装的最小系统如图 4-12 所示。

(3) 固定主板及相关的连线。

① 把支撑主板的铜柱取出,拧在机箱固定主板的位置上,注意一定要用尖嘴钳拧紧,不然卸出主板的时候会把铜柱一起拧下。

② 把安装好最小系统的主板轻轻放在铜柱上,并对准螺丝孔位置,再用专门固定主板的螺丝一一拧紧,如图 4-13 和图 4-14 所示。上螺丝的时候按对角线的顺序,拧的时候最好先拧到一半,等螺丝都拧上了再一一拧紧,这样是为了防止用户把一个螺丝拧紧后,其他的螺丝有可能因为对不上位置而拧不进去。

图 4-12   未完全安装的最小系统   图 4-13   安装铜柱

(4) 安装其他扩展卡及连接各类连线。

① 在插槽安装显卡,并把它们固定在机箱上,集成的可以不用安装。

② 机箱上一般都带有电源开关线、复位(Reset)线、电源指示灯线、硬盘指示灯线、喇叭线等,这些线是要与主板上的插针相连的。这些插针集中在主板的一个区域,要按照主板说明插到相应的针脚上,注意电源灯和硬盘灯需要分正负极,一般有色的线是正极,插反灯不

亮,如图 4-15 所示。

图 4-14　安装主板

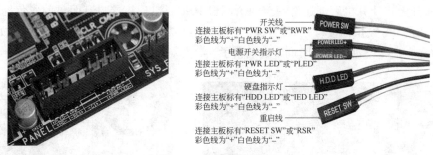

图 4-15　各类连线说明

(5) 安装光驱驱动器。

① 安装光驱。现在很多机器已经不再安装光驱。在安装之前,需要提醒的是,为了安装的方便,光驱和硬盘等驱动器的安装可以在安装主板之前进行。

安装光驱之前先从面板上拆下一个 5in 槽的挡板,然后将光驱从机箱前面放入,把光驱安装在 5in 固定架上,保持光驱的前面和机箱面板齐平,在光驱的每一侧面两个螺丝初步固定,先不要拧紧,这样可以对光驱的位置进行细致的调整,然后把螺丝拧紧,这是考虑到面板的美观所采取的措施。

② 连接光驱电源线和数据线。光驱数据线采用 SATA 数据线,与硬盘线通用。

(6) 安装硬盘。这里使用的是 2.5in 的 SATA 接口固态硬盘,装在 2.5in 固定架上,如图 4-16 所示。

① 将硬盘插到固定架中,注意方向,保证硬盘正面朝上,电源接口和数据线接口必须对着主板。安装好硬盘后上螺丝拧紧,注意:硬盘的固定螺丝和其他螺丝不同。

② 连接硬盘的数据线和电源线。把数据线和电源线一端接到硬盘上,另外一端的数据线则需要接到主板的 SATA 接口中。由于接线插头都有防呆设计,因此不会有插错方向的问题。

如果安装的是固态硬盘(固态硬盘的形状有不同类型,所以接口也不同,常见的接口有机械硬盘一样 SATA 的,有插卡状的,还有 PCI-E 槽的),SATA 接口的其数据线和电源线

图 4-16　安装 SATA 接口固态硬盘

连接方法与机械硬盘的连接方法相,M.2 接口固态硬盘为插卡状,插槽有缺口防插反,按方向斜插进槽内后压平,后部半圆缺口刚好对准圆柱支撑柱,拧上螺丝就可固定,如图 4-17 所示。

(7) 主机外部连线。

① 部分老式计算机后部还有一至两个圆形 PS/2 接口,该接口有明显的彩色标志,如键盘接口是紫色,PS/2 鼠标接口是绿色,跟键盘接口、PS/2 鼠标接口的颜色是一致的,如图 4-18 所示。这样在连接键盘和鼠标时就不会插错了。

图 4-17　M.2 接口固态硬盘安装　　　　　　　图 4-18　PS/2 接口

使用这种类型的接口要注意的是,插的时候要确认方向,避免键盘、PS/2 鼠标接口针被插歪,造成计算机无法识别键盘和鼠标。新一点的主板只保留了一个这种圆口,颜色标记是半圆分为两半,一半是紫色一半是绿色,说明键盘鼠标都可以接,但只能接一个设备。在新一些的主板上已经完全淘汰 PS/2 接口了,只保留 USB 一种接口了。

② 接着把显示器的 VGA 接口(15 针)接到显卡上。也要注意接口方向,由于是梯形接口,所以插的时候不需要用很大的力气,否则就会把针插歪或插断,导致显示器显示不正常。一般的中高档显卡已经转为数字信号输出,淘汰了模拟信号 VGA 接口,数字信号有两种 DVI 和 HDMI 接口,HDMI 高清数字接口已经逐渐成为主流,如图 4-19 所示。VGA、DVI、HDMI 视频线接头如图 4-20 所示。

③ 接上连接音箱到声卡的音频线,普通的音箱是由一对喇叭组成的,所以连接起来很简单,即把喇叭后面的一个线缆接到声卡的 SPEAKER OUT 或 LINE OUT 接口上。主板上的音频接口如图 4-21 所示。

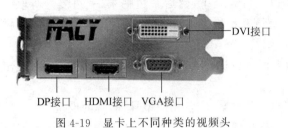

图 4-19　显卡上不同种类的视频头

图 4-20　VGA、DVI、HDMI 视频线接头

主板接口示意

接口	2声道	4声道	6声道	8声道
蓝色	声道输入	声道输入	声道输入	声道输入
绿色	声道输出	前置扬声器输出	前置扬声器输出	前置扬声器输出
粉红色	麦克风输入	麦克风输入	麦克风输入	麦克风输入
橙色			中置和重低音	中置和重低音
黑色		后置扬声器输出	后置扬声器输出	后置扬声器输出
灰色				侧置扬声器输出

图 4-21　主板上的音频接口

④ 最后把主机的电源线插在电源的输入口上。现在,已经安装并连接完所有的部件,在封闭机箱之前,应用魔术扎带或橡胶扎带扎好各种连接线后固定在远离 CPU 风扇的地方,如图 4-22 所示。

图 4-22　主机背线整理

经过以上步骤,整个计算机组装过程结束。要实际使用计算机,还需要安装操作系统及应用软件等多个步骤,具体内容请参见相关章节。

3. 任务实施

1) 任务场景

张亮同学上大学一年级,现在正在学习《计算机应用基础》这门课程,刚开始天天跑到学校机房或网吧去练习计算机操作,几个月下来,感觉很不方便。于是张亮打算自己购买一台计算机,同时想通过购买计算机认识计算机的各种硬件,并可以学习一下计算机组装。

2) 实施步骤

(1) 接受任务。

① 客户接待：接待张亮同学到公司客户接待处坐下,然后一边喝茶,一边慢慢听取张亮同学的需求,根据张亮同学使用计算机的范围和价格需求,设计出两套计算机配置方案供张亮同学参考。

② 确定任务：经过张亮对提出的参考方面进行比较、修改,最后确定任务的方案,提出方案价格,然后签订合约。

③ 材料准备：根据张亮同学最后确定的配置方案,准备相应型号、品牌的设备。

④ 工具准备：带磁性的梅花螺丝刀、硅胶、扎线、螺丝。

⑤ 设备准备：主机箱、电源、硬盘、CPU、内存、显卡、主板、风扇、显示器、光驱、键盘、鼠标。

(2) 具体操作步骤如下。

① 做好准备工作,消除身上的静电。

② 将主板放置在平整的地方,在主板上安装 CPU、CPU 风扇电源线和内存条,通电测试。

③ 打开机箱,安装电源。

④ 将主板安装到机箱合适的位置。

⑤ 连接主板电源线。

⑥ 连接主板与机箱面板上的开关、指示灯、电源开关等。

⑦ 安装显卡。

⑧ 安装硬盘、光驱,连接数据线。

⑨ 开机前的最后检查和内部清理。

⑩ 加电测试,如有故障应及时排除。

⑪ 闭合机箱盖。

⑫ 连接显示器、鼠标、键盘。

4.1.2　操作系统的安装与维护

1. 任务背景

张亮同学看到屏幕上出现影像后,非常高兴,兴冲冲地就要付款带计算机走。技术员笑着拉住了他,告诉张亮这只是"裸机",见张亮纳闷的样子,技术员笑着解释只有硬件没安装软件的计算机叫"裸机",还需要安装系统软件和应用软件才算真正组装完毕,张亮这才明白过来。

技术员接着介绍了一下安装系统软件的步骤：①设置 U 盘引导；②硬盘分区；③安装系统；④安装驱动；⑤安装应用软件；⑥正常使用。

2. 相关知识

1) 设置 U 盘引导

技术员拿出一个 U 盘,熟练的操作起来,很快显示器显示出了一个漂亮的界面,张亮记起课堂上老师讲过的知识,问技术员这是不是 BIOS 设置? 技术员却告诉他这是 UEFI 设置界面。

(1) BIOS 设置和 UEFI 设置。BIOS(basic input/output system,基本输入输出系统)是一组固化在计算机主板 ROM 里的程序代码,其主要功能是在计算机上电时对硬件进行初始化配置,并将硬件操作封装为 BIOS 中断服务。这样,各种硬件间的差异便由 BIOS 负责维护,程序直接调用 BIOS 中断服务即可实现对硬件的控制。

UEFI(unified extensible firmware interface,统一的可扩展固件接口)是一种详细描述全新类型接口的标准,是适用于计算机的标准固件接口,旨在代替 BIOS(基本输入/输出系统)。

图 4-23 所示为 BIOS 和 UEFI 的启动流程图。

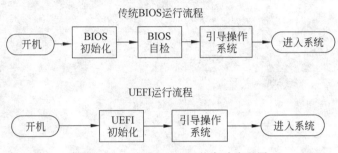

图 4-23　BIOS 和 UEFI 的启动流程图

UEFI 和 BIOS 有什么不同? 优点优势是什么?

计算机开机有两种方式,一种是 legacy,另一种是 UEFI 模式。默认都是采用 legacy 方式,也就是传统的 BIOS 方式。BIOS 这种方式已经不能适应大硬盘的安装模式,在硬盘容量超过 2048GB 以上时,用 legacy 模式启动的操作系统是无法认出 2048GB 以外的空间。如果要将系统装进大硬盘上的话,那就得在 BIOS 里将启动模式由 legacy 改成 UEFI,而且操作系统必须是 64 位。

作为传统 BIOS 的继任者,UEFI 拥有前辈所不具备的诸多功能,比如图形化界面、多种多样的操作方式、允许植入硬件驱动等。这些特性让 UEFI 相比于传统 BIOS 更加易用、更加多功能、更加方便。UEFI 可以支持传统的蓝色 BIOS 界面,也可以搞成各种界面,现在许多主板上的各种眼花缭乱的界面和支持鼠标等功能也是只有 UEFI 才能支持的。

UEFI 抛去了传统 BIOS 需要长时间自检的问题,让硬件初始化以及引导系统变得简洁快速。换言之,UEFI 已经把计算机的 BIOS 变得不像是 BIOS,而是一个小型固化在主板上的操作系统一样,加上 UEFI 本身的开发语言已经从汇编转变成 C 语言,高级语言的加入让厂商深度开发 UEFI 变为可能。

BIOS 界面如图 4-24 所示,UEFI 界面如图 4-25 所示。

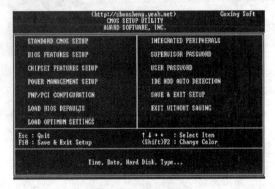

图 4-24　BIOS 界面

图 4-25　UEFI 界面

(2) 设置 UEFI U 盘启动。要用 UEFI U 盘启动有两个前提条件:①启动 U 盘必须是 UEFI 启动 U 盘;②主板必须支持 UEFI 启动。接下来就是设置计算机从 U 盘启动,有以下几个步骤。

① 要安装系统首先需要使用 U 盘制作好系统程序,也就是制作成 U 盘启动盘。

② 将 U 盘启动盘插入计算机的 USB 接口,然后重新启动计算机,在计算机启动过程中一直按 Del 键(不同机型有不同的进入方式)。

③ 直到进入 BIOS 界面,此时可以看到界面是以图形图像的模式呈现。单击下方的"高级模式"—"确定",如图 4-26 和图 4-27 所示。

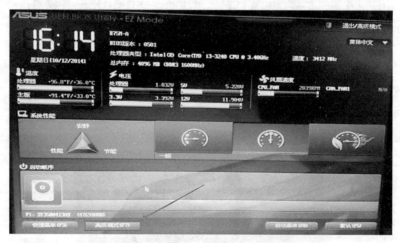

图 4-26　单击"高级模式"按钮

④ 单击右上方的"启动",如图 4-28 所示。

⑤ 在该页面中,可以看到"启动选项属性",在这里我们就可以设置启动项了,单击"启

动选项 ♯1"，然后弹出"启动选项 ♯1"窗口，选择 UEFI 选项即可，如图 4-29 和图 4-30
所示。

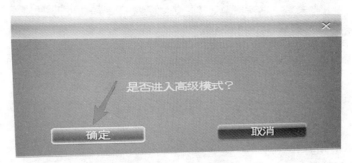

图 4-27　单击"确定"按钮

图 4-28　单击右上方的"启动"

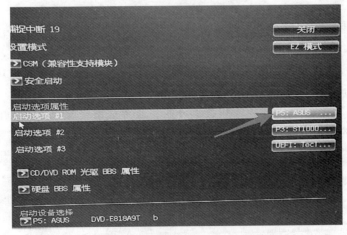

图 4-29　单击"启动选项 ♯1"

⑥ 最后按下 F10 键，弹出灰色窗口，单击 Yes 保存以上的设置，到这一步就意味着设置
计算机支持 UEFI 启动完成。

图 4-30　选择 UEFI 选项

2) 硬盘分区与格式化

这两个操作是计算机组装过程中非常重要的部分。新购的硬盘其实里面是空白的,就像买了一块空地,并不能直接居住,而分区就相当于建房子,分隔出一个个房间,分区完成后直观的体现就是计算机里的 C 盘、D 盘这些盘符。那么分区后是不是就能使用呢? 你会发现还不能使用,因为这个房子虽然主题建好了却还是毛坯房,还差了室内装修和布置。所以我们也可以把格式化这个过程理解为就是室内布置和装修,好比一个房间要用来存放书籍,我们不会搬来书往屋里地上一扔了事,而是要先在里面支起书架,标上类别,把书分门别类地放好。

所以要使用好硬盘空间,我们需要对硬盘分区和格式化,所谓硬盘分区,是把一个硬盘分为一个或多个区(Partition),每个分区都可以按你的意愿赋予不同的功能和用途。格式化就是为磁盘做初始化的工作,以便我们能够按部就班地往磁盘上记录资料。值得注意的是一般新买的笔记本电脑里预装了 Win 10 系统,你会发现只有一个分区就是 C 盘,非常不便于使用和管理,因此有必要学会对新购计算机的硬盘进行分区工作。

(1) 分区前的规划。硬盘分区规划是安装系统的第一步。现在的硬盘容量都很大,所以建议多分出几个区,分门别类地用来安装系统、安装软件、存放文档、存放影视资源、存放游戏等。

(2) 硬盘分区与格式化操作。硬盘分区与格式化操作有不同的方法实现,这里简单介绍两种,第一种是在安装系统的过程中完成分区。第二种是利用一些硬盘分区软件进行,这类型的工具有很多,如 DiskGenius、PartitionMagic 等。利用这些软件在操作上相对更直观和简便,便于新手对硬盘进行创建分区、删除分区、格式化等。

(3) 分区分为主分区、扩展分区和逻辑分区。通常是创建一个主分区用于安装操作系统,然后将剩余的硬盘空间全部划分为扩展分区,最后将扩展分区再划分为一个或多个逻辑盘符(也就是常说的 D 盘、E 盘、F 盘、……)。所以建立硬盘分区的规则:建立基本分区→建立扩展分区→分成 1～X 个逻辑驱动器,因此建立分区必须严格按照 1→2→3 的顺序进行。需要注意的是 C 盘活动分区大小要根据你要安装的操作系统而灵活处理,一般 C 盘建议只安装操作系统,其他的软件安装到其他盘里,还要给系统预留充足空间。

(4) 分区我们可以在安装系统的时候完成,也可以在安装完成之后再做,假如对分区不熟悉,建议使用第三方的工具进行分区,这也是较为常用的方法,不但比较简单,而且快捷,这里就用分区软件 DiskGenius 演示。

DiskGenius 是一款经典的硬盘分区工具,功能全面,除了创建分区、删除分区、格式化分区、隐藏分区、分配盘符等基本功能外，DiskGenius 还提供快速分区、无损调整分区大小，分区表备份恢复等更多高阶功能。支持 GPT 分区格式，支持 EXT4 文件系统。

打开 DiskGenius 软件后，用鼠标右击左侧要分区的硬盘名称。如图 4-31 所示，选择右键菜单中的"快速分区"如图 4-32 所示。

图 4-31　右击左侧要分区的硬盘名称

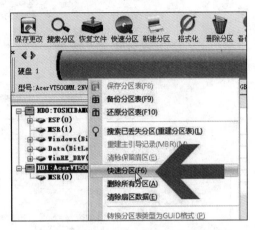

图 4-32　选择右键菜单中的"快速分区"

在"快速分区"对话框中，如果要安装 Windows 10 系统，需要保持勾选建立"ESP 分区"和"MSR 分区"选项，如图 4-33 所示。如果是固态硬盘，为了让硬盘速度更快，最好勾选图示的"对齐到此扇区的整数倍"选项，如图 4-34 所示。如果固态硬盘的分区容量比较大，可在右侧设置大一点的扇区数值。

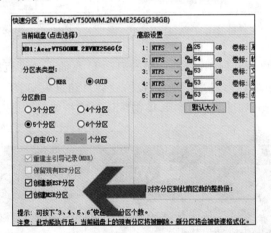

图 4-33　勾选"创建新 ESP 分区"和"创建 MSR 分区"选项

如果要安装 Windows 10，分区表类型处应选择 GUID。如果不想使用软件默认的分区数量，可单击选择分区数目处的"自定"选项，自定义分区数量，然后在高级设置处调整各分区的大小及分区格式，目前 Windows 系统的分区通常使用 NTFS 格式，如图 4-35 所示。设置好参数后单击"确定"按钮，这样浏览器中就会出现新的硬盘分区了，如图 4-36 所示。

3）操作系统的安装

安装 Windows 10 操作系统的过程如下。

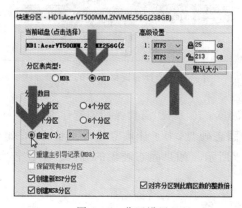

图 4-34   勾选图示的"对齐分区到此扇区数的整数倍"选项

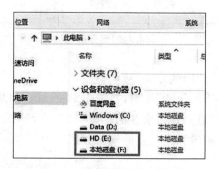

图 4-35   分区设置   图 4-36   出现新的硬盘分区

把制作好的带有 Windows 10 安装程序的启动 U 盘插入计算机的 USB 口里,制作方法看下面说明,按照上面的教程设置好 U 盘启动,就会自动进入安装界面。

(1) 语言、时间选择,如图 4-37 所示,单击"下一步"按钮。

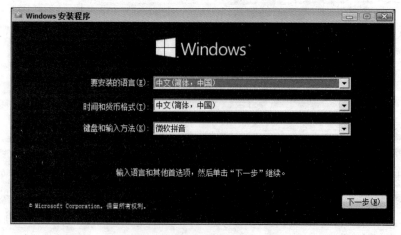

图 4-37   选择安装的语言、时间

（2）单击"现在安装"，激活 Windows 窗口输入密匙，没有的话点下一步，如图 4-38 所示。

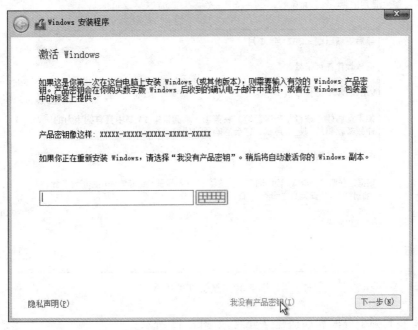

图 4-38　输入产品密匙

（3）选择安装版本，单击"下一步"按钮，选中"我接受许可条款"，如图 4-39 和图 4-40 所示。

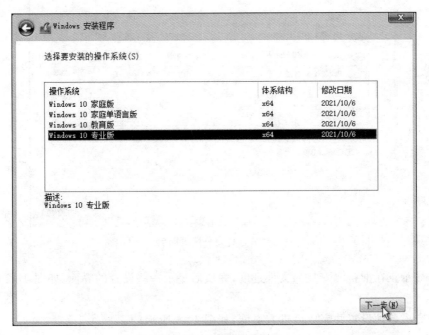

图 4-39　选择安装版本

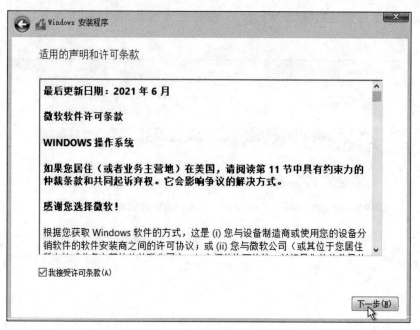

图 4-40　接受许可条款

（4）安装到哪个分区和如何建立分区，如图 4-41 所示。

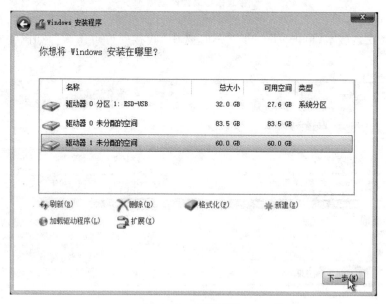

图 4-41　分区页面

（5）显示正在准备要安装的文件进度，完成后显示一些设置的界面，如图 4-42～图 4-45 所示。

（6）完成各种设置并完成后进入桌面，如图 4-46 所示。

说明：以上 Windows 10 的安装包和制作 U 盘启动盘可以直接的微软官方网站上下载，如图 4-47 所示。

图 4-42　复制文件进度

图 4-43　建立账户名

图 4-44　设置密码

图 4-45　帮助、服务信息

图 4-46　完成后的桌面

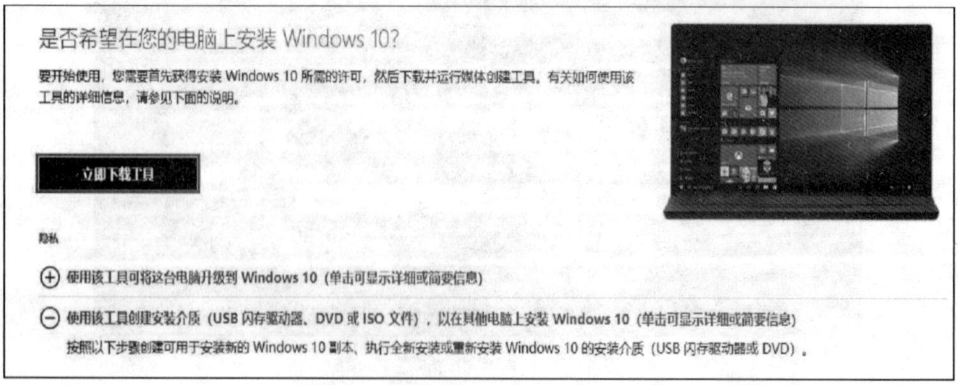

是否希望在您的电脑上安装 Windows 10?

要开始使用，您需要首先获得安装 Windows 10 所需的许可，然后下载并运行媒体创建工具。有关如何使用该工具的详细信息，请参见下面的说明。

立即下载工具

隐私

⊕ 使用该工具可将这台电脑升级到 Windows 10 (单击可显示详细或简要信息)

⊖ 使用该工具创建安装介质 (USB 闪存驱动器、DVD 或 ISO 文件)，以在其他电脑上安装 Windows 10 (单击可显示详细或简要信息)
　　按照以下步骤创建可用于安装新的 Windows 10 副本，执行全新安装或重新安装 Windows 10 的安装介质 (USB 闪存驱动器或 DVD)。

图 4-47　下载页面

4）安装驱动程序

一般来说，安装 Windows 10 操作系统后，大部分的硬件都已经处于正常的工作状态下。但为了可以更好地发挥显卡等设备的功能，建议用户安装最新版本的驱动程序。还有部分硬件没有找到驱动也需要手动安装或借助驱动大师、驱动精灵软件安装。

由于 Windows 10 可以识别所有即插即用设备，但是还是会有部分新的设备找不到驱动或不能正确安装，就会在该设备的前面出现叹号或问号，如图 4-48 所示。由于自己搜索驱动比较不安全，在不良网站上下载会下载到一些乱七八糟的东西，假如是计算机"小白"更容易中毒。下面就以比较安全和便捷的 360 驱动大师为例，演示安装驱动的过程。

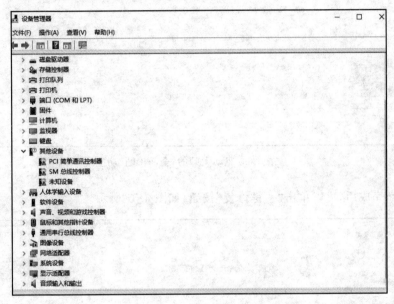

图 4-48　设备驱动情况

（1）双击"360 驱动大师"图标，弹出安装界面，如图 4-49 所示。

图 4-49　"360 驱动大师"对话框

（2）单击"全面诊断"按钮，如图 4-50 所示。

图 4-50　360 驱动大师的"全面诊断"功能

（3）诊断完成后，可以单击"一键修复"按钮，如图 4-51 所示。

图 4-51　一键修复

（4）自动修复页面如图 4-52 所示。

（5）修复完成，没有叹号或问号，如图 4-53 所示。

5）360 安全卫士和杀毒软件安装

为了更好地抵御病毒和木马，我们需要给计算机增加防御能力，可以安装免费的 360 安全卫士和 360 杀毒。这两个软件是有一定区别的。

图 4-52　自动修复

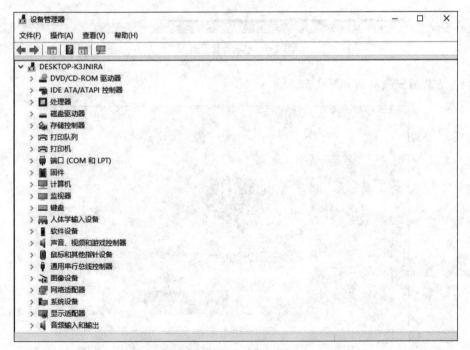

图 4-53　修复完成

（1）主要功能不一样。360 安全卫士重在查杀木马，保证用户的计算机账号，并且清理垃圾优化加速；而 360 杀毒软件则是为了杀毒。

（2）技术能力不一样。360 安全卫士有完善的自我保护能力；但是 360 杀毒软件则要依靠 360 安全卫士的保护功能，在用户没有安装卫士，下载杀毒安装后，杀毒会立马后台下载卫士自保模块,360sd 安装目录的同级目录会多一个 360safe 的目录。

安装步骤如下。

(1) 在浏览器里搜索 360 安全卫士,进入 360 网站,如图 4-54 所示。

图 4-54　安全卫士页面

(2) 下载后安装界面如图 4-55 所示。

图 4-55　安装页面

(3) 单击"软件管家",如图 4-56 所示。

(4) 左边的"宝库"分类下找到"安全杀毒",单击"360 杀毒 64 位"右侧的"安装"按钮,如图 4-57 所示。

(5) 完成安装。

图 4-56　单击"软件管家"

图 4-57　360 杀毒软件安装页面

4.1.3　操作系统的备份与还原

1. 任务场景

　　张亮的同学李明用的是一台早几年购置的笔记本电脑,预装了 Windows10,现在感觉很慢很卡,就和张亮一起来到维修中心求助,希望可以通过升级一些部件来提高速度。

技术员首先听取两位同学的讲述,明白了客户需求,在检测过李明同学的笔记本电脑后,指出了问题所在,笔记本电脑中大部分硬件还不算太过时,但购买时固态硬盘还没有成为主流,所以当时用的还是机械硬盘,而机械硬盘由于工作原理的限制,速度一直都没有很大幅度的提高,远远落后于其他硬件的发展,成了笔记本电脑速度提升的瓶颈所在。恰好这次升级换一个固态硬盘做系统盘,原来的机械硬盘也不会浪费,可以作为从盘存储资料。

2. 知识点

1) 机械硬盘和固态硬盘

在计算机硬件的更新换代中,对计算机整体速度提升最大的当属硬盘了,传统机械硬盘无法突破的瓶颈被固态硬盘(SSD)突破了,固态硬盘的普及率越来越高,但会不会全面的取代机械硬盘呢? 我们详细了解一下再做判断。机械硬盘内部如图 4-58 所示,固态硬盘内部如图 4-59 所示。

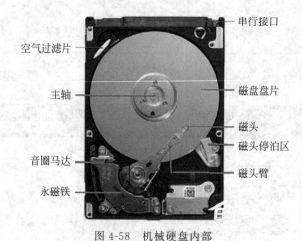

图 4-58　机械硬盘内部

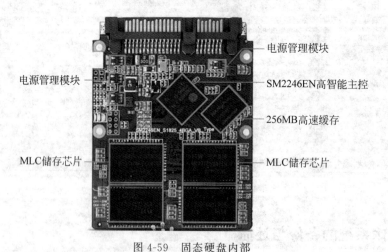

图 4-59　固态硬盘内部

(1) 机械硬盘和固态硬盘的特点如下。

① 机械硬盘(HHD):价格便宜容量大,读写速度较慢,采用磁性碟片来储存。机械硬

盘储存数据时采用的是用高速旋转的磁盘进行的,主要的读写是通过磁头来进行,但在这一机械运动过程中会有延迟、并且无法同时并发多向读写数据的情况。

② 固态硬盘(SSD):价格贵容量小,读写速度快,采用闪存颗粒来储存。储存数据是采用集成电路进行的,运用储存芯片加上寻址控制器来组成的硬盘,跟 U 盘技术相似,不存在任何机械运动部件。

从工作原理来说固态硬盘的储存原理强一些,下面再来了解一些固态硬盘还有着机械硬盘无法比拟的优点。

(2) 固态硬盘的优点如下。

① 从数据读写速度方面来说:一款拥有相同配置的计算机,装上固态硬盘读写速度可以达到 500MB/s 左右,但机械硬盘则是在 150MB/s 左右。其中差了将近 3 倍的距离,使得计算机反应速度的分别就更大了。

② 从数据安全和抗震方面来说:由于机械硬盘是通过磁头读取盘片来完成数据读写的,这样是很容易在高速旋转过程中盘片和磁头碰撞而出现数据受损情况,特别是在搬运过程中更会出现盘片受损造成破坏和数据遗失,所以大家在计算机开机后尽量不要搬动主机,更不能用力拍打、震动主机,避免损坏机械硬盘。而固态硬盘由于不用担心磁头碰撞损坏,所以固态硬盘在抗震、稳定性方面的优势更加突出。

③ 从重量和体积方面来说:机械硬盘由于部件固定,所以重量、体积一直都没有什么变化,而固态硬盘的机件正随着技术的不断发展向着小、轻发展迭代很快,现今的固态硬盘在体积、重量和存储量上都远远超越老产品。

④ 从噪声和散热方面来说:由于固态硬盘是由闪存颗粒制作成的,是没有配置机械部件及闪存芯片,也没有磁盘和磁头机械马达、风扇等,使得它能够保证绝对的静音,发热量也很小,散热也特别快的。

⑤ 从功耗方面来说:固态硬盘因为部件方面的减少,所以相对来说会更节能,一般情况下不会超过 3W,但机械硬盘则会是 5～10W,相比之下大了两三倍左右,所以固态硬盘更节能一些。

从这五方面来对比我们能看出:固态硬盘相对机械硬盘的优势非常明显。那么是不是机械硬盘马上就要退出江湖进博物馆收藏呢? 答案是否定的,起码现阶段还不会,因为机械硬盘也有它明显的优点。

(3) 机械硬盘的优点如下。

① 在价格和容量这两方面,机械硬盘是以 TB 为单位了,固态硬盘大多还是以 GB 为单位,虽然也有上 TB 的,但价格却是可望不可即的。

② 机械硬盘还有一个最大的优势,固态硬盘存放数据的原理和机械硬盘完全不同。在得到性能大幅提升的同时,也带来了一些弊端,如固态硬盘一旦损坏就很难像机械硬盘那样可以通过更换电路板或取出盘片的方式挽救数据,而且由于存储原理的不同,固态硬盘上被删除的文件也比较难恢复,而机械硬盘则可通过软件修复来挽回数据,所以在数据安全方面上来说,机械硬盘更具优势,储存重要资料方面建议还是运用机械硬盘更保险。

随着价格的不断降低,目前台式计算机、笔记本基本都配固态硬盘,但容量大多为 120GB 、240GB 或 512GB,存储空间相对较小,所以在很多计算机中就采用了最经济、实用的搭配"固态硬盘＋机械硬盘"的混合模式。对于这种"混合硬盘"模式的计算机,在使用中建议固态硬盘专门用于安装操作系统或者是大型的应用软件,而机械硬盘则专门用于存储文本、视频等资料数据。这样既保证了计算机启动和大型软件的快速响应,又满足了存储大量数据的需求。在此还有提醒一下:固态硬盘主要增加计算机的运行速度,而不是计算机的性能,如果你的游戏带不动的话是因为你的配置问题,跟加装固态硬盘没关系。

2) 用 U 盘制作 WinPE 启动盘

U 盘是我们在工作和生活中的好帮手,能储存和传递数据文件,重要的是,还可以制作成 U 盘启动盘,主要用来修复和重装系统的,在计算机系统无法进入或崩溃时进行补救操作,可谓是作用极其之大,下面就为大家介绍大白菜 U 盘启动盘制作教程。

前期准备:需要一个 4G 以上的 U 盘,备份 U 盘重要文件,制作过程中会格式化 U 盘。准备一个重装的 ISO/GHO 镜像(可到网上下载),将系统镜像文件复制到 U 盘里。重要提示:该软件涉及对可移动磁盘的读写操作,部分杀毒软件和安全类软件会导致制作失败,所以运行程序前请关闭相关软件。

步骤 1:在首页单击"立即下载",下载大白菜 U 盘启动盘制作工具,有迅雷的用户也可选择迅雷下载。

步骤 2:插入 U 盘后,双击打开大白菜 U 盘制作工具,弹出 U 盘 WinPE 系统制作界面。

步骤 3:选择"默认模式"选项卡,再查看自身 U 盘设备名称(一般会自动识别),模式选择 USB—HDD,格式选择 NTFS,如图 4-60 所示。

步骤 4:单击"一键制作成 USB 启动盘"按钮,开始制作 U 盘 WinPE 系统,过程中会格式化 U 盘上的数据(注意:制作前请确认 U 盘文件否已做好备份),如图 4-61 和图 4-62 所示。

图 4-60　选择模式和格式

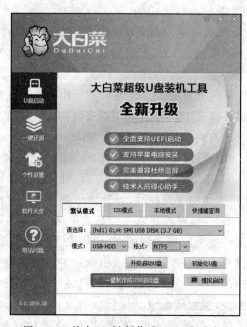

图 4-61　单击"一键制作成 USB 启动盘"

步骤 5:开始制作后软件下方会有进度条提醒,请耐心等待。

步骤 6：制作完成后，可以选择模拟启动测试，如图 4-63 所示。若能够进入大白菜 WinPE 主菜单，即表示大白菜 U 盘启动盘制作成功，如图 4-64 所示。制作成功之后把前期准备的镜像复制进入 U 盘。

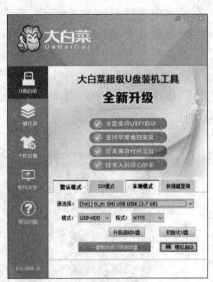

图 4-62　提示格式化和提醒备份　　　　　　图 4-63　模拟启动

图 4-64　显示大白菜 winpe 主菜单

3）Ghost 软件备份与恢复系统

Ghost 硬盘备份工具可以把一个磁盘上的全部内容复制到另一个磁盘上，也可以把磁盘内容复制为一个磁盘的镜像文件，当计算机出现问题或者系统损坏时，可以用镜像义件创建一个原始磁盘的副本。该工具可以最大限度地减少用户每次安装系统的时间。

下面以 Symantec Ghost 11.5 为例，主要介绍在 WinPE 操作系统下使用 Ghost 软件实现备份系统、恢复系统等操作。

（1）备份系统。

① 在 WinPE 桌面上，可以选择直接双击打开 Ghost 图标运行。

② 主程序有 4 个可用选项，即 Quit(退出)、Help(帮助)、Options(选项)和 Local(本地)。在菜单中选择 Local(本地)项，在右面弹出的菜单中有 3 个子项，其中 Disk 表示备份整个硬盘(即硬盘克隆)；Partition 表示备份硬盘的单个分区；Check 表示检查硬盘或备份的文件，查看是否可能因分区、硬盘被破坏等造成备份或还原失败。这里要对本地磁盘进行操作，应选 Local。默认是选中 Local(字体变白色)，按"→"键展开子菜单，用向上或向下方向键选择，依次选择：Local(本地)—Partition(分区)—To Image(产生镜像)(这步一定不要选错)，如图 4-65 所示。

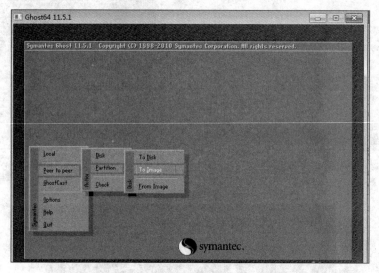

图 4-65　Ghost 备份系统

③ 确定 To Image 被选中(字体变白色)，然后按 Enter 键。弹出硬盘选择窗口，如图 4-66 所示。选择你所要备份分区所在的硬盘单击 OK 按钮。

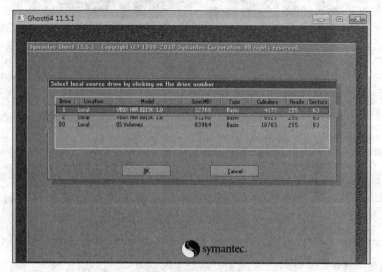

图 4-66　选择磁盘

④ 选择要操作的分区,可用键盘进行操作。按方向键选择第一个分区(即 C 盘)后按
Enter 键,这时 OK 按钮由不可操作变为可用,如图 4-67 所示。按 Tab 键切换到 OK 按钮
(字体变白色),然后按 Enter 键进行确认。

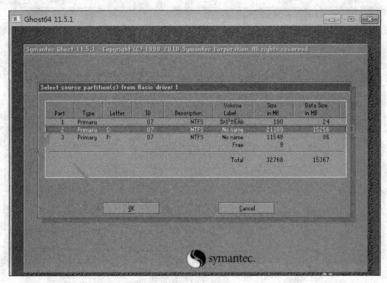

图 4-67　选择需要备份的磁盘分区

⑤ 按方向键选择要存放镜像文件的磁盘,选择 D 盘,选中后按 Enter 键。

⑥ 选择磁盘后,下面的大方框内将显示该磁盘根目录下的文件夹,可以选择要存放该
镜像文件的文件夹,也可以直接保存在该磁盘的根目录下,以后可以进系统后再去移动该镜
像文件。这里假如要将该镜像文件放到 D 盘的根目录下,此时只需要在对话框内输入要保
存的镜像文件的名字就可以了,如取名为 win7_backup ,输入文件名后,按 Tab 键将光标切
换到 Save 按钮上,按 Enter 键保存。步骤如图 4-68 所示。

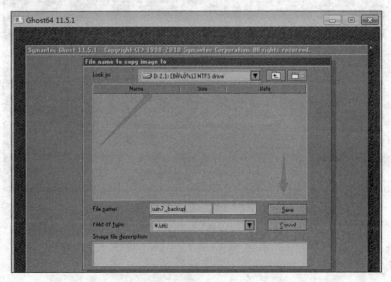

图 4-68　选择保存备份的目录、文件夹和文件名

⑦ 弹出对话框显示 Compress image file,选择压缩比例,No 是指不压缩,Fast 指基本压缩,High 指高压缩。一般选择不压缩,如图 4-69 所示。

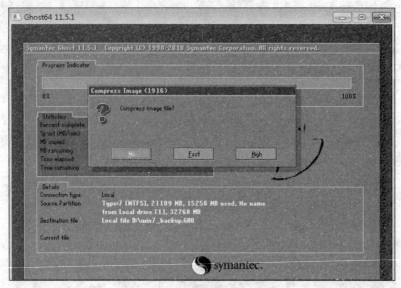

图 4-69 选择压缩比例

⑧ 弹出对话框显示"Proceed with partition image creation?",这里指是否进行分区镜像创建,单击 Yes 按钮,如图 4-70 所示。

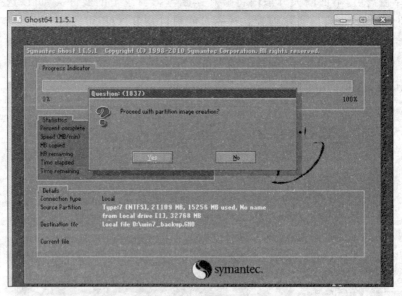

图 4-70 创建镜像

⑨ 现在系统开始备份,创建镜像文件,这个过程一般在 5~10min。备份完成,在 D 盘可以看到备份文件 win7_backup.GHO,如图 4-71 所示。

(2)恢复系统。

① 启动 Ghost,如图 4-72 所示,选择 Local—Partition—From Image 命令。

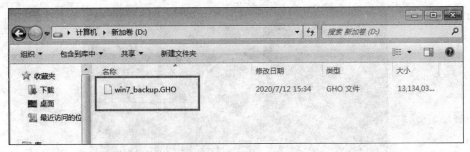

图 4-71　生成镜像

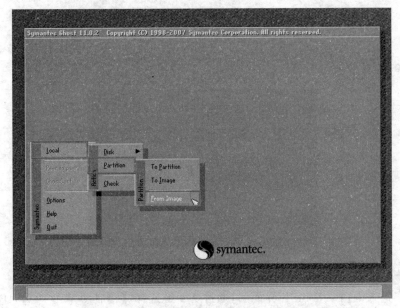

图 4-72　恢复系统要选择 From Image 命令

② 选择镜像文件,选择镜像文件存放的分区(如 E 盘),然后选择镜像文件 win7_backup.GHO,再选择恢复到的磁盘,如 C 盘,单击"确认"按钮即将恢复。

4)用一键还原安装 Win 10 镜像

前面我们通过 Ghost 软件备份和还原分区,对于部分不懂英文的用户还是有些不便,所以在此基础上又出现了更加傻瓜式的安装方式,就是一键还原的方式,其实就是通过软件帮我们完成上面 Ghost 的操作,用户甚至都不需要会使用 Ghost 软件,接下来我们看看如何使用大白菜 U 盘一键还原 Win 10 系统。

前期准备:重装系统时 C 盘会被格式化,故在重装系统前请先手动将重要资料转移到其他地方,查询自身机型的 U 盘启动快捷键(一般是按 F12 键),系统镜像文件复制到 U 盘或硬盘里。

步骤 1:插入装有大白菜 WinPE 系统的 U 盘,开机或重启计算机,当开机画面一闪而过之际,快速地按下 U 盘启动快捷键进入优先启动项设置界,如图 4-73 所示。提示:不同计算机品牌有不同的快捷键,具体看开机画面提示或上网搜索。

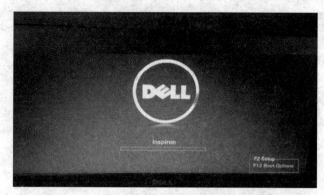

图 4-73　开机画面提示的快捷按键

步骤 2：选择 U 盘选项后回车进入下一步,注意：通常带有 USB 字样的选项即为 U 盘选项,如图 4-74 所示。

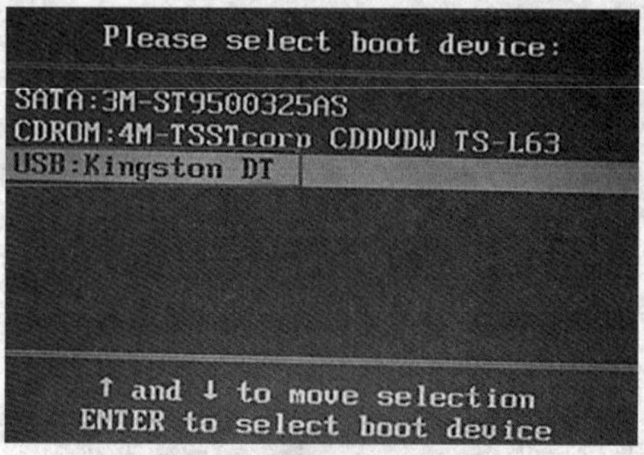

图 4-74　选择 U 盘启动

步骤 3：进入大白菜 WinPE 界面后,通过 ↑↓ 键选择"【1】启动 Win 10 X64PE(2G 以上内存)",如图 4-75 所示。

图 4-75　选择 Win 10 启动

步骤 4：选择 U 盘里面准备的 ISO 镜像文件安装,参考图 4-76,选择"Windows10 专业版"后单击"确定"按钮,然后在大白菜一键还原窗口单击"执行"按钮。

图 4-76　选择 Win 10 版本

步骤 5：这里勾选复选框内后单击"是"按钮（建议将"网卡驱动"和"USB 驱动"这两个选项勾选，以免重启后无法使用网络和鼠标），如图 4-77 所示。

图 4-77　选择驱动

步骤 6：程序写入待安装完毕后单击"是"按钮重启笔记本电脑，同时要拔掉 U 盘，以免再次进入"大白菜"WinPE 界面，如图 4-78 所示。

图 4-78　复制文件进度

步骤 7：重启后就笔记本电脑会进入重装系统的第二阶段，此时无须操作，静待安装完成即可，如果成功进入 Win 10 操作系统的桌面，即表明成功重装了 Win 10 系统。

3. 任务实施

1）任务场景

张亮同学的计算机开机进入 Win 10 系统出现蓝屏有个笑脸提示要重启，按要求点了确定又提示自动修复，修复了几次都进不了系统，然后张亮打电话向计算机公司求助。计算机公司李工告诉张亮可能是系统出现故障，要恢复或重装系统。

2）实施步骤

（1）接受任务。

① 接到张亮同学的电话，首先听取张亮同学讲述故障现象，并提出几种方法要张亮同学测试，然后把测试结果回馈。

② 确定任务：经过张亮同学对故障的陈述和故障测试结果，初步确定两种情况：一是操作系统被损坏，二是硬盘被损坏。

③ 材料准备：Windows 10 系统、Win 10 版 Ghost 恢复 U 盘。

（2）具体操作步骤如下。

步骤 1：利用 Win 10 还原点对系统进行恢复，然而恢复完后，重启计算机故障依然。

步骤 2：利用 Win 10 版 Ghost 恢复 U 盘重新恢复一个新系统，然而恢复完后，重启计算机故障解决。

步骤 3：为了防止系统再次损坏，李工利用 Ghost 软件恢复 U 盘备份操作系统到 D 盘。

3）交付客户

（1）用户体验：李工指导张亮同学利用 Ghost 恢复 U 盘恢复新系统，并教其利用 Ghost 恢复 U 盘恢复已备份在 D 盘的系统。

（2）交付确认：客户满意后在维修单上签字确认。

4.1.4   计算机常见硬件故障及其排除

1. 任务背景

随着计算机的普及，家庭拥有计算机的越来越多，使用计算机办公的企业员工也越来越多。公司、家庭的计算机常常遇到如搬家时，把计算机搬到新家后开不了机；在上网时突然死机，然后开机进不了系统，诸如此类的事情。

2. 相关知识

1）计算机故障原因

（1）硬件本身质量不佳。粗糙的生产工艺、劣质的制作材料、非标准的规格尺寸等都是引发故障的隐藏因素。由此常常引发板卡上元件焊点的虚焊脱焊、插接件之间接触不良、连接导线短路断路等故障。

（2）人为因素影响。操作人员的使用习惯和应用水平也不容小觑，例如，带电插拔设备、设备之间错误的插接方式、不正确的 BIOS 参数设置等均可导致硬件故障。

（3）使用环境影响。这里的环境可以包括温度、湿度、灰尘、电磁干扰、供电质量等方面。每一方面的影响都是严重的，例如，过高的环境温度无疑会严重影响设备的性能等。

（4）其他影响。设备的正常磨损和硬件老化也常常引发硬件故障。

（5）误操作。操作人员在使用过程中不小心删除或者破坏系统文件，导致系统瘫痪。

（6）病毒影响。由于各类病毒的攻击致使计算机系统瘫痪。

2）检修规范

（1）检测的基本原则如下。

① 先软件后硬件：计算机发生故障后，一定要在排除软件方面的原因（如系统注册表损坏、BIOS 参数设置不当、硬盘主引导扇区损坏等）后再考虑硬件原因，否则很容易走弯路。

② 先外设后主机：由于外设原因引发的故障往往比较容易发现和排除，可以先根据系统报错信息检查键盘、鼠标、显示器、打印机等外部设备的各种连线和本身工作状况。在排除外设方面的原因后，再来考虑主机。

③ 先电源后部件：作为计算机主机的动力源泉，电源的作用很关键。电源功率不足、输出电压电流不正常等都会导致各种故障的发生。因此，应该在首先排除电源的问题后再考虑其他部件。

④ 先简单后复杂：目前的计算机硬件产品并不像想象的那么脆弱、那么容易损坏。因此在遇到硬件故障时，应该从最简单的原因开始检查。如各种线缆的连接情况是否正常、各种插卡是否存在接触不良的情况等。在进行上述检查后而故障依旧，这时方可考虑部件的电路部分或机械部分存在较复杂的故障。

（2）检修的基本方法如下。

① 直接观察：即通过看、听、摸、嗅等方式检查比较明显的故障。例如，观察电源内是否有火花、异常声音，有些烧毁的部件会有浓烈的臭味；检查各种插头是否松动，线缆是否破损、断线或碰线；电路板上的元件是否发烫、烧焦、断裂、脱焊、虚焊；各种风扇是否运转正常等。有的故障现象时隐时现，可用橡皮榔头轻敲有关元件，观察故障现象的变化情况，以确定故障位置。

② 插拔替换：初步确定发生故障的位置后，可将被怀疑的部件或线缆重新插拔，以排除松动或接触不良的原因。例如，将板卡拆下后用橡皮擦擦拭金手指，然后重新插好；将各种线缆重新插拔等。如果经过插拔后不能排除故障，可使用相同功能型号的板卡替换有故障的板卡，以确定板卡本身已经损坏或是主板的插槽存在问题。然后根据情况更换板卡。

③ 系统最小化：最严重的故障是机器开机后无任何显示和报警信息，应用上述方法已无法判断故障产生的原因。这时可以采取最小系统法进行诊断，即只安装 CPU、内存、显卡、主板。如果不能正常工作，则在这 4 个关键部件中采用替换法查找存在故障的部件。如果能正常工作，再接硬盘……以此类推，直到找出引发故障的罪魁祸首。

④ 逐步添加/移除法。

添加法：从最小系统环境开始，一次添加一个部件，并查看故障现象的变化；从单一的操作系统开始，一次添加一个软件，查看故障现象的变化。

移除法：从原始配置开始，一次移除一个部件，查看故障现象的变化；从现有的用户应用环境开始，一次移除或屏蔽一个软件，查看故障现象的变化。

⑤ 升降温法：降低计算机的通风能力来升温；用电风扇对着故障机吹来降温速；选择环境温度较低的时段来降温；使计算机停机 12～24h 以上来降温。

(3) 检修的步骤。对计算机进行检修,应遵循如下步骤。

① 了解情况,即在服务前与用户沟通,了解故障发生前后的情况,进行初步的判断。如果能了解到故障发生前后尽可能详细的情况,将使现场维修效率及判断的准确性得到提高。了解用户的故障与技术标准是否有冲突。向用户了解情况,应借助第二部分中相关的分析判断方法,与用户交流。这样不仅能初步判断故障部位,也对准备相应的维修备件有帮助。

② 复现故障,即在与用户充分沟通的情况下,确认:用户所报修故障现象是否存在,并对所见现象进行初步的判断,确定下一步的操作;是否还有其他故障存在。

③ 判断、维修,即对所见的故障现象进行判断、定位,找出产生故障的原因,并进行修复的过程。

④ 检验。维修后必须进行检验,确认所复现或发现的故障现象解决,且用户的计算机不存在其他可见的故障。计算机整机正常的标准参见《联想台式电脑整机检验规范》,必须按照《××维修检验确认单》所列内容,进行整机验机,尽可能消除用户未发现的故障,并及时排除。

3) 常见故障及其排除

(1) 内存部分。内存接触不良引起的开机黑屏是常见的故障之一。该故障常见于台式计算机,笔记本电脑较少出现。黑屏一般是指开机后计算机主机的电源灯亮了,而屏幕上没有内容显示,出现黑屏故障建议先按内存接触不良处理。

故障检测与排除办法如下。

故障1:由于内存条的质量参差不齐和插脚上有数量较多的金属接触点,所以其发生故障的概率比较大。当出现计算机无法正常启动大部分都是内存条出现问题惹的祸。

故障检测与排除办法:以上故障多数由内存与主板的插槽上的金属接触点(这类金属接触点俗称金手指)接触不良引起,处理方法是打开机箱后拔出内存,用酒精和小号细毛刷擦拭内存的金手指和内存插槽,临时也可以拿橡皮擦擦拭,要注意力度,并检查内存条的金手指、插槽上的弹簧片是否有损坏的迹象,擦拭检查结束后将内存重新插入,一般情况下问题都可以解决。如果还是无法开机,则将内存拔出插入另外一条内存插槽中测试,如果此时问题仍存在,则说明内存已经损坏,此时只能更换新的内存条。

故障2:当出现计算机无法进入操作系统或运行应用软件、无故经常死机等故障时。

故障检测与排除办法:先用故障1的方法清理内存,重点检查金手指是否有烧毁或脱落,如有需更换内存条。

故障3:内存被病毒程序感染后驻留内存中,在使用时出现速度变慢、系统死机等现象。

故障检测与排除办法:先采用最新的杀毒软件对系统进行全面的杀毒处理,彻底清理系统中的所有病毒,如果是顽固病毒建议重装系统。

故障4:计算机升级进行内存扩充,选择了与主板不兼容的内存条。

故障检测与排除办法:在升级计算机的内存条之前一定要认真查看主板主使用说明,看清楚主板支持多大容量的内存,否则即使升级后也无法正常使用。如果主板支持,但由于主板的兼容性不好而导致的问题,那么可以升级主板的BIOS,看看是否能解决兼容问题。

对于购买的超过主板默认频率的内存,一般主板会通过降低内存的频率来获得更高的兼容性,但也有些主板是用不了的。另外就是使用双内存条做双通道的机器,其中一条内存出现问题也会导致电脑故障,所以建议检修故障时只用一根内存,这样更容易检测出问题。

(2) 散热系统部分。计算机是一个高速运转的系统,高速运转就会产生大量的热,CPU、主板的北桥芯片、显卡的芯片 GPU 都是主要的发热大户,CPU、主板的北桥芯片的温度一般在 40~60℃,而显卡的温度还高得多,一般在 80~90℃,有些高性能卡甚至会达到 100 多度,还有内存、硬盘的温度也不低。所以不论台式计算机还是笔记本电脑的散热都得认真处理,台式计算机空间较大还比较好解决,但是笔记本电脑,要在小小空间里将热量带走,一直都是设计师绞尽脑汁想要解决的问题。综合来讲台式计算机和笔记本电脑的散热系统有相当大的不同,所以维修维护的方式也不同。

台式计算机依靠大功率的轴冷风扇散热,如图 4-79 所示,高档的还有水冷、液冷。笔记本电脑的机壳由于体积有限,一般是用空心铜导管填充液体,将热量导引到出风口的铝质导热鳍片上由涡轮风扇吹出,如图 4-80 所示。

图 4-79　台式计算机 CPU 风扇

图 4-80　笔记本电脑的风扇

散热系统部分的常见故障与排除方法如下。

故障 1:台式计算机散热不良检测和解决方法。不论是台式计算机还是笔记本电脑,根据使用环境的不同通常在使用 2~3 年后,由于散热系统积累的灰尘没有得到及时的清理,出现温度过高造成的速度很慢、死机等现象。

故障检测与排除办法:台式计算机散热不良造成速度很慢、死机的故障比较容易检测。由于台式计算机的机箱空间比较宽裕,一些游戏类型的机箱为了容纳较长的显卡做得更加宽大,所以都是用一些比较大型的风扇来散热,这就方便我们观察和拆卸。

所以第一步就是视觉检查,机箱拆掉侧板基本上就可以直接看到几个热量大户部件的风扇,首先观察是否停转或转速很慢,其次是否转得很不稳定或发出很大的声音,扇叶上是不是聚集了很多灰尘,扇叶上的灰尘越多散热效果越差。第二种检测方法是用测温软件监控各个部件的温度,例如鲁大师,如图 4-81 所示。第三种就是触觉,我们的手是感觉温度最好的工具,在这里要说明的是我们的手不要一上来就直接接触以防烫伤,由于热量会发散,我们的手近距离靠近风扇或散热片就能感觉到。

① 养成定期清理的好习惯,风扇是最容易积攒灰尘的地方,如图 4-82 和图 4-83 所示。需要安装风扇有 CPU、显卡、电源,有些主板的北桥芯片上也会有装,用毛刷和皮老虎清洁扇叶上的灰尘。CPU 和显卡的比较好拆,电源上一般会有提示标签:非专业人士请勿拆解,所以不建议私自拆解,在外围也能清洁风扇的大部分。

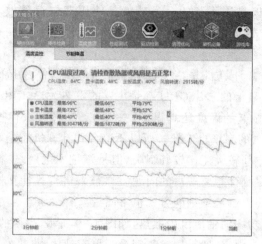

图 4-81　鲁大师温度监控

图 4-82　积满灰尘的 CPU 风扇

图 4-83　积满灰尘的电源风扇

② 风扇清洁完成后一定要清除掉 CPU 顶盖和散热片和 CPU 接触部位的导热硅脂,这些硅脂都已经干硬不利散热,如图 4-84 所示。清理干净后重新涂抹新的导热硅脂(见图 4-85)后才能重新安装。

图 4-84　清理已经干硬的导热硅脂

图 4-85　金属介质导热硅脂

其他的风扇也可以如此类推的处理,这里就不再细讲。

故障 2:笔记本电脑散热不良的检测和解决方法。

故障检测与排除办法:笔记本电脑外壳的包裹性和隐秘性很强,不容易看清楚内部情况,所以第一种视觉难以检查出来。但第二种和第三种检测方法还是可以使用,我们可以通过软件监控到的情况来判断,还有触觉也很容易检查出来。笔记本电脑的底部或两侧上会有散热孔,出风口里面就是一排散热鳍片,灰尘一般都是堵塞在这个区域,假如堵塞了的话风口吹出的风力很小而且很热,出风口周围的区域也会很烫手,这些都很直觉的告诉我们散热系统出问题了。拆开的笔记本电脑散热模块如图 4-86 所示,积满灰尘的散热鳍片如图 4-87所示。

图 4-86　拆开的笔记本散热模块

图 4-87　积满灰尘的散热鳍片

　　拆解笔记本电脑的散热模块,可以依照以下顺序进行。

　　① 拆开笔记本电脑,取出散热器,但是笔记本电脑的内部往往是一个厂商一个结构,有些笔记本电脑很简单,有些则十分困难。简单的一般在背部有很大一块外壳用螺丝固定,拆卸以后直接可见有内存、硬盘与散热模块,只需拆下这块外壳,即可将散热模块取下彻底清理。复杂一点的必须整个拆掉整个底壳才露出来散热模块,这种方式虽然比半拆的复杂一些,但是只要将背壳上所有的螺丝都取下,使用拨片或者指甲将暗扣打开,就能整体拿下背壳,从而顺利取下散热系统。最复杂的是需要全部分解后,将主板拿出来,才能看见散热模块。其拆解相当于整机拆开,上面需要拿掉整个键盘,让主板裸露出来,再拆掉主板螺丝,取下主板后将散热模块从主板上取下。

　　② 灰尘大多聚集在风扇叶上与散热鳍片上。此时我们上面准备的刷子、气吹等工具就派上用处了。散热鳍片拿下后,直接用刷子清理,如图 4-88 所示,配合气吹使用,直到气吹吹出来的气体不再浑浊带有粉尘即可。

③ 笔记本电脑的风扇有开放式也有封闭式的。开放的是利用 PCB 板或者外壳创造出来一个相对密闭的空间。封闭式则需要打开一个盖子才能看见扇叶,有些是螺丝固定,如图 4-89 所示,有些则是卡扣固定。将扇叶清理干净,如图 4-90 所示。注意,不要着急组装好风扇,因为风扇也需要保养。

图 4-88　清理笔记本电脑的散热鳍片

图 4-89　拆解笔记本电脑的风扇

④ 风扇因为长时间高速运转,轴上的润滑油已经挥发了很多,我们需要对风扇进行保养,以及更换硅脂,来保证我们装回去的散热系统提供正常的散热性能。将风扇反过来,会发现铭牌,其实铭牌的作用不仅是标注风扇的信息,还有油封的作用,风扇的轴承一般都在铭牌之下,我们需要撕开一些贴纸,将润滑油添加进去,如图 4-91 所示。需要注意的是,一定要注意用量,不然润滑油会因为离心作用甩出来。添加完毕,将贴纸贴回去,或者使用其他胶带将其封死。

图 4-90　清洁风扇扇叶

图 4-91　加注润滑油

⑤ 最后要提醒的是一定要切记螺丝问题,因为螺丝长短、粗细不一样,所以一定要注意螺丝的位置问题。不然上错螺丝,可能会损毁一部分硬件。

(3) 主板常见故障与排除。主板又称母板,顾名思义是计算机的母体,其上载有 CPU、内存、各种板卡及与之连接的外部设备。因此,它既是计算机系统的重要组成部分,又是故障涉及面最多的配件,也是需要损坏和更换最多的部件。

故障 1:计算机已经使用了很长一段时间,由于平时没有对主机内部做过清洁,最近计算机经常出现蓝屏、非法操作或死机的故障,但这些问题出现的时间没有规律,而且随着时间的推移,死机越来越频繁。

故障检测与排除办法:从故障的描述来看,一定是长期使用计算机,计算机主机箱内灰尘过多,导致主板原件之间的短路引起频繁死机。用小毛刷和无水酒精对主板进行清理。

这里要注意的是,使用小毛刷将主板上的灰尘轻轻刷落,用力不可太大,否则可能导致主板上的元件损坏。如果使用无水酒精清理主板,则一定要将其完全干燥后才能使用。

故障 2:计算机开机经常出现 CMOS checksum error-Defaults loaded 的提示,屏幕下方显示按 F1 键继续,或是按 Del 键重新设置 CMOS。如果选择 F1,计算机开机后时间会被调整为一个较老的日期。

故障检测与排除办法:一般情况下,更换 CMOS 电池后问题即可解决。如果问题依然存在的话,最好送修或返回原厂处理。

故障 3:主板插槽接触不良引发的故障现象。

故障检测与排除办法如下。

① 氧化引起的接触不良。内存条与插槽间因氧化引起的接触不良是最常见的,表现为可通电开机,CPU 风扇运转正常,但显示屏上无任何反映(点不亮),故障检测卡显示代码"C0~C7"(检测不过内存),对于这类故障应首先用小刷子蘸香蕉水反复清洗和擦拭内存插槽及内存条,除去氧化层。很多计算机在经过这一步操作后就已经恢复正常工作,说明就是氧化引起的故障。

② 显卡与插槽之间因氧化引起的接触不良。表现为可通电开机,CPU 风扇运转正常,但显示屏上无任何反映,故障检测卡显示"检测不过显示卡"的代码,表明故障就在显卡相关的电路上,摇晃或按压显示卡,显示屏上有明显的亮、暗闪变,或滚动条纹干扰,或者花屏,清洗和擦拭显卡与插槽之后,计算机恢复正常,这就是氧化引起的故障。

(4) 显卡常见故障与排除方法如下。

显卡作为计算机中重要的组成部分,其重要性不言而喻。在日常使用计算机过程中,有时我们会遇到开机有报警声;无自检画面、自检无法通过;显示异常杂点、花斑、图案;黑屏、蓝屏等情况,这多数跟显卡有关。

故障 1:最常见的故障花屏。

故障检测与排除办法:显卡出现花屏症状是一种比较常见的计算机故障,在遇到显卡花屏问题,大部分用户并不清楚其缘由,通常都会表现得手忙脚乱,甚至将原本正常的硬件更换掉。花屏的原因可能有很多种,但主要还是跟显卡的几个核心部件有关系。显示核心的损坏,以及显存的虚焊和脱焊,都有可能会造成花屏——因为这时候是用于生成画面的材质在显存中读取不正确,因而无法正确加载纹理和贴图。

解决方法:如果只是驱动问题,那么重新更新驱动就好了。如果不幸遇上虚焊、脱焊了,在质保期的话,还是先向厂家申请,要是连质保期都过了,建议把显卡送专业机构进行维修,但也不能保证 100% 的修复率,实在不行只能换新的了。

故障 2:计算机换显卡后显示器不亮故障。

故障检测与排除办法如下。

① 一般独立显卡都需要独立供电,有的插 1 个 6pin 电源接口,有的插 2 个 6pin 电源接口,请检查是否插上或者没插好,或者检查电源是否有显卡供电接口,如果没有,则需要买两个 4 转 6 的线或者是换电源。

② 若显卡接触不良,关机,重新拔下,清理显卡 PCI-E 插槽或者显卡金手指,再插上去试试。

③ 计算机电源额定功率太低,一般四核以上的并且带独立供电的计算机功耗相对来说

会高一点,电源差一些的会带动不了显卡。

3.任务实施

1)任务场景

一天张亮正上网玩游戏,突然出现蓝屏,重启计算机后,系统进入桌面时还是出现花屏,试了几次还是这样。

2)实施步骤

(1)接受任务。

客户接待:接到张亮同学的电话,首先听取张亮同学讲述故障现象,并请张亮同学拔出独立显卡,直接使用主板上的视频接口测试,然后把测试结果回馈。

确定任务:根据张亮同学对故障的测试结果,初步确定是独立显卡的问题。

(2)具体操作步骤如下。

步骤 1:重新下载新的公版驱动程序,安装后重启计算机故障依然存在。

步骤 2:重新恢复一个新系统,然而恢复完后,重启计算机故障依然存在。

步骤 3:更换一张显卡,故障消失。

3)交付客户

客户体验:指导张亮安装显卡,下载和安装驱动程序,恢复和备份系统。

任务确认:向客户说明故障,显卡还在保修期内直接返厂保修。

4.2 办公自动化设备安装与售后服务

4.2.1 打印机的安装与设置

1.任务背景

黄先生的办公室打印文件一直都是到公司人事部去打印,随着办公室业务的不断增多,要打印的资料也越来越多,常常去人事部打印实在不方便,于是黄先生向公司申请购买一台激光打印机。技术员根据黄先生的使用要求,考虑他们办公室的其他员工也需要打印、复印,向他推荐了一款自带网络打印功能的打印、复印和扫描的多功能一体激光打印机。

2.相关知识

1)打印机的本地安装

打印机的本地安装指的是用打印线直接连接计算机和打印机,这台计算机可以提供共享打印机的服务,也就是共享打印里的主机。安装分两个步骤:硬件安装和驱动程序安装。这两个步骤的顺序不定,视打印机不同而不同。如果是串口打印机,一般先接打印机,然后装驱动程序;如果是 USB 口的打印机,一般先装驱动程序再接打印机(细看说明书要求)。

(1)打印机硬件安装。实际上现在计算机硬件接口做得非常规范,打印机的数据线两端接口不同,只有一端在计算机上能接,所以不会接错(具体步骤见打印机安装说明书)。

(2)驱动程序安装。Win 10 系统一般搜索到新的硬件会自动寻找驱动,如果提示安装失败,可以到其官网上下载或者使用配套的驱动程序安装盘,驱动程序一般是以可执行文件方式提供,直接运行 SETUP.exe 就可以按照其安装向导提示一步一步完成。

2）打印机碳粉的加装

碳粉是微小粉尘，一定要做好防护。

（1）工作准备。

准备工具：护目镜、防尘口罩、皮老虎、脱脂棉、自制改锥、毛刷、尖嘴钳、电动起子、橡胶手套，如图 4-92 所示。

图 4-92　加碳粉工具

碳粉：一瓶适合这款激光打印机的专用碳粉。

（2）左手拿起硒鼓，右手用斜口钳把鼓芯有齿轮一头的定位销拔出。提示：用斜口钳时用力要适当，不能太用力，否则会损坏定位销，如图 4-93 所示。

（3）打开盖板后，将鼓芯轻轻地向面对的方向拉，因为鼓芯表面有特殊涂层，拉动的过程中要小心不能划伤鼓芯，也不宜直接暴露在阳光下，还要注意不戴手套千万不要用手去碰鼓芯感光面，如图 4-94 所示。

（4）卸掉鼓芯后，拆掉硒鼓拉簧，注意不要用力过猛，拉簧另一端的固定塑料非常脆弱，很容易断掉。利用改锥将充电辊从右侧取出来，然后横向将充电辊拉出来，不要划伤非金属面，如图 4-95 所示。同时，务必牢记充电辊两侧皮圈的安装方向，安装不正确会打印不正常。小知识：充电辊的作用是在硒鼓工作的时候对鼓芯进行充电。充电辊的表面是一层导电橡胶，这样能对鼓芯表面进行均匀充电。

图 4-93　拔出定位销

图 4-94　拆掉硒鼓拉簧

（5）拆掉充电辊后开始拆硒鼓内两侧的销钉。拆完后，用改锥或细长的螺丝刀将销钉从内向外顶出。用尖嘴钳把销钉拔出后,将硒鼓分成两片,左侧为粉仓,右侧为废粉仓,如图 4-96 和图 4-97 所示。

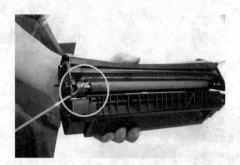

图 4-95　拉出充电辊

图 4-96　拔出销钉

(6) 如图 4-98 所示,拧下刮板螺丝,打开废粉刮板后清理废粉仓里面的废粉。用气吹将各个角落尽量吹干净,否则会给打印机内部带来污染,从而损害打印机。也可以用专门吸尘机,会吸得比较干净。

图 4-97　硒鼓分开

图 4-98　清理废粉仓

将充电辊也用脱脂棉清理干净,如图 4-99 所示。再将干净的充电辊安装在废粉仓上。

(7) 使用脱脂棉将鼓芯完全清理干净,注意戴手套,不要用手直接碰触鼓芯,否则可能会损坏鼓芯,然后将废粉仓鼓芯保护滑板安装上,再将鼓芯安装至废粉仓上,如图 4-100 所示。

图 4-99　清理充电辊

图 4-100　清理、安装鼓芯

(8) 回到粉仓部分,取出粉仓上的磁辊。小知识:磁辊的作用把粉仓里面碳粉吸附到自己身上,形成一圈薄薄的碳粉,如图 4-101 所示。为了防止所加碳粉和原碳粉的不兼容,用布擦掉磁辊上碳粉。

（9）开始加碳粉，如图 4-102 所示，用一张废纸叠成槽口形状，便于对粉仓进行加粉。小提示：加粉的时候，瓶口左右来回移动，以便碳粉均匀地加入粉仓。也有方法从旁边的加粉口取出盖子加粉，这样确实方便一些，但是盖子取出后重新合上会导致密封性能变差，引起漏粉。加完碳粉后将粉仓盖上，再将粉仓与废粉仓合并，合并时注意调整力度，将销钉从两侧分别钉入，最后安上拉簧。

 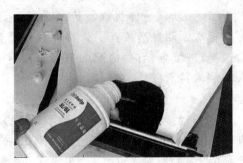

图 4-101　打开粉仓口　　　　　　　　　　　　　图 4-102　加碳粉

3）多功能一体激光打印机

随着科技的发展，相对于以前的打印机，现在的打印机功能朝着多功能发展。以前的打印机只可以用其打印文件和打印照片，体积较小适合家中使用，而复印机可以复印文件，也可以打印文件，只是其体积较大，并且价格也比较昂贵。对于现在的一体机来说，它解决了打印机只能打印的问题，同时还可以复印、扫描、传真，体积也相对较小，只是价格比普通打印机稍微贵了一些。

理论上多功能一体机的功能有打印、扫描、传真，但对于实际的产品来说，只要具有其中的两种功能就可以称为多功能一体机了。较为常见的产品在类型上一般有两种：一种涵盖了三种功能，即打印、扫描、复印；另一种则涵盖了四种，即打印、复印、扫描、传真。

多功能一体打印机和普通的打印机一样，根据其打印的类型，可以分为喷墨打印机和激光打印机，这两种打印机的打印方式完全不同，各有各的优点。喷墨一体机如图 4-103 所示，激光一体机如图 4-104 所示。

图 4-103　喷墨一体机　　　　　　　　　　　　图 4-104　激光一体机

对于喷墨打印机，其特点就是使用五种颜色的墨水作为打印的原材料，根据墨水的好坏，打印出来的效果也是不一样的，喷墨打印机需要经常的更换墨水，不过其墨盒比较好更换,并且在价格上也比较便宜。当你使用喷墨打印机打印图片时,只要选择的纸张比较好,打印出来的效果还是比较明显的,但关键在于墨水和纸张。

多功能一体机使用方法如下(机型不同具体的操作方法也略有不同)。

(1) 打印功能。多功能一体打印机连接计算机,用打印机连接线插入计算机 USB 口(首先保证 USB 口能正常使用),然后用打印机附带的光盘安装打印机驱动,在提示连接打印机时打开打印机电源,安装好打印机驱动,就可以正常使用了。

(2) 多功能一体机收发传真功能。建议在电话分机线处连接一部电话机,然后就可以正常手动发送传真了。将传真原稿有字的一面朝上装入 ADF(自动进纸器或自动输纸器)进纸盘,有些简配的机型是没有 ADF 的。控制面板液晶屏会提示:"文档已装入";装入传真原稿;拿起听筒能够听到长长的拨号音,输入对方的传真号码,等待电话接通。

① 自动接收传真:如果听到了刺耳的传真信号,则说明对方传真机设置了自动接收传真。直接按"传真"按钮,开始发送传真,控制面板液晶屏顺序提示"存储传真页面 1""正在拨号…""连接""发送页面 1""发送 1 页,确定",发送传真结束后回到"就绪"状态。

② 人工接收传真:如果对方有人接听电话,可以告知对方是要发送传真给他,让他给你传真信号。听到传真信号后,直接按"传真"按钮,开始发送传真,控制面板液晶屏顺序提示"存储传真页面 1""正在拨号""连接""发送页面 1 发送 1 页,确定",发送传真结束后回到"就绪"状态。这时,手动发送传真的操作就完成了。

(3) 多功能一体机的连续复印功能。该功能的具体使用也是比较简单的,我们只要在一体机控制面板上将工作方式设置成"连续复印"模式,然后按一下"复印"按钮,多功能一体机就自动把文稿复印好。

(4) 多功能一体机的扫描功能。

① 将数据线和打印机与计算机连接上。

② 安装扫描程序。若您有光盘,则可以直接用光盘安装。

③ 安装程序完毕后,将单页文档正面朝下放在文档玻璃板上。

④ 打开扫描软件,单击搜索,软件会搜索出来已连接的扫描仪设备。搜索完毕后,选择"扫描仪设备",按"确认"按钮。

扫描有图像扫描、文档扫描、文本转换、书籍扫描 4 种模式。其中,图像扫描用于扫描一个或多个图片;文档扫描用于扫描包含文本或文本及图像的文档;文本转换用于扫描需要编辑文本格式的文档;书籍扫描用于使用平板扫描仪扫描书籍。

需要注意的是,多功能一体机打印机就是相对于普通的打印机多出可以复印还有扫描的功能,其本质来说还是一台打印机,因为以上所有的功能都是靠打印实现的,如果一体机的打印功能出现问题,那么所有的功能将都不能使用。

4) 主机和客户机的打印机共享与使用设置

(1) 在主机中设置打印机共享。Windows XP/Windows 7/Windows 10 中设置共享打印机的步骤都差不多,这里以 Win 10 为例。

① 单击 Win 10 系统桌面上的控制面板,然后选择控制面板里的查看类型,桌面上没有控制面板可以搜索"控制面板"打开;

② 将查看类型更改为小图标,然后单击"设备和打印机",如图 4-105 所示。

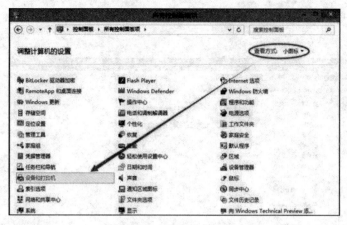

图 4-105　设备和打印机

③ 在设备和打印机窗口中,选择一台想要共享的打印机,然后在右键菜单中选择"打印机属性",如图 4-106 所示。

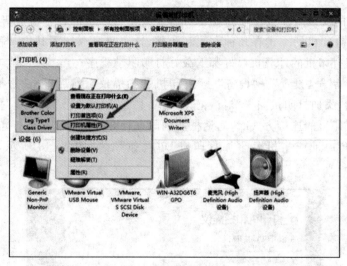

图 4-106　打印机属性

④ 在"共享"选项卡里将"共享这台打印机"勾选上,然后单击"确定"按钮,如图 4-107 所示。

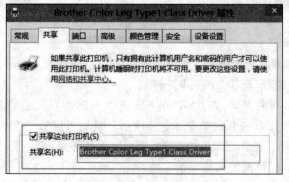

图 4-107　共享这台打印机

⑤ 打印机共享设置完成后,其他计算机就可以通过网络访问到这台共享打印机,如图 4-108 所示。

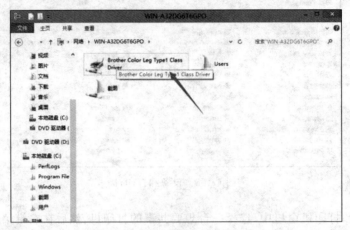

图 4-108　共享设置完成

(2) 客户机的安装与配置。下面就要对需要共享打印机的客户机进行配置了,提示两点:①添加共享打印机的方式有几种方式和步骤,这里只是介绍了其中一种。②在网络中每台想使用共享打印机的计算机最好都下载好打印驱动程序。

① 选择"开始"→"设置"→"设备"→"打印机和扫描仪",然后单击"添加打印机或扫描仪"选项,来启动"添加打印机向导"对话框,如图 4-109 所示,单击"下一步"按钮。当向导询问计算机与该打印机的连接方式时,对话框所列的几种方式都可以找到打印机,这里演示选择"使用 TCP/IP 地址或主机名添加打印机"单选按钮,如图 4-110 所示,单击"下一步"按钮。

图 4-109　打印机安装向导

② 下面输入打印机的网络地址,如图 4-111 所示。在选择打印机后单击"确定"按钮,选定好打印机的网络路径,单击"下一步"按钮。

③ 在安装打印机驱动界面,先找 Windows 自带的驱动有没有,如果没有,可以去下载打印机驱动,解压后从磁盘安装。如图 4-112 所示。最后可以看到在客户机的"打印机和传真"文件夹内已经出现了共享打印机的图标,至此网络打印机就已经安装完成了。

5) 带有网络接口打印机的网络安装

通过主机共享打印机的方式简单而且通用性很强,适合共享任意一台打印机。不过在

图 4-110　安装网络打印机

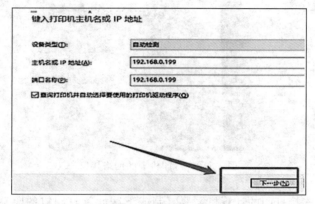

图 4-111　选择网络打印机

图 4-112　选择网络打印机驱动

实际使用中发现有多种因素会影响这个功能,特别是在 Win 10 环境里防火墙和系统更新打了补丁后会造成共享的计算机不能打印,查看原因就是不能连接到主机了,有时通过重新建立共享能解决问题但过几天又不行了。所以造成不小的困扰。市场上也提供一种叫打印服务器的共享设备,但安装比较复杂,一般的用户不容易安装和使用。

为了更顺畅的共享打印机,选择带有网络接口的网络打印机是最好和最实用的。那怎样知道打印机有没有网络打印功能呢? 除了查看打印机有没有网络接口之外,还有一个非常简单的识别方法,就是看看打印机型号的后面几个英文,D 代表双面打印,W 代表 WiFi 无线打印,N 代表有线网络打印,例如型号是××-7036DN,就说明这台打印机具有自动双面和有线网络打印功能。

这种网络打印机的安装也非常简单,只需要给网络打印机分配一个有效的 IP 地址,局域网内所有计算机单独安装打印机驱动,然后都可以通过这个 IP 地址,连接到打印机。同时有部分的网络打印机的功能比较多,除了打印还有复印、扫描(扫描到计算机桌面或者扫描到电子邮箱)等功能。安装具体步骤如下。

(1) 准备工作。打印机插入网线接入局域网,插入网线后灯应该闪动,正常情况,网线这里的灯,黄色和绿色闪动,表示网线是通的,如果灯不亮,明显是网不通,或者是这根网线有问题,如图 4-113 所示。

图 4-113　打印机上的网络接口

局域网内需要连接打印的计算机需要复制或下载此款打印机的驱动程序,因为需要打印驱动程序帮我们找到打印机。

(2) 安装前需要知道网络打印机 IP 地址或者给网络打印机分配 1 个 IP 地址。注意:IP 地址要和共享的计算机在同一网段里,打印机的 IP 最好固定和不容易被其他机器占用(一般情况下数字大点好但不能超过 255,例如:192.168.1.233)。如果要更改 IP 地址,可以通过驱动程序设置,机型不同设置方法也有不同。一般可在管理页面中设置,如图 4-114 和图 4-115 所示。

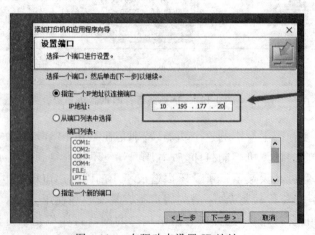

图 4-114　在驱动中设置 IP 地址

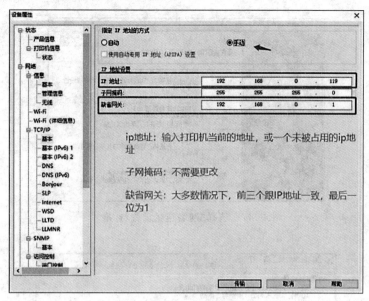

图 4-115　在管理页面中设置 IP 地址

(3) 将下载的打印机驱动,解压并且运行安装程序,选择"打印/传真驱动程序",如图 4-116 所示。

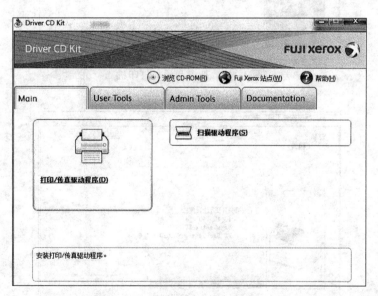

图 4-116　选择"打印/传真驱动程序"

(4) 接着选择"网络连接设置(标准)",这一步非常重要,如图 4-117 所示。

(5) 打印软件开始自动搜索到网络中的打印机。勾选此打印机,可以看到 IP 地址,和我们之前在打开机上查看的 IP 地址相同,选择下一步,如图 4-118 所示。

(6) 打印机驱动安装完成,单击"完成"按钮。在系统的打印机列表中,可以查看到刚才安装的打印机,说明打印机已安装成功,如图 4-119～图 4-121 所示。

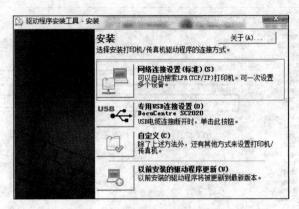

图 4-117　选择"网络连接设置（标准）"

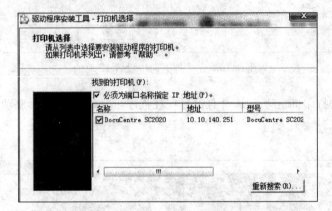

图 4-118　搜索和添加打印机

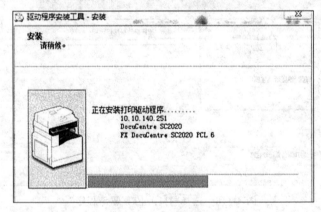

图 4-119　安装驱动

3. 任务实施

1）任务场景

随着办公室业务的不断增多，要打印的资料也越来越多，于是黄先生向公司申请购买一台激光打印机。

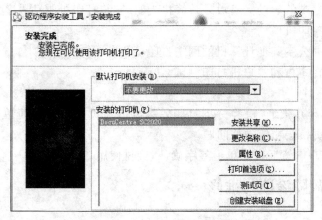

图 4-120　驱动安装完成

图 4-121　显示打印机

2）实施步骤

（1）接受任务。

客户接待：接到黄先生的业务后，首先向黄先生询问办公室主要业务范围，然后根据黄先生办公室业务范围以及黄先生申请的购买的资金数提供几款产品，并对其一一做介绍，供黄先生参考。

确定任务：经过销售人员对各产品性能、价格、售后服务等方面的介绍，黄先生根据实际情况选择了 A 款打印机。

材料准备：带磁性的梅花螺丝刀、护目镜、防尘口罩、皮老虎、脱脂棉、自制改锥、毛刷、尖嘴钳、电动起子、橡胶手套、碳粉一盒、A 打印机一台、驱动光盘一张、相关线缆两根。

（2）具体操作步骤如下。

步骤 1：打印机碳粉的安装。

步骤 2：打印机硬件安装，将打印机连接在计算机 USB 接口。

步骤 3：把随机带的驱动光盘放入计算机光驱，安装打印机驱动程序。

步骤 4：共享打印机。

步骤 5：设置办公室其他计算机的网络打印机。

步骤 6：分别在主机和客户机打印测试。

3）交付客户

客户体验：打印几张纸，检验一下打印效果。指导黄先生处理简单故障，如卡纸怎么办，怎么判断需要更换碳粉等常见问题。

交付确认：客户满意后在账单上签字确认，交付使用。

4.2.2　打印机故障诊断与维修

1. 任务背景

随着办公业务的不断增多，打印的资料也越来越多，现在除了办公室有打印机外，很多个人家庭也配置了打印机。打印机使用过程经常会出现一些问题，特别时间一长问题更多。如黄先生刚买打印机不久就发现时常夹纸，使用了一年后发现经常会打印不了。

2. 相关知识

打印机是我们经常接触到的办公设备之一，对于很多人来说，平时很少接触，甚至从来都没有了解过，只要一看到能打印文字的设备，都将其统称为“打印机”。但其实按工作原理的不同一般可分为针式打印机、喷墨打印机、激光打印机和热敏打印机，所以这四种设备名称中都含有“打印机”这个三个字，但是在工作原理，以及用途上却有着本质上的区别，下面我们逐一了解。

1）打印机的工作原理

（1）针式打印机的基本工作原理。针式打印机是与传统手写较为接近的一类打印机。针式打印机的打印头是由打印针构成的，不同厂家的针式打印机只是电路设计和内含的单片机软硬件不同而已，其基本工作原理基本相同，即打印机在自身微处理器（主控电路）的控制下，启动字车执行横向位移，与此同时，装载在字车上的打印头也产生横向微步移动，打印头中排成一列、两列或三列的打印针每移动一步，针式打印机便按照机内字符库中的字形编码矩阵格式激励出打印针进行打印，形成字符。

其具体工作原理是：加电后，按“进纸”键，机子执行进纸动作；按“联机”键，接口电路接收主机发送来的打印控制命令、字符打印命令和图形打印命令；打印机及微型计算机根据送来的信息进行相应的处理，从字符库或汉字库中调出相对应的字符或图形编码首列地址（正向打印时）或末列地址（反向打印时），按送来的信息一列一列找出相对应的字符或图形编码，经驱动电路送到打印头，激励打印针出针，击打色带后，在打印纸上打印出相应的字符或图形。字符库和汉字库都是事先存在打印机微型计算机内部的 EPROM 芯片内的，由不同的点阵组成不同的字符或汉字，并事先分配好地址。针式打印机打印汉字时，实际上是打印字符或图形的点阵，通过点阵的密集，形成字符或图形的线条或图块。

针式打印机由于打印速度慢，只能单色打印，而且打印质量不高，一般用在需多层打印的税票、进出货单据上，其他用途较少。针式平推打印机如图 4-122 所示。

（2）喷墨打印机的基本工作原理。喷墨打印机是借助于内置的墨水喷头，在打印信号的驱动下向打印纸喷射墨水来实现字符及图形打印的。根据墨水喷射方式的不同，喷墨打印机又分为连续式和按需式两种。外置喷墨打印机如图 4-123 所示。

图 4-122　针式平推打印机

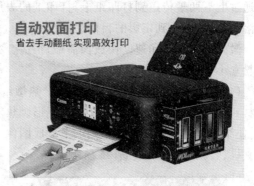

图 4-123　外置墨盒喷墨打印机

连续式喷墨打印机的工作方式为电荷调制式,其墨水连续地从喷头中喷出,喷射的墨水滴受到字符集点阵调制的控制进行充电,利用偏转电极来改变墨水滴的前进方向,选出的点阵墨水滴到纸上形成图案。其主要特点是打印速度快,易实现彩色打印且打印纸可使用普通纸。其不足之处是对墨水需要进行加压,还需要专用墨水回收装置回收多余的墨滴,从而浪费大量的墨水。

按需式喷墨打印机的结构简单,其墨水从喷头中喷出是随机的,与连续式喷墨打印机相比,没有回收装置和加压装置。根据其墨水喷射驱动方式的不同可分为压电式喷墨打印机和热喷墨打印机。压电喷墨打印机是将许多小的压电陶瓷放置在喷墨打印机的打印头喷嘴附近,利用它在电压作用下会发生形变的原理,使喷头中的墨汁喷出,在打印纸表面形成图案。用压电喷墨技术制作的喷墨打印头成本比较高,为了降低成本,生产厂家将此类打印喷头和墨盒设计成分离式结构,更换墨水时不必更换打印头。它对墨滴的控制力强,容易实现高精度的打印。

由于墨盒价格较贵且可打印张数不多(一个墨盒大约能打印三十张彩色照片),打印成本较高,所以有厂商开发了外接供墨系统,打印成本大大降低,总的来说,喷墨打印机还是非常适合家庭打印使用。

(3) 激光打印机的基本工作原理。激光打印机的图像生成系统和定影系统的工作原理与复印机相似,也是采用激光束将电信号调制成光信号,经过激光束照射到充有正电荷的硒鼓表面进行曝光,使硒鼓表面的正电荷与基层的负电荷中和,未曝光部分形成与点阵信息对应的字符潜像,带正电荷。当硒鼓转动时,正电潜像吸附碳粉,形成墨粉字符。当硒鼓不断地转动到打印纸的上方时,由于打印纸的下方装有静电棒,又由于静电棒的吸附作用,将墨粉吸附到打印纸上形成色粉像,依靠静电吸附在纸的表面,此时的色粉像很容易被擦掉。为此,激光打印机还采用加热或加压的方法将激光显影粉固定在纸上。由上、下两定影辊构成定影机构,其中,下辊为主动辊,辊轴外部包着一层较厚的具有高强度弹性的硅橡胶,硅橡胶表面黏附着一层很薄且光滑耐磨的有机材料;上辊为加热辊,辊的外部套着一层厚约0.2mm 的桶形外套,它将打印纸与静止的内轴隔离,起到保护加热板条和避免印字变形的作用。上鼓有内轴,主要由电阻丝加热板条、串联式过热保护器和辊架构成,支撑着桶形外套,使桶套能准确地绕轴转动,并与下辊同步转动。激光打印机采用加热的方式定影,定影温度一般选在纸的燃点。当下辊转动时,带动桶形外套绕静止的上辊内心轴转动,上鼓的热量通过上下两辊传送到打印纸上,打印纸的表层温度瞬间达到设定温度,使激光显影粉牢固地溶入打印纸,达到定影的目的。

激光打印机打印速度快成像清晰,很适合办公使用,如图 4-124 所示。但彩色激光打印机粉盒小,打印成本高。

(4) 热敏打印机的基本工作原理。热敏纸打印机是通过热敏打印头将打印介质上的热敏材料熔化变色,生成所需的文字和图形。热转印从热敏技术发展而来,它通过加热转印色带,使涂敷于色带上的墨转印到纸上形成图像。热敏打印方式应用比较少,一般用在旧款的传真机、收款机里,如图 4-125 所示。

图 4-124　激光打印机

图 4-125　热敏打印机

2) 打印机故障维修流程

打印机是使用十分频繁的外设,当打印机无法打印时,会给工作带来很多不便。因此最好能自己掌握打印机的基本维修方法,当打印机出现故障时,可以按照如图 4-126 所示的流程进行检修。

3) 打印机常见故障原因

(1) 驱动程序问题;

(2) 打印电缆线松脱、损坏;

(3) 打印机的数据端口损坏;

(4) 计算机主板上的打印端口损坏;

(5) 打印机内部机械发生故障;

(6) 打印机磁头故障;

(7) 病毒造成的故障等。

4) 打印机故障检测与维修

故障 1:打印机不能打印。

故障检测与维修方法:打印机不能打印的故障原因有硬件和软件两个方面,发生故障时,可按如下步骤进行检修。

① 首先检查打印机电源线连接是否可靠或电源指示灯是否点亮,然后再次打印文件。

② 如仍不能打印,接着检查打印机与计算机之间的信号电缆连接是否可靠,检查并重新连接电缆,试着打印一下。

③ 如不能打印,则换一条能正常工作的打印信号电缆,然后重新打印,如仍不能打印,

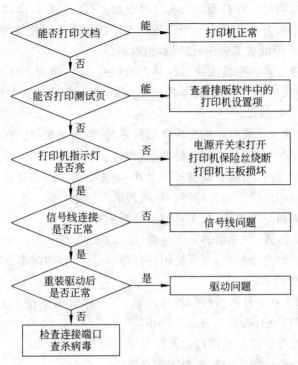

图 4-126　打印机故障维修流程图

检查下一项。

④ 检查计算机。

⑤ 如不能打印,接着检查打印机驱动程序是否正常,如果未使用打印机原装驱动程序,也会出现不能打印的故障,这时需要重新安装打印机驱动程序。

⑥ 如不能打印,接着检查应用软件中打印机的设置是否正常,如在 WPS、Word 办公软件中将打印机设置为当前使用的打印机,如果仍不能打印,检查下一项。

⑦ 检查是否是病毒原因,用查毒软件查杀病毒后试一试。

⑧ 如经过以上处理还不能打印,则可能是打印机硬件出现故障,最好将打印机送专业人员检修。

故障 2:错误提示故障。

故障检测与维修方法:打印机不打印,提示"发生通信错误"。一般此类故障可能是打印机驱动程序问题,打印电缆线松脱、损坏,打印机的数据端口损坏或计算机主板上的打印端口损坏等所致。先把原先的驱动程序删掉,再重新安装打印机驱动程序,然后试一试;如不行接着关掉计算机和打印机,把打印电缆线重新插拔一下再看看效果如何;如不行,更换好的数据线,测试一下数据线好坏和端口好坏(可以把打印机安装到另一台计算机上测试)。

故障 3:打印机不进纸故障。

故障检测与维修方法如下。

① 检查打印纸是否严重卷曲或有折叠。

② 检查打印纸是否潮湿。

③ 检查打印纸的装入位置是否正确,是否超出左导轨的箭头标志。

④ 检查是否有打印纸卡在打印机内未及时取出。打印机在打印时如果发生夹纸情况,必须先关闭打印机电源,小心取出打印纸。取纸时沿出纸方向缓慢拉出夹纸,取出后必须检查纸张是否完整,防止碎纸残留机内,造成其他故障。

⑤ 检查黑色墨盒或彩色墨盒的指示灯是否闪烁一直亮,因为此时提示墨水即将用完或已经用完。在有墨盒为空时,打印机将不能进纸,必须更换相应的新墨盒才能继续打印。

故障 4:打印机夹纸故障。

故障检测与维修方法:当打印机出现夹纸故障时,做如下检查工作。

① 检查打印纸是否平滑,是否存在卷曲或褶皱。

② 在装入打印纸之前,将纸叠成扇形后展开,防止纸张带的静电使多张纸张粘连。

③ 检查装入的打印纸厚度是否超出左导轨的箭头标志。

④ 检查打印纸表面是否干净,有无其他胶类等附着物。

⑤ 调整左导轨的位置,使纸槽的宽度适合放入的纸张。

⑥ 打印纸张的克数是否过轻,造成使用的打印纸过薄,打印时走纸困难,造成夹纸。

故障 5:打印速度慢故障。

故障检测与维修方法:打印机打印过程过长,打一张文稿要花几十分钟或打印一会儿停一会儿,不能连续打印的故障,维修方法如下。

① 检查主机系统是否满足打印机的最低要求。

② 检查打印机的驱动程序安装是否正确。

③ 关闭所有正在运行的应用程序。

④ 降低打印图像分辨率,在打印机驱动程序设置中打开 High Speed 选项,关闭 Micro Weave 选项。

⑤ 如果文件不包含彩色设置,选择"黑色"打印,同时在 Half toning 中选择 No Half toning 选项。

故障 6:打印机出现严重的打印头撞击声,打印错位。

故障检测与维修方法:出现此故障时,必须马上关闭打印机电源,防止造成故障扩大。如果通过打印机电源开关无法关闭打印机电源,立即拔掉打印机电源线。确定打印机断线后,检查打印机内部的包装材料是否已经完全去除,确定打印机内部没有异物,检查打印机的小车导轨是否过于脏污。

故障 7:打印机墨盒装机后打印不出来。

故障检测与维修方法:此故障可能是未撕去墨盒顶部导气槽的黄色封条、墨盒内有小气泡、打印头堵塞、打印头老化或损坏所致。先将黄色封条标签完全撕去,再清洗打印头 1~2 次,如不行,更换打印头。

故障 8:激光打印机在正常打印时,进纸正常,但打印后纸上没有任何信息(打空白页),打印机连接计算机主机没有异常现象。

故障检测与维修方法:因打印机连接计算机主机没有异常现象,打印机正常打印,应排除主机的故障,可初步判断是激光打印机有问题;接着检查打印机粉盒,发现粉盒正常,安装到位,接触良好,没有异常;检查打印机硒鼓,发现硒鼓表面上有文档信息的墨粉痕迹,可确定打印机显影阶段没有故障,初步判定问题出在排版信息从感光鼓向纸转移阶段;检查转印电极组件上的电极丝,发现电极丝并无断开,但在电极丝的前后左右有大量的漏粉,由此判断出现此故障的原因是大量的带电漏粉致使电极丝无法发生正常的电晕放电,或发生的电晕放电电压过低,无法把带负电的显影墨粉吸到纸上,造成纸上无打印文档信息。

用棉花蘸少量甲基乙基酮,在关机状态下,轻轻擦除转印电极组件上电极丝周围的碳粉,再用棉花蘸少量酒精重新擦拭一遍,等酒精挥发干净后,再开机使用,故障排除。

故障9:激光打印机开机后,进入自检/预热状态,电源指示灯亮,而 Read/Wait 指示灯不亮,打印机不能工作,而有时 Read/Wait 指示灯又正常,打印机也能正常工作。

故障检测与维修方法:因纸盒、硒鼓都安装到位,应排除此部件引起的此类故障;因 Read/Wait 指示灯时好时坏,打印机有时工作有时不工作,应排除控制主板的故障;初步判定是打印机预热过程可能有问题。打印机的预热过程是在定影部位,只有达到一定的温度才能使打印机正常工作,因此故障可能出现在定影附件上。把定影附件从打印机中取出,去掉两侧的塑料盖,打开前面的挡板,发现热敏电容和电阻上都有很多纸屑、灰尘和烤焦的废物,原来是这些东西妨碍了热敏部件的温控作用。

用棉花蘸少许酒精,轻轻把测温元件上的废物擦掉,再用棉花擦干净,按原样装在定影附件上,然后将定影附件安装在打印机上,试机,打印机工作正常,故障排除。

故障10:喷墨打印机打印时墨迹稀少,字迹无法辨认。

故障检测与维修方法:该故障多数是由于打印机长期未用或其他原因,造成墨水输送系统障碍或喷头堵塞。

如果喷头堵塞得不是很厉害,那么直接执行打印机上的清洗操作即可。如果多次清洗后仍没有效果,则可以拿下墨盒(对于墨盒喷嘴非一体的打印机,需要拿下喷嘴,仔细检查),把喷嘴放在温水中浸泡一会(注意,一定不要把电路板部分也浸在水中,否则后果不堪设想),用吸水纸吸走沾有的水滴,装上后再清洗几次喷嘴就可以了。

故障11:喷墨打印机打印时行走小车错位碰头。

故障检测与维修方法:喷墨打印机行走小车的轨道是由两只粉末合金铜套与一根圆钢轴的精密结合来滑动完成的。虽然行走小车上设计安装有一片含油的毡垫以补充轴上润滑油,但因生活的环境中到处都有灰尘,时间一久,空气的氧化、灰尘的破坏使轴表面的润滑油老化而失效,这时如果继续使用打印机,就会因轴与铜套的摩擦力增大而造成小车行走错位,直至碰撞车头造成无法使用。

出现此故障应立即关闭打印机电源,用手将未回位的小车推回停车位。找一小块海绵或毡,放在缝纫机油里浸饱油,用镊子夹住在主轴上来回擦。最好是将主轴拆下来,洗净后上油,这样的效果最好。

故障12:打印文档时,打印不完全。

故障检测与维修方法:此类故障一般由软件引起,更改打印接口设置即可。选择"开始"→"设置"→"控制面板"→"系统"→"设备管理"→"端口"→"打印机端口"→"驱动程序"→"更改驱动程序"→"显示所有设备"命令,将"ECP打印端口"选项改成"打印机端口"选项,单击"确定"按钮。

故障13:打印机无法打印大的文件。

故障检测与维修方法:这种情况在激光打印机中发生得较多,主要是软件故障,与硬盘上的剩余空间有关。首先清空回收站,然后再删除硬盘无用的文件释放硬盘空间,故障排除。

故障 14：连续打印时丢失内容。文件前面的页面能够打印，但后面的页面会丢失内容，而分页打印时又正常。

故障检测与维修方法：可能是该文件的页面描述信息量较大，造成打印内存不足。添加打印机的内存，故障排除。

故障 15：选择打印后打印机无反应。

故障检测与维修方法：一般遇到这种情况时，系统通常会提示"请检查打印机是否联机及电缆连接是否正常"。一般原因可能是打印机电源线未插好，打印电缆未正确连接，接触不良，计算机接口损坏等情况。

3. 任务实施

1) 任务场景

黄先生的打印机使用了一年后，打印的纸不时有黑边，且字迹不清楚。

2) 实施步骤

(1) 接受任务。

客户接待：接到黄先生的电话，听取了黄先生故障描述情况，通知技术人员，并和黄先生约好上门维修的时间。

材料准备：带磁性的梅花螺丝刀、护目镜、防尘口罩、皮老虎、脱脂棉、自制改锥、毛刷、尖嘴钳、电动起子、橡胶手套、碳粉一盒、鼓芯。

(2) 具体操作步骤如下。

步骤 1：故障再现。

步骤 2：故障检测与分析。

步骤 3：清洁鼓芯、废粉板与粉板。

步骤 4：故障依旧，检查鼓芯，发现鼓芯有划痕，漏粉。

步骤 5：更换零部件。

步骤 6：测试故障消失。

3) 交付客户

客户体验：打印几张纸，检验一下打印效果。

交付确认：检验更换的零件；客户满意后在账单上签字确认，交清货款。

4.3 常用网络设备售后服务

4.3.1 使用路由器组建最简单的局域网

1. 任务背景

黄先生最近成立了一家小型家政公司，找到智网网络公司帮忙构建一下网络，智网网络公司的吴工接待了黄先生，黄先生介绍了自己公司的情况，他的公司有三台计算机，申请了一条光纤宽带，宽带已经接入到户了，激光网络打印机一台，要求能共享上网和打印，吴工帮黄先生规划了一下网络并列出了需要的网络设备：①千兆无线路由一个；②六类网线(双绞线)若干米；③六类水晶头 8 个。

2. 相关知识

1) 认识局域网

（1）局域网属于私有（Private）网络，具有高带宽、低延时、低差错率和网内广播（Broadcast）能力。局域网内的节点位置一般在比较小的地理范围内。局域网的种类有以太网（Ethernet）、快速以太网（Fast Ethernet）、千兆位以太网（Gigabit Net）、令牌环网（Token Ring Net）和光纤分布式数据接口 FDDI（Fiber Distributed Data Interface）。

局域网的主要优点有：①能方便地共享昂贵的外部设备、主机以及软件、数据，从一个站点可访问全网；②便于系统的扩展和逐渐演变，各设备的位置可灵活调整和改变；③提高了系统的可靠性、可用性和残存性。

（2）网络拓扑结构。局域网基本的拓扑结构有星型、总线型、环型等，分别如图 4-127～图 4-129 所示。

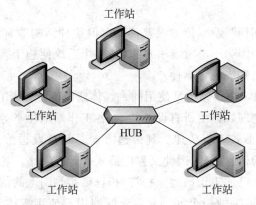

图 4-127   星型网络拓扑结构示意图

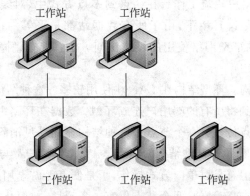

图 4-128   总线型网络拓扑结构示意图

① 星型拓扑结构。星型结构是最古老的一种连接方式，大家每天都使用的电话属于这种结构。星型结构是指各工作站以星型方式连接成网。网络有中央节点，其他节点（工作站、服务器）都与中央节点直接相连，这种结构以中央节点为中心，因此又称为集中式网络。

这种结构便于集中控制，因为端用户之间的通信必须经过中心站。由于这一特点，也带来了易于维护和安全等优点。端用户设备因为故障而停机时也不会影响其他端用户间的通

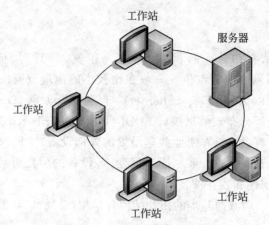

图 4-129　环型网络拓扑结构示意图

信。同时它的网络延迟时间较小、传输误差较低。但这种结构非常不利的一点是中心系统必须具有极高的可靠性，因为中心系统一旦损坏，整个系统便趋于瘫痪。对此中心系统通常采用双机热备份，以提高系统的可靠性。

② 总线型拓扑结构。总线结构是使用同一媒体或电缆连接所有端用户的一种方式，也就是说，连接端用户的物理媒体由所有设备共享，各工作站地位平等，无中心节点控制，公用总线上的信息多以基带形式串行传递。其传递方向总是从发送信息的节点开始向两端扩散，如同广播电台发射的信息一样，因此又称广播式计算机网络。各节点在接收信息时都进行地址检查，看是否与自己的工作站地址相符，相符则接收网上的信息。

使用这种结构必须解决的一个问题是：确保端用户使用媒体发送数据时不能出现冲突。在点到点链路配置时，这是相当简单的。如果这条链路是半双工操作，只需使用很简单的机制便可保证两个端用户轮流工作。在一点到多点方式中，对线路的访问依靠控制端的探询来确定。然而，在 LAN 环境下，由于所有数据站都是平等的，不能采取上述机制。对此，研究了一种在总线共享型网络使用的媒体访问方法：带有碰撞检测的载波侦听多路访问，英文缩写成 CSMA/CD。

③ 环型网络拓扑结构。环型结构在 LAN 中使用较多。这种结构中的传输媒体从一个端用户到另一个端用户，直到将所有的端用户连成环型。数据在环路中沿着一个方向在各个节点间传输，信息从一个节点传到另一个节点。这种结构显而易见消除了端用户通信时对中心系统的依赖性。图 4-129 所示的环型结构的特点是：每个端用户都与两个相邻的端用户相连，因而存在着点到点链路，但总是以单向方式操作，于是便有上游端用户和下游端用户之称；信息流在网中是沿着固定方向流动的，两个节点仅有一条道路，故简化了路径选择的控制；环路上各节点都是自举控制，故控制软件简单；由于信息源在环路中是串行地穿过各个节点，当环中节点过多时，势必影响信息传输速率，使网络的响应时间延长；环路是封闭的，不便于扩充；可靠性低，一个节点故障，将会造成全网瘫痪；维护难，对分支节点故障定位较难。

2）网线（双绞线）的分类和用途

网线，计算机上网必备配件之一，在众多计算机硬件中毫不起眼，但作用却非常重要，网线的类型、质量的好坏对网络的速度影响巨大，并且随着网络速度不断提升网线的重要性也越发凸显。

一般情况下,我们经常说的网线准确来讲应该叫双绞线,双绞线的分类见表 4-1。现在千兆网已经很普及,万兆网也很常见。这里就以千兆网为例,可用于千兆网络的是超五类、六类网线和超六类,但日常使用的多是超五类、六类网线。五类线和六类线的类型如图 4-130 所示,六类线细节如图 4-131 所示。

表 4-1　双绞线的分类

网线类型	1 类线	2 类线	3 类线	4 类线	5 类线	超 5 类线	6 类线	超 6 类线	7 类线
作用	用于 20 世纪 80 年代初的电话线缆	适用于旧的令牌网	主要用于支持 10M 网线	用于令牌局域网和以太网络使用	适用于 100BASE-T 和 10BASE-T 网络	主要用于千兆位以太网	适用于传输速率高于 1Gbps 的网络	主要应用于千兆位网络中	适应万兆位以太网技术的应用
传输频率	比较低	1MHz	16MHz	20MHz	100MHz	100MHz	1～250MHz	200～250MHz	至少可达 500MHz
最高传输速率	比较低	4Mbps	10Mbps	16Mbps	100Mbps	1000Mbps	1Gbps	1000Mbps	10Gbps

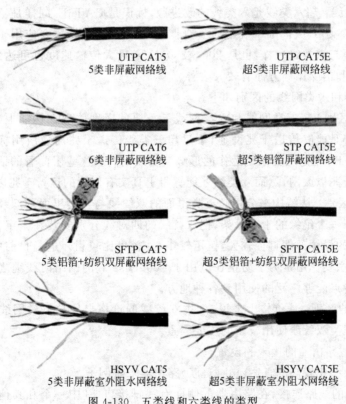

UTP CAT5
5类非屏蔽网络线

UTP CAT5E
超5类非屏蔽网络线

UTP CAT6
6类非屏蔽网络线

STP CAT5E
超5类铝箔屏蔽网络线

SFTP CAT5
5类铝箔+纺织双屏蔽网络线

SFTP CAT5E
超5类铝箔+纺织双屏蔽网络线

HSYV CAT5
5类非屏蔽室外阻水网络线

HSYV CAT5E
超5类非屏蔽室外阻水网络线

图 4-130　五类线和六类线的类型

(1)超五类线:超五类线的标识是 CAT5E,具有衰减小,串扰少,并且具有更高的衰减与串扰的比值(ACR)和信噪比(structural return loss)、更小的时延误差,性能得到很大提高,主要用于千兆位以太网(1000Mbps)。

图 4-131　六类线细节

(2) 六类线：六类线的标识是 CAT6，该类电缆的传输频率为 1～250MHz，六类布线系统在 200MHz 时综合衰减串扰比(PS-ACR)应该有较大的余量，它提供 2 倍于超五类的带宽。六类布线的传输性能远远高于超五类标准，最适用于传输速率高于 1Gbps 的应用。六类与超五类的一个重要的不同点在于：改善了在串扰以及回波损耗方面的性能，对于新一代全双工的高速网络应用而言，优良的回波损耗性能是极重要的。六类标准中取消了基本链路模型，布线标准采用星形的拓扑结构，要求的布线距离为：永久链路的长度不能超过 90m，信道长度不能超过 100m。

(3) 超六类线：超六类线是六类线的改进版，标识是 CAT6E，同样是 ANSI/EIA/TIA-568B.2 和 ISO 6 类/E 级标准中规定的一种非屏蔽双绞线电缆，主要应用于千兆位网络中。在传输频率方面与六类线一样，也是 200～250MHz，最大传输速度也可达到 1000Mbps，只是在串扰、衰减和信噪比等方面有较大改善。

(4) 超五类和六类网线的区别如下。

① 性能的区别：超五类网线和六类网线最重要的区别体现在性能上。尽管超五类线与六类线系统都是能够传送千兆网速，不过超五类线传送千兆网速所用标准为 1000Base-T，而 1000Base-Tx 则是六类系统运作的形势。所以我们从这些层面看的话，超五类线只算得上可以支撑千兆以太网，然而六类线才能算得上真实有保障的运行千兆以太网。

② 结构的区别：从结构来分析超五类里面的双绞线与六类里面的双绞线是有区别的。六类双绞线多了一个绝缘的十字骨架，把双绞线的四对线分别安装在十字骨架的四个凹槽里面，并且电缆的导体部件直径较大，扭矩较小，外径也比较粗。这是目前中心十字架新的一种生产工艺，主要作用是为了防止在应用于 1000Base-T 的网络时线缆之间的干扰，这种较强的抗串扰特点能够广泛的使用到各种地方。

③ 价格上的区别：从价格上来说，六类双绞线的价格会比超五类网线更贵很多，所以这也是现在超五类双绞线使用较多的主要因素。

3) 千兆无线路由器的接入和设置

这里用普及率比较高的 TP-Link(普联)路由器来做例子。

(1) 路由器的线路连接，在路由器的侧面有一排接口，其中一个和其他几个颜色不同，这个单独的接口上有个标注 WAN，这个接口需要用网线连接到光猫的网口，有些宽带没有用到光猫，直接拉入户宽带网线到室内，这种情况下直接将网线插在路由器的 WAN 接口上就可以了。而其他几个标注 LAN 的接口，则是连接计算机等局域网内设备的接口，一般为 4 个，可以连接 4 台设备。连接拓扑图如图 4-132 所示。

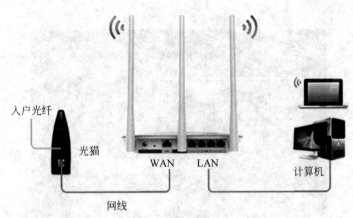

图 4-132　一般家居拓扑图

（2）路由器的网络设置步骤如下。

① 将前端上网的宽带线连接到路由器的 WAN 口，计算机连接到路由器的 1～4 任意一个 LAN 口。连接好线路之后，确认对应接口指示灯常亮或闪烁。需要说明的是有部分新的路由器后面的接口不再区分颜色了，意思是不再区分 WAN 口和 LAN 口，每个接口都可接 WAN 或 LAN。接口类型如图 4-133 和图 4-134 所示。

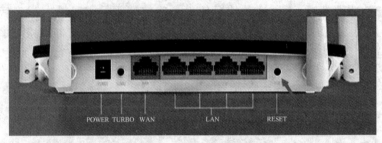

图 4-133　路由器接口

4个全千兆有线端口

全千兆有线端口
无须区分WAN/LAN，支持网口盲插

图 4-134　新款路由器接口

② 登录管理界面设置路由器，计算机上打开浏览器，清空地址栏并输入路由器的管理地址 tplogin.cn（或 192.168.1.1），在弹出的设置管理密码界面中，设置 6～32 位的管理密码，单击"确定"按钮，登录路由器管理界面。注意：请记住设置好的管理密码，用于后续管

理路由器。登录页面如图 4-135 所示。

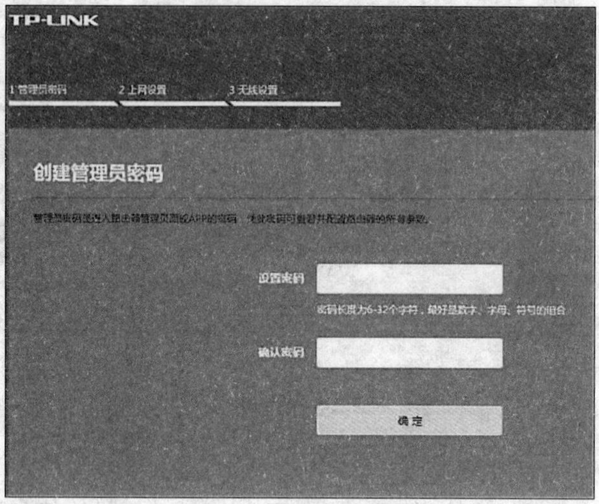

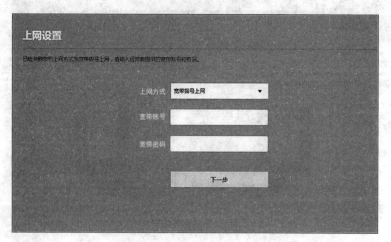

图 4-135　设置密码页面

③ 在图 4-136 所示的页面里选择 PPPoE 模式,PPPoE 即虚拟拨号方式(ADSL 就属于这种方式),是目前家庭用户用得最多的方式,需要填写 ISP 提供的上网账号、口令(如果ISP 指定了 IP 也需要填写,不过这种情况较少),确定该账号密码输入正确后,单击"下一步"按钮。注意,很多用户因为输错宽带账号密码导致无法上网,请仔细检查输入的宽带账号、密码是否正确,注意区分中英文输入、字母大小写、后缀是否完整等。如果不确认,请咨询宽带运营商。

图 4-136　设置账号密码页面

④ 根据向导提示操作,如果上网方式检测为"自动获得 IP 地址",直接单击"下一步"按钮。如果检测为"固定 IP 地址"上网,填写对应参数后单击"下一步"按钮。由于会有手机、笔记本电脑等无线设备需要连接,所以还要设置无线名称和密码。分别在 2.4G 与 5G 无线网络中设置对应的无线名称和无线密码。"无线名称"建议运用数字或字母组合,请勿运用中文,"无线密码"建议设置 8～63 位的数字与字母组合,单击"确定"按钮。无线设置页面如

图 4-137 所示。注意：2.4G、5G 的无线名称、无线密码建议设置相同,终端可以在 2.4G 和 5G
网络之间漫游。

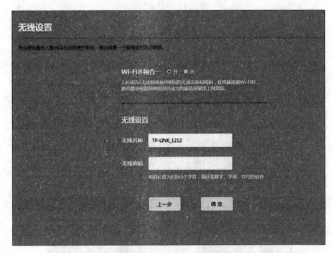

图 4-137 设置无线密码

⑤ 单击"确定"按钮后,路由器提示保存配置。

至此,路由器已经设置完成。计算机连接路由器后可以直接打开网页上网,不用再单击
计算机上的"宽带连接"拨号了。如果其他计算机需要上网,用网线直接将计算机连接在路
由器任意一个空闲的 LAN 口即可上网,如果是笔记本电脑、手机等无线终端,连接上路由
器新设置的无线信号即可上网,不需要再配置路由器。

4) 网线的制作

(1) 网线的标准。双绞线做法有两种国际标准：EIA/TIA 568A 和 EIA/TIA 568B,而双
绞线的连接方法也主要有直通线缆和交叉线缆两种。直通线缆的水晶头两端都遵循 568A 或
568B 标准,双绞线的每组线在两端是一一对应的,颜色相同的在两端水晶头的相应槽中保持
一致。而交叉线缆的水晶头一端遵循 568A,而另一端则采用 568B 标准,即 A 水晶头的 1、2 对
应 B 水晶头的 3、6,而 A 水晶头的 3、6 对应 B 水晶头的 1、2,如图 4-138 所示。T568A 线序为
白绿、绿、白橙、蓝、白蓝、橙、白棕、棕,T568B 线序为白橙、橙、白绿、蓝、白蓝、绿、白棕、棕。

(2) 网线的制作步骤如下。

① 剪断：利用压线钳的剪线刀口剪取适当长度的网线。

② 剥皮：用压线钳的剪线刀口将线头剪齐,再将线头放入剥线刀口,稍微握紧压线钳
慢慢旋转,让刀口划开双绞线的保护胶皮,剥下胶皮(注意：剥与大拇指一样长就行了),另
外 6 类网线里有十字龙骨,也需要剪掉。

提示：网线钳挡位离剥线刀口长度通常恰好为水晶头长度,这样可以有效避免剥线过
长或过短。剥线过长一方面不美观,另一方面因网线不能被水晶头卡住,容易松动;剥线过
短,因有包皮存在,太厚,不能完全插到水晶头底部,造成水晶头插针不能与网线芯线完好接
触,当然也不能制作成功了。

③ 排序：剥除外包皮后即可见到双绞线网线的 4 对 8 条芯线,并且可以看到每对的颜
色都不同。每对缠绕的两根芯线是由一种染有相应颜色的芯线加上一条只染有少许相应颜

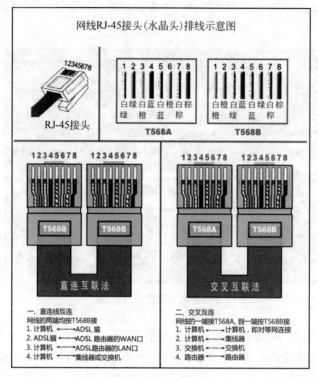

图 4-138　A/B 线序

色的白色相间芯线组成。4 条全色芯线的颜色为：棕色、橙色、绿色、蓝色。每对线都是相互缠绕在一起的，制作网线时必须将 4 个线对的 8 条细导线一一拆开、理顺、捋直，然后按照规定的线序排列整齐。

④ 排列水晶头 8 根针脚：将水晶头有塑料弹簧片的一面向下，有针脚的一方向上，使有针脚的一端指向远离自己的方向，有方型孔的一端对着自己。此时，最左边的是第 1 脚，最右边的是第 8 脚，其余依次顺序排列。

⑤ 剪齐：把线尽量抻直（不要缠绕）、压平（不要重叠）、挤紧理顺（朝一个方向紧靠），然后用压线钳把线头剪平齐。这样，在双绞线插入水晶头后，每条线都能良好接触水晶头中的插针，避免接触不良。如果以前剥的皮过长，可以在这里将过长的细线剪短，保留的去掉外层绝缘皮的部分约为 14mm，这个长度正好能将各细导线插入各自的线槽。如果该段留得过长，一来会由于线对不再互绞而增加串扰，二来会由于水晶头不能压住护套而可能导致电缆从水晶头中脱出，造成线路的接触不良甚至中断。

⑥ 插入：一手以拇指和中指捏住水晶头，使有塑料弹片的一侧向下，针脚一方朝向远离自己的方向，并用食指抵住；另一手捏住双绞线外面的胶皮，缓缓用力将 8 条导线同时沿RJ-45 头内的 8 个线槽插入，一直插到线槽的顶端。

⑦ 压制：确认所有导线都到位，并透过水晶头检查一遍线序无误后，就可以用压线钳制 RJ-45 头了。将 RJ-45 头从无牙的一侧推入压线钳夹槽后，用力握紧线钳（如果的力气不够大，可以使用双手一起压），将突出在外面的针脚全部压入水晶并头内。

⑧ 测试：在把水晶头的两端都做好后即可用网线测试仪进行测试，如果测试仪上 8 个

指示灯都依次为绿色闪过，证明网线制作成功。如果出现任何一个灯为红灯或黄灯，都证明存在断路或者接触不良现象，此时最好先对两端水晶头再用网线钳压一次再测。如果故障依旧，再检查一下两端芯线的排列顺序是否一样。如果不一样，剪掉一端重新按另一端芯线排列顺序制作水晶头；如果芯线顺序一样，但测试仪在重做后仍显示红色灯或黄色灯，则表明其中肯定存在对应芯线接触不好。此时没办法了，只好先剪掉一端按另一端芯线顺序重做一个水晶头了，再测，如果故障消失，则不必重做另一端水晶头；否则还得把原来的另一端水晶头也剪掉重做，直到测试全为绿色指示灯闪过为止。制作的方法不同，测试仪上的指示灯亮的顺序也不同。如果是直通线，测试仪上的灯应该是依顺序地亮；如果做的是交叉线，则测试仪的一段的闪亮顺序应该是 3、6、1、4、5、2、7、8。测试图如图 4-139 所示。

图 4-139 测试仪测试网线

5）配置 IP 地址

在桌面右击"网络"图标弹出的对话框中，单击"属性"按钮，弹出"网络与共享中心"对话框，单击"更改适配器设置"选项，弹出的对话框中选择以太网右击，对话框如图 4-140 和图 4-141 所示，在以太网属性对话框中双击 TCP/IPV4，在此对话框中设置相应的 IP 地址、子网掩码。如果 IP 地址采用自动分配，可以选择"自动获取 IP 地址"单选按钮。以上配置完成后，单击"确定"按钮即可，无须重新启动系统。

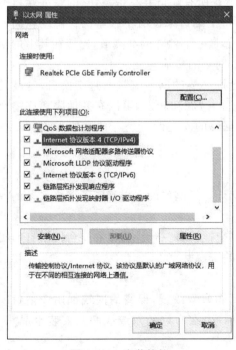

图 4-140 安装协议

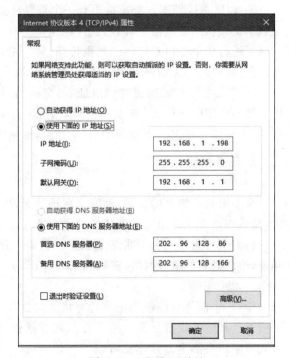

图 4-141 配置 IP 地址

6) 使用交换机延伸网络

(1) 交换机是一种高性能的集线设备。用交换机组成的交换式网络,传输速率可以高达吉比特每秒,具有堆叠功能的交换机可以堆叠。

(2) 交换机的基本功能如下。

① 地址学习功能。交换机是一种基于 MAC 地址识别,能完成封装转发数据包功能的网络设备。交换机将目的地址不在交换机 MAC 地址对照表的数据包广播发送到所有端口,并把找到的这个目的 MAC 地址重新加入自己的 MAC 地址列表中,这样下次再发送到这个 MAC 地址的节点时就直接转发,交换机的这种功能就称为"MAC 地址学习"功能。

② 转发或过滤选择。交换机根据目的 MAC 地址,通过查看 MAC 地址表,决定转发还是过滤。如果目标 MAC 地址和源 MAC 地址在交换机的同一物理端口上,则过滤该帧。

③ 防止交换机形成环路。物理冗余链路有助于提高局域网的可用性,当一条链路发生故障时,另一条链路可继续使用,从而不会使数据通信中止。但是如果因冗余链路而让交换机构成环路,则数据会在交换机中无休止地循环,形成广播风暴。多帧的重复复制导致MAC 地址表不稳定,解决这一问题的方法就是使用生成树协议。

(3) 交换机的特点如下。

① 在 OSI 中的工作层次不同。

② 数据传输方式不同。

③ "地址学习"功能。交换机是一种基于 MAC 地址识别,能完成封装转发数据包功能的网络设备。

④ 独享端口带宽。交换机还有一个重要特点就是所有端口共享带宽,它的每一端口都是独享交换机总带宽的一部分,这样在速率上对于每个端口来说有了根本的保障。在同一时刻可进行多个端口对之间的数据传输,每一端口都是一个独立的冲突域,连接在其上的网络设备独享带宽,无须同其他设备竞争使用,提高了网络的传输速度。

⑤ 网络"分段"。通过对照地址表,交换机只允许必要的网络流量通过交换机,这就是后面将要介绍的 VLAN(虚拟局域网)。通过交换机的过滤和转发,可以有效地隔离广播风暴,减少误包和错包的出现,避免共享冲突,提高了网络的安全性。

3. 任务实施

1) 接受任务

吴工来到黄先生的公司,勘察了现场情况,根据计算机座位的布局确定了网络设备的放置,然后向黄先生介绍完成该任务的详细情况。

该需求可通过一台千兆路由下接一个多口千兆交换机将三台计算机和一台网络打印机互连,组成简单的星型网络,实现网络、打印和文件的资源共享。

2) 操作步骤

步骤 1:制作双绞线。根据计算机桌摆放位置,布好双绞线,裸露的网线都用线槽封闭并按规范和强电线槽分开。然后按照双绞线制作标准,在布好的双绞线两头安装水晶头。排线顺序两头都为 B 线序就可以了。

步骤 2:物理连接。把双绞线两头分别插入计算机网卡的 RJ-45 接口和路由的 LAN 口中,即可连接好网络。

步骤 3：检查网卡驱动程序。网卡安装后，系统已内置许多厂商的网卡驱动程序，系统启动后即可检测到硬件，然后安装相应的驱动程序，真正实现"即插即用"。如果设备管理器中的网络适配器下面显示的网卡有黄色的感叹号，表示网卡驱动没有安装好，需要手动安装驱动程序。

步骤 4：设置 IP 地址。物理连接好后，还可以对每台计算机配置 IP 地址。要实现资源共享，计算机、路由器和打印机的 IP 地址最好在同一网段中，小型局域网中一般都用私有 IP 地址（就是 C 类地址）。由于路由器的默认 IP 是 C 类地址中的 192.168.1.0 网段，所以其他设备也用这一网段。由于计算机都要访问外网，设置默认网关为路由器 IP，如果对 DNS 服务器的 IP 不熟悉，也可设置 DNS 服务器的 IP 为 114.114.114.114 或 192.168.1.1。为了避免 IP 地址冲突，计算机的 IP 地址可以划分在 100～199：192.168.1.102-192.168.1.104，网络打印机的 IP 设置为：192.168.1.201，子网掩码都是 255.255.255.0。

3) 交付客户

客户体验：办公室里的 3 台计算机都能同时上网了还能共享打印，线路也整理的非常干净整洁，黄先生非常满意。

交付确认：售后服务员指导黄先生清点材料，有六类双绞线 50m，六类水晶头 10 个。材料与账单表上一致，黄先生在账单上签字确认，然后交清货款。

4.3.2　利用多种设备实现网络延伸和扩大

1. 任务背景

随着各种智能设备价格的不断降低，办公手段越来越多样化也越来越方便，例如人们可以通过计算机、手机、平板电脑、打印机等的设备在任何地点办公，同时人们家里的电器也走向智能化，空调、照明等的电气都可以远程遥控和监控，这些其实都是依靠通畅快速的网络基础上实现的，更确切地说应该是依靠无线网络来实现。所以怎样把网络延伸到我们家居或办公区域的每个角落就需要我们认真考虑和布置，那下面我们来了解下有哪些设备能帮我们构建起无线网络。

2. 相关知识

1) WiFi

WiFi 是一种允许电子设备连接到一个无线局域网（WLAN）的技术，通常使用 2.4G UHF 或 5G SHF ISM 射频频段。连接到无线局域网通常是有密码保护的；但也可是开放的，这样就允许任何在 WLAN 范围内的设备可以连接上。WiFi 是一个无线网络通信技术的品牌，由 WiFi 联盟所持有。目的是改善基于 IEEE 802.11 标准的无线网络产品之间的互通性。有人把使用 IEEE 802.11 系列协议的局域网就称为无线保真。甚至把 WiFi 等同于无线网际网络（WiFi 是 WLAN 的重要组成部分）

WiFi 的主要功能如下。

(1) 无线网络上网可以简单的理解为无线上网，几乎所有智能手机、平板电脑和笔记本电脑都支持无线保真上网，是当今使用最广的一种无线网络传输技术。实际上就是把有线网络信号转换成无线信号，就如在开头为大家介绍的一样，使用无线路由器供支持其技术的相关计算机、手机、平板电脑等接收。手机如果有无线保真功能的话，在有 WiFi 无线信号时就可以不通过移动联通的网络上网，省掉了流量费。

(2) 无线网络无线上网在大城市比较常用，虽然由无线保真技术传输的无线通信质量不是很好,数据安全性能比蓝牙差一些,传输质量也有待改进,但传输速度非常快,可以达到 54Mbps,符合个人和社会信息化的需求。无线保真最主要的优势在于不需要布线,可以不受布线条件的限制,因此非常适合移动办公用户的需要,并且由于发射信号功率低于 100MW,低于手机发射功率,所以无线保真上网相对也是最安全健康的。

2) WiFi6

(1) WiFi6 是由无线网网络标准的 WiFi 联盟提出的命名规则,将 802.11ax 改为 WiFi6,于 2019 年发布。现在市面上的路由器都是 802.11ac,也就是 WiFi5,是 2014 年 WiFi 联盟发布的,还有较早的 802.11n 是 2009 年发布,就是 WiFi 第 4 代。WiFi6 更名,让购买路由器的用户可以明确选择标准,802.11ac 这种命名太过于术语专业化,所以 WiFi 联盟才出了 WiFi6 的标准。

(2) WiFi6 和以前版本 WiFi 的区别,当然是速度更快了,性能更强了,采用的技术也不一样了。WiFi6 的最高速率可达 9.6Gbps,它就是为 5G 时代而生的,而且优化了信号上行覆盖,与 NB-IoT 物联网完美的相契合。WiFi5 采用 OFDM 技术,WiFi6 借用了蜂窝网络采用的 OFDMA 技术,很多个设备可同时传输,都不用排队和等待、也不用互相抢网速,提升传输效率,又降低延时。

总结:相比于前几代 WiFi 技术,WiFi6 主要特点在于速度更快、延时更低、容量更大、更安全、更省电等。

3) 无线路由

无线路由器是用于用户上网、带有无线覆盖功能的路由器。无线路由器可以看作是一个转发器,将家中墙上接出的宽带网络信号通过天线转发给附近的无线网络设备(笔记本电脑、支持 WiFi 的手机、平板电脑以及所有带有 WiFi 功能的设备)。市场上流行的无线路由器一般都支持专线 xDSL/Cable、动态 xDSL、PPTP 四种接入方式,一般只能支持 15～20 个以内的设备同时在线使用。它还具有其他一些网络管理的功能,如 DHCP 服务、NAT 防火墙、MAC 地址过滤、动态域名等功能。一般的无线路由器信号范围为半径 50 米,已经有部分无线路由器的信号范围达到了半径 300m。

无线路由器好比将单纯性无线 AP 和宽带路由器合二为一的扩展型产品,它不仅具备单纯性无线 AP 所有功能如支持 DHCP 客户端、支持 VPN、防火墙、支持 WEP 加密等,而且包括了网络地址转换(NAT)功能,可支持局域网用户的网络连接共享。可实现家庭无线网络中的 Internet 连接共享,实现 ADSL、Cable Modem 和小区宽带的无线共享接入。无线路由器可以与所有以太网接的 ADSL Modem 或 Cable Modem 直接相连,也可以在使用时通过交换机/集线器、宽带路由器等局域网方式再接入。其内置有简单的虚拟拨号软件,可以存储用户名和密码拨号上网,可以实现为拨号接入 Internet 的 ADSL、Cable Modem 等提供自动拨号功能,而无须手动拨号或占用一台计算机做服务器使用。此外,无线路由器一般还具备相对更完善的安全防护功能。

(1) 无线设置包括以下两个方面。

① SSID:SSID(service set identifier)是"业务组标识符"的简称,是无线网络的标志符,用来识别在特定无线网络上发现到的无线设备身份。所有的工作站及访问点必须使用相同的 SSID 才能在彼此间进行通信。SSID 是一个 32 位的数据,其值区分大小写。它可以是无线局域网的物理位置标识、你的名称、公司名称(或公司名称和部门)、偏好的标语等喜欢的

字符,但是如果设置非英文,在某些设备上会显示乱码,或出现连接不上的问题。

②　信道:信道也称作"频段(channel)",其是以无线信号作为传输媒体的数据信号传送通道。无线宽带路由器可在许多信道上运行。位于邻近范围内的各种无线网络设备须位于不同信道上,否则会产生信号干扰。如果你只有一个设备,那么默认值的信道值为 6 可能是最合适。除非有特殊原因需要更改信道(例如:有干扰来自本区域内的蓝牙、微波炉、移动电话发射塔或其他访问点),否则请使用出厂默认值。如果您在网络上拥有多个的无线路由器以及无线访问点,建议将每个设备使用的信道要错开,如 802.11g、802.11b 无线标准有 11 条信道,但只有 3 条是非重叠信道(信道 1、信道 6、信道 11)。

(2) 无线路由器安全设置。相对于有线网络来说,通过无线局域网发送和接收数据更容易被窃听。设计一个完善的无线局域网系统,加密和认证是需要考虑的安全因素。无线局域网中应用加密技术的最根本目的就是使无线业务能够达到与有线业务同样的安全等级。针对这个目标,IEEE802.11 标准中采用了 WEP(wired equivalent privacy,有线对等保密)协议来设置专门的安全机制,进行业务流的加密和节点的认证。它主要用于无线局域网中链路层信息数据的保密。WEP 采用对称加密机理,数据的加密和解密采用相同的密钥和加密算法。WEP 使用加密密钥(也称为 WEP 密钥)加密 802.11 网络上交换的每个数据包的数据部分。启用加密后,两个 802.11 设备要进行通信,必须启用加密并具有相同的加密密钥。WEP 加密默认是禁用,也就是不加密。无线安全参数是可选的设置,一般有 3 个参数,分别如下。

①　WEP 密钥格式:十六进制数位;ASCII 字符。

②　WEP 加密级别:禁用加密功能;40(64)比特加密;128 比特加密。默认值为 disable encryption(禁用加密功能)。

③　WEP 密钥值:由用户设定。

无线路由器与支持加密功能的无线网卡相互配合,可加密传输数据,使他人很难中途窃取你的信息。WEP 加密等级有 40(64)比特和 128 比特两种,使用 128 比特加密较为安全。WEP 密钥可以是一组随机生成的十六进制数字,或是由用户自行选择的 ASCII 字符。一般情况我们选用后者,由人工输入。每个无线宽带路由器及无线工作站必须使用相同的密钥才能通信。但加密是可选的,大部分无线路由器默认值为禁用加密。加密可能会带来传输效率上的影响。

如需启用加密功能,请选择"ASCII 字符"的 WEP 密钥格式,在 WEP 加密方法(方式)下选择 40(64)比特或 128 比特 WEP 密钥。在使用 40(64)比特加密方式时,可以输入 4 把不同的 WEP 密钥,但同一时刻只能选一把来使用。每把密钥由 10 个十六进制字符组成。保存在无线宽带路由器中。在缺省下,选择 4 把密钥的其中一把来使用。在使用 128 比特加密方式时,须输入 26 个十六进制字符作为 WEP 密钥。这种情况只能输入一把密钥。某些无线网卡只能使用 40(64)比特加密方法,因此可能要选较低的加密级别。如果所有的客户机均可支持 128 比特加密通信,请选择 128 比特;如果有客户机只能支持 40(64)比特加密通信,请选择 40(64)比特。若要启用加密,须为网络上的所有无线路由器、访问点和工作站选择加密类型和 WEP 密钥,为了增加网络安全性,可经常更改密钥。在更改某个无线设备所使用的密钥时,须记得同时更改网络上所有无线电设备和访问点的密钥。

4）无线网卡

无线网卡是终端无线网络的设备，是不通过有线连接、采用无线信号进行数据传输的终端。无线网卡根据接口不同，主要有 PCMCIA 无线网卡、PCI 无线网卡、MiniPCI 无线网卡、USB 无线网卡、CF/SD 无线网卡几类产品。

无线网卡的作用、功能跟普通计算机网卡一样，是用来连接到局域网上的。它只是一个信号收发的设备，只有在找到上互联网的出口时才能实现与互联网的连接，所有无线网卡只能局限在已布有无线局域网的范围内。主流应用的无线网络分为 GPRS 手机无线网络上网和无线局域网两种方式。

5）无线 AP

无线接入点是一个无线网络的接入点，俗称"热点"。主要有路由交换接入一体设备和纯接入设备，一体设备执行接入和路由工作，纯接入设备只负责无线客户端的接入，纯接入设备通常作为无线网络扩展使用，与其他 AP 或者主 AP 连接，以扩大无线覆盖范围，而一体设备一般是无线网络的核心。无线 AP 面板如图 4-142 所示，吸顶无线 AP 如图 4-143 所示。

图 4-142   无线 AP 面板   图 4-143   吸顶无线 AP

无线 AP 是使用无线设备（手机等移动设备及笔记本电脑等无线设备）用户进入有线网络的接入点，主要用于宽带家庭、大楼内部、校园内部、园区内部以及仓库、工厂等需要无线监控的地方，典型距离覆盖几十米至上百米，也有可以用于远距离传送，目前最远的可以达到 30km 左右，主要技术为 IEEE802.11 系列。大多数无线 AP 还带有接入点客户端模式（AP client），可以和其他 AP 进行无线连接，延展网络的覆盖范围。

一般的无线 AP，其作用有以下两个。

① 作为无线局域网的中心点，供其他装有无线网卡的计算机通过他接入该无线局域网。

② 通过对有线局域网络提供长距离无线连接，或对小型无线局域网络提供长距离有线连接，从而达到延伸网络范围的目的。

无线 AP 也可用于小型无线局域网进行连接从而达到拓展的目的。当无线网络用户足够多时，应当在有线网络中接入一个无线 AP，从而将无线网络连接至有线网络主干。AP 在无线工作站和有线主干之间起网桥的作用，实现了无线与有线的无缝集成。AP 既允许无线工作站访问网络资源，同时又为有线网络增加了可用资源。

无线 AP 与无线路由器的区别有以下 3 点。

① 功能不同。无线 AP 是把有线网络转换为无线网络。形象地说,无线 AP 是无线网和有线网之间沟通的桥梁。其信号范围为球形,搭建的时候最好放到比较高的地方,可以增加覆盖范围,无线 AP 也就是一个无线交换机,接入在有线交换机或是路由器上,接入的无线终端和原来的网络是属于同一个子网。无线路由器就是一个带路由功能的无线 AP,接入在 ADSL 宽带线路上,通过路由器功能实现自动拨号接入网络,并通过无线功能,建立一个独立的无线家庭组网。

② 应用不同。无线 AP 应用于大型公司比较多,大的公司需要大量的无线访问节点实现大面积的网络覆盖,同时所有接入终端都属于同一个网络,也方便公司网络管理员简单地实现网络控制和管理。无线路由器一般应用于家庭和 SOHO 环境网络,这种情况一般覆盖面积和使用用户都不大,只需要一个无线 AP 就够用了。无线路由器可以实现 ADSL 网络的接入,同时转换为无线信号,比起买一个路由器加一个无线 AP,无线路由器是一个更为实惠和方便的选择。

③ 连接方式不同。无线 AP 不能与光猫相连,要用一个交换机或者路由器作为中介。而无线路由器带有宽带拨号功能,可以直接和光猫相连拨号上网,实现无线覆盖。

3. 任务实施

1) 任务场景

黄先生的公司业务增多,增加了多名员工和多种设备,原有有线网络预留的端口已不够用,增加端口要重新布线工程量较大。由于人员的增加网络的速度也是慢了很多。

2) 实施步骤

(1) 接受任务。

客户接待:吴工接到黄先生的业务需求后,向黄先生介绍可以利用无线技术实现共享上网的方式和需要的购买的设备。黄先生结合自己的实际情况,确定了业务实现方案,吴工也确定了任务。

此任务更换了企业级千兆路由,需要增加多个无线 AP,还需要网线、水晶头等一批设备。

(2) 具体操作步骤如下。

步骤 1:更护原有的无线路由,企业级无线路由可以同时管理更多的无线用户,网络会流畅很多。

步骤 2:路由设置共享上网,将前端上网的宽带线连接到路由器的 WAN 口,下级的交换机连接到路由器的 LAN 口。连接好线路之后,确认对应的接口指示灯常亮或闪烁。

步骤 3:利用其中一台计算机登录宽带路由器,对宽带路由器进行配置。打开计算机浏览器,清空地址栏并输入路由器的管理地址例如 192.168.1.1(一般在路由器标签上有标注),在弹出的创建账户与密码界面中,设置用户名及管理密码,设置 6~15 位的管理密码,单击"确定"按钮,登录路由器管理界面。

步骤 4:设置 WAN 口上网参数,登录界面后会自动弹出设置向导页面,在 WAN 口设置中,"连接方式"选择宽带线路的上网方式,并设置对应的卜网参数。以 PPPoE 拨号为例,填写运营商提供的宽带拨号的账号及密码,并确定该账号密码输入正确,单击"下一步"按钮,核对 WAN 口参数,单击"完成"按钮完成设置。

步骤 5:设置无线 AP,方法如下。

① 用计算机连接无线 AP 或者直接接入无线 AP 的 WiFi 信号。

② 在地址栏输入地址无线 AP 的地址,例如 TP-Link300M 型号的 AP 的 IP 地址为 192.168.1.254。

③ 进入 AP 设置页面设置用户名和密码,自己能够记住的即可。

④ 进入无线选择里选择设置,然后设置名字密码。

⑤ 设置无线名称和无线密码,设置完成后单击"确定"按钮保存设置。

无线 AP 会有 Fat 和 Fit 两种模式。

- Fat 模式:需要逐个设置,数量少的情况下用 Fat 模式,一般家庭都会用这种模式。
- Fit 模式:有很多个 AP,将它们全部连接网线插到无线 AP 控制器上来设置,只需要设置一个就可以了,这种主要用于范围较大的地方。

注意:

① 修改地址之后,须使用修改后的 IP 地址登录 AP 的管理界面,保存配置。

② AP 的默认 IP 地址为 192.168.1.254,如果局域网有多个 AP,为了便于管理,需要将管理地址设置为相同网段不冲突的地址。

3) 交付客户

客户体验:黄先生打开笔记本电脑的浏览器,输入 www.baidu.com,能打开浏览网页,接着黄先生再打开微信,可以聊天。黄先生携带笔记本沿着办公室走动,信号会有一些波动但能保持在线。

交付确认:最后技术人员向黄先生讲解常见故障处理方法。黄先生满意后在账单上签字确认,交清货款。

4.3.3　组建光纤网络

1. 任务分析

黄先生公司规模扩大,新成立的部门的办公室和总部在不同楼层,这些新办公室也要组建网络并接入总部的大局域网中,接受委托的智网科技的吴工调查研究以后,综合考虑成本、网络需求、监控等因素,提出可以用光纤和六类网线作为介质来组建千兆网络的方案。

2. 相关知识

在网络布线中,通常室外(楼宇之间连接)使用的是光缆,室内(楼宇内部)使用的是以太双绞线,那么楼外的光缆传输媒介与楼内以太网传输媒介之间如何转换? 其中,又用到了什么设备? 它们的作用是什么? 之间的关系又如何呢?

1) 光纤、光缆、皮线光缆、尾纤、光纤跳线

(1) 光纤。光纤是光导纤维的简写,是一种由玻璃或塑料制成的纤维,可作为光传导工具。按光在光纤中的传输模式可分为:单模光纤和多模光纤,如图 4-144 所示。

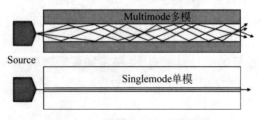

图 4-144　单模光纤和多模光纤

① 多模光纤：中心玻璃芯较粗（50 或 $62.5\mu m$），可传多种模式的光。但其模间色散较大，这就限制了传输数字信号的频率，而且随距离的增加会更加严重。例如：600MB/km 的光纤在 2km 时则只有 300MB 的带宽了。因此，多模光纤传输的距离就比较近，一般只有几公里。

② 单模光纤：中心玻璃芯较细（芯径一般为 9 或 $10\mu m$），只能传一种模式的光。因此，其模间色散很小，适用于远程通信，但其色度色散起主要作用，这样单模光纤对光源的谱宽和稳定性有较高的要求，即谱宽要窄，稳定性要好。

（2）光缆。光缆是为了满足光学、机械或环境的性能规范而制造的，它是利用置于包覆护套中的一根或多根光纤作为传输媒质，并可以单独或成组使用的通信线缆组件。光缆主要是由光导纤维（细如头发的玻璃丝）和塑料保护套管及塑料外皮构成，光缆内没有金、银、铜铝等金属，一般无回收价值。光缆是一定数量的光纤按照一定方式组成缆芯，外包有护套，有的还包覆外护层，用于实现光信号传输的一种通信线路，即由光纤（光传输载体）经过一定的工艺而形成的线缆。光缆的基本结构一般是由缆芯、加强钢丝、填充物和护套等几部分组成，另外根据需要还有防水层、缓冲层、绝缘金属导线等构件，如图 4-145 所示。

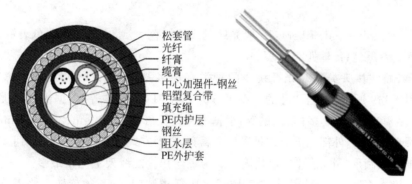

松套管
光纤
纤膏
缆膏
中心加强件-钢丝
铝塑复合带
填充绳
PE内护层
钢丝
阻水层
PE外护套

图 4-145　光缆

（3）皮线光缆。皮线光缆多为单芯、双芯结构，也可做成四芯结构，横截面呈 8 字形，加强件位于两圆中心，可采用金属或非金属结构，光纤位于 8 字形的几何中心，如图 4-146 所示。皮线光缆内光纤采用 G.657 小弯曲半径光纤，可以以 20mm 的弯曲半径敷设，适合在楼内以管道方式或布明线方式入户。

（4）尾纤。尾纤又叫作尾线，只有一端有连接头，而另一端是一根光缆纤芯的断头，通过熔接与其他光缆纤芯相连，如图 4-147 所示，常出现在光纤终端盒内，用于连接光缆与光纤收发器（之间还用到耦合器、跳线等）。

图 4-146　皮线光缆

（5）光纤跳线。光纤跳线又称光纤连接器，是指光缆两端都装上连接器插头，用来做从设备到光纤布线链路的跳接线，有较厚的保护层，如图 4-148 所示，一般用在光端机和终端盒之间的连接，应用在光纤通信系统、光纤接入网、光纤数据传输以及局域网等一些领域。尾纤和跳线的区别：一端装有插头为尾纤，两端都装上连接器插头的是跳线。

图 4-147　尾纤

图 4-148　光纤跳线

2) 光纤跳线的接头

(1) 光纤跳线的分类。光纤跳线主要分为以下两类。

单模光纤(single-mode fiber)：一般光纤跳线用黄色表示，接头和保护套为蓝色；传输距离较长。

多模光纤(multi-mode fiber)：一般光纤跳线用橙色表示，也有的用灰色表示，接头和保护套用米色或者黑色；传输距离较短。

(2) 光纤跳线接头类型。光纤跳线的种类有很多，根据接头形状可分为 FC、SC、ST、LC 等，如图 4-149 所示；根据插芯的类型可分为 PC、UPC、APC 等；根据光纤种类可分为单模、50/125 多模、62.5/125 多模、保偏等；根据光纤直径可分为 $900\mu m$、2mm、3mm 等。

FC：圆形带螺纹，外部加强方式是采用金属套，紧固方式为螺丝扣。配线架上用得最多。

ST：卡接式圆形，外壳呈圆形，紧固方式为螺丝扣。配线架上用得最多。

SC：卡接式方形，外观呈矩形，紧固方式采用插拔销闩式，不须旋转。路由器交换机上用得最多。

LC：与 SC 接头形状相似，较 SC 接头小一些，根据操作方便的模块化插孔(RJ)闩锁机理制成。路由器上常用。

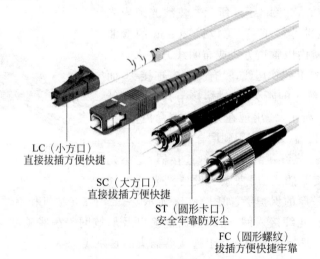

LC（小方口）
直接拔插方便快捷

SC（大方口）
直接拔插方便快捷

ST（圆形卡口）
安全牢靠防灰尘

FC（圆形螺纹）
拔插方便快捷牢靠

图 4-149　各种跳线接头

一般都支持热插拔 GBIC(Giga bitrate interface converter,千兆位接口转换器)使用的光纤接口多为 SC 或 ST 型,SFP 小型封装,GBIC 使用的光纤接口为 LC 型。

3) 光纤网络连接需要的器材

(1) 光缆终端盒。光缆终端盒又叫光缆盘纤盒,如图 4-150 所示,是在光缆敷设的终端保护光缆和尾纤熔接的盒子,主要用于室内光缆的直通力接和分支接续及光缆终端的固定,起到尾纤盘储和保护接头的作用。

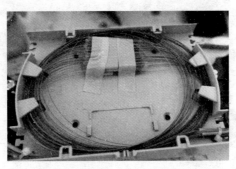

图 4-150　光缆终端盒

(2) 光纤耦合器。光纤耦合器(coupler)又称分歧器(splitter)、连接器、适配器、光纤法兰盘,如图 4-151 所示,是用于实现光信号分路/合路,或用于延长光纤链路的元件,属于光被动元件领域,在电信网络、有线电视网络、用户回路系统、区域网络中都会应用到。

(3) 光纤收发器。光纤收发器是将短距离的电信号和长距离的光信号进行转换的设备,如图 4-152 所示,一般应用在远距离传输中,通过光纤进行传输,将电信号转换成光信号发送出去,同时在接收端将接收到的光信号转换成电信号。在很多地方也被称为光电转换器(fiber converter)。光纤收发器为需要将系统从铜线升级到光纤,而缺少资金、人力或时间的用户提供了一种廉价的方案。

图 4-151　光纤耦合器　　　　　图 4-152　光纤收发器

(4) 光模块。光模块是进行光电和电光转换的光电子模块,如图 4-153 所示,光模块的发送端把电信号转换为光信号,接收端把光信号还原为电信号,主要用于交换机与设备之间传输的载体。光模块的原理与光纤收发器相同,只是光模块相比光纤收发器更具效率性、安全性。光模块按照封装形式分类,常见的有 SFP、SFP＋、XFP、SFP28、QSFP＋、QSFP28 等。

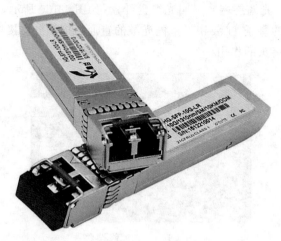

图 4-153　光模块

4) 光模块与光纤收发器

光模块与光纤收发器的功能相似,都是进行光电转换的设备,它们之间有什么不一样呢? 当下很多智慧工程中使用到的远距离数据传输基本都采用光纤传输。而这之间的连接则需要光模块和光纤收发器来实现。那么这两者间该如何连接,需要注意什么呢?

(1) 光模块和光纤收发器的区别如下。

① 有源与无源:光模块是一个功能模块,或者说配件,是不能单独使用的无源设备,只有插在交换机和带光模块插槽的设备里使用;而光纤收发器属于功能器件,是单独的有源设备,插上电源就可单独使用。

② 升级配置:光模块支持热插拔,配置相对灵活;光纤收发器相对固定,更换升级会比较麻烦。

③ 价格:光纤收发器比光模块便宜,相对经济适用,但也要考虑电源适配器、光线状态、网线状态等多方面因素,传输损耗占据 30% 左右。

④ 应用:光模块主要用于光网络通信设备上,如汇聚交换机、核心路由器、DSLAM、OLT 等设备的光接口,如远程视频、数据通信、无线语音通信等光纤网络的主干网;光纤收发器应用在以太网电缆无法覆盖、必须使用光纤来延长传输距离的实际网络环境中,且通常定是宽带城域网的接入层应用。

(2) 光模块和光纤收发器连接的注意事项如下。

① 光模块和光纤收发器的速率必须一样,百兆连百兆,千兆连千兆,万兆连万兆。

② 波长和传输距离必须保持一致,比如波长同时为 1310nm 或者 850nm,传输距离都是 10km。

③ 光线类型必须相同,单纤对单纤,双纤对双纤。

④ 光纤跳尾或尾纤必须是相同接口才能够连接,一般光纤收发器采用 SC 口,光模块采用 LC 口。

5）光纤冷接子/快速连接器

光通信技术的不断更新进步，带动了 FTTH（光纤到户）的大规模发展，从而促进了光纤快速连接器的市场规模不断扩大。在光纤布线过程中光纤的续接方式一般分为两种：一种是光纤热熔，这种续接方法操作较为复杂，多用于大规模铺设的长距离光信号传输中；另一种是使用快速连接器进行续接，其体积小操作简便，即使在狭小空间内也可轻松实现光纤链路的接通。与 FTTH 的施工部署特性相符合，因此光纤快速连机器被大规模的应用于 FTTH 的网络部署中。尤其是 SC 光纤连接器，因为它的终接成功率高、稳定性强等特点而被广泛应用于现场布线与 FTTH。

（1）光纤快速连接器/冷接子的内部结构。如图 4-154 所示，光纤快速连接器/冷接子内部的插芯和端面都在出厂前经过了预研磨和预抛光，机械接续机制位于插芯的末端，用来固定插入的光纤。从图 4-154 我们可以看出，机械接续机制主要由 V 形槽和夹持元件组成；当需要插入光纤时，用楔形夹打开 V 形槽，方便光纤顺利插入，当光纤插入 V 形槽并固定后，从 V 形槽中拔出楔形夹即可。

（2）光纤快速连接器/冷接子的工作原理。光纤快速连接器/冷接子可分为预置光纤和非预置光纤两大类。预置光纤快速连接器/冷接子的接续点在连接器内部，并预置有匹配液；非预置光纤快速连接器/冷接子的接续点在连接器表面，不预置匹配液，直接通过适配器与目标光纤对接。非预置光纤快速连接器/冷接子的工作原理很简单，这里不做赘述。下面详细说明预置光纤快速连接器/冷接子的原理：如图 4-154 所示，预置光纤胶接在插芯中，接续点设在放有折射率近似纤芯的导光材料-匹配液的 V 形槽中，从而实现预置光纤和目标光纤的无缝贴合。

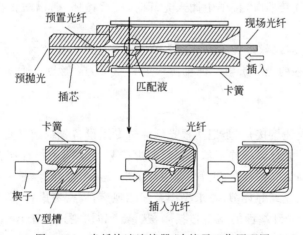

图 4-154　光纤快速连接器/冷接子工作原理图

（3）尽管光纤快速连接器/冷接子的使用十分简单，安装时仍要遵循正确的步骤，总的来说，光纤快速连接器/冷接子的安装过程如图 4-155 所示。

步骤 1：准备光纤快速连接器/冷接子、光纤剥线钳、光纤切割刀、光纤清洁工具等；

步骤 2：给光缆戴上连接器尾套；

步骤 3：用光纤剥线钳剥除光缆的外护套，清洁光纤，然后用光纤切割刀切割裸纤，裸纤的长度根据具体情况预留；

步骤 4：将光纤插入光纤快速连接器/冷接子中；

步骤 5：按下压盖,锁紧光纤；

步骤 6：给光纤快速连接器/冷接子戴上尾套。

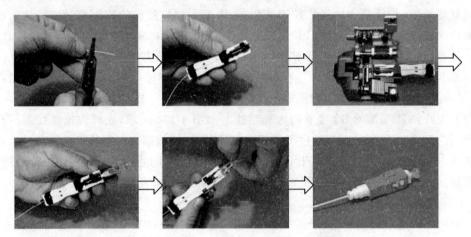

图 4-155 光纤快速连接器/冷接子的安装过程

（4）注意事项如下。

① 光纤快速连接器/冷接子极易受到污染,应使其远离灰尘、污染物较多的区域。

② 光纤切割的结果对光纤快速连接器/冷接子的性能具有重要影响,最好使用自动光纤切割刀,以获得最佳的切割效果。

③ 在光纤快速连接器/冷接子中插入光纤时,应缓慢插入,以防止损坏光纤,导致光纤的传输性能不佳。

④ 在光纤快速连接器/冷接子安装完之前不要移除其防尘盖。

⑤ 选择质量上乘的光纤折射率匹配溶液非常重要,这会大大延长光纤快速连接器/冷接子的使用寿命。

6）光纤熔接

光纤熔接也叫光缆熔接,就是把两根光纤通过专用设备光纤熔接机,使两根本已不连接裸纤熔为一个整体。光纤熔接并不像人们看的那样只是把两个裸纤熔在一起这么简单,它是一个过程,剥缆、固定光缆、剥去束管、剥去涂覆层、熔接、盘纤等,是一系列细致的工作,特别在端面制备、熔接、盘纤等环节,要求操作者仔细观察,周密考虑,规范操作。

（1）端面制备。光纤端面的制备包括剥覆、清洁和切割这几个环节。合格的光纤端面是熔接的必要条件,端面质量直接影响到熔接质量。

① 光纤涂面层的剥除,要掌握平、稳、快三字剥纤法。平,即持纤要平。左手拇指和食指捏紧光纤,使之成水平状,所露长度以 5cm 为准,余纤在无名指、小拇指之间自然打弯,以增加力度,防止打滑。稳,即剥纤钳要握得稳。快,即剥纤要快,剥纤钳应与光纤垂直,上方向内倾斜一定角度,然后用钳口轻轻卡住光纤,右手随之用力,顺光纤轴向平推出去,整个过程要自然流畅,一气呵成。

② 裸纤的清洁,应按下面的两步操作。

步骤 1：观察光纤剥除部分的涂覆层是否全部剥除,若有残留,应重新剥除。如有极少量不易剥除的涂覆层,可用绵球蘸适量酒精,一边浸渍,另一边逐步擦除。

步骤 2:将棉花撕成层面平整的扇形小块,沾少许酒精(以两指相捏无溢出为宜),折成 V 形,夹住以剥覆的光纤,顺光纤轴向擦拭,力争一次成功,一块棉花使用 2 或 3 次后要及时更换,每次要使用棉花的不同部位和层面,这样即可提高棉花利用率,又防止了探纤的两次污染。

③ 裸纤的切割是光纤端面制备中最为关键的部分,精密、优良的切刀是基础,而严格、科学的操作规范是保证。

- 切刀的选择。切刀有手动(如日本 CT-07 切刀)和电动(如爱立信 FSU-925)两种。前者操作简单,性能可靠,随着操作者水平的提高,切割效率和质量可大幅提高,且要求裸纤较短,但该切刀对环境温差要求较高。后者切割质量较高,适宜在野外寒冷条件下作业,但操作较复杂,工作速度恒定,要求裸纤较长。熟练的操作者在常温下进行快速光缆接续或抢险,采用手动切刀为宜;反之初学者或在野外较寒冷条件下作业时,采用电动切刀较好。

- 操作规范。操作人员应经过专门训练掌握动作要领和操作规范。首先要清洁切刀和调整切刀位置,切刀的摆放要平稳,切割时,动作要自然、平稳、勿重、勿急,避免断纤、斜角、毛刺及裂痕等不良端面的产生。另外学会“弹钢琴”,合理分配和使用自己的右手手指,使之与切口的具体部件相对应、协调,提高切割速度和质量。

- 谨防端面污染。热缩套管应在剥覆前穿入,严禁在端面制备后穿入。裸纤的清洁、切割和熔接的时间应紧密衔接,不可间隔过长,特别是以制备的端面,切勿放在空气中。移动时要轻拿轻放,防止与其他物件擦碰。在接续中应根据环境,对切刀 V 形槽、压板、刀刃进行清洁,谨防端面污染。

(2)光纤熔接。光纤熔接是接续工作的中心环节,因此高性能熔接机和熔接过程中科学操作是十分必要的。

① 熔接机的选择。应根据光缆工程要求,配备蓄电池容量和精密度合适的熔接设备。

② 熔接程序。熔接前根据光纤的材料和类型,设置好最佳预熔主熔电流和时间以及光纤送入量等关键参数。熔接过程中还应及时清洁熔接机 V 形槽、电极、物镜、熔接室等,随时观察熔接中有无气泡、过细、过粗、虚熔、分离等不良现象。

(3)盘纤。盘纤是一门技术,也是一门艺术。科学的盘纤方法,可使光纤布局合理、附加损耗小、经得住时间和恶劣环境的考验,可避免因挤压造成的断纤现象。

① 盘纤规则如下。

- 沿松套管或光缆分歧方向为单元进行盘纤,前者适用于所有的接续工程;后者仅适用于主干光缆末端且为一进多出。分支多为小对数光缆。该规则是每熔接和热缩完一个或几个松套管内的光纤,或一个分支方向光缆内的光纤后,盘纤一次。优点是避免了光纤松套管间或不同分支光缆间光纤的混乱,使之布局合理、易盘、易拆,更便于日后维护。

- 以预留盘中热缩管安放单元为单位盘纤,此规则是根据接续盒内预留盘中某一小安放区域内能够安放的热缩管数目进行盘纤。避免了由于安放位置不同而造成的同一束光纤参差不齐、难以盘纤和固定,甚至出现急弯、小圈等现象。

- 特殊情况,如在接续中出现光分路器、上/下路尾纤、尾缆等特殊器件时要先熔接、热缩、盘绕普通光纤,在依次处理上述情况,为了安全常另盘操作,以防止挤压引起附加损耗的增加。

② 盘纤的方法如下。

- 先中间后两边,即先将热缩后的套管逐个放置于固定槽中,然后再处理两侧余纤。优点:有利于保护光纤接点,避免盘纤可能造成的损害。在光纤预留盘空间小、光纤不易盘绕和固定时,常用此种方法。
- 从一端开始盘纤,固定热缩管,然后再处理另一侧余纤。优点:可根据一侧余纤长度灵活选择铜管安放位置,方便、快捷,可避免出现急弯、小圈现象。
- 特殊情况的处理,如个别光纤过长或过短时,可将其放在最后,单独盘绕;带有特殊光器件时,可将其另一盘处理,若与普通光纤共盘时,应将其轻置于普通光纤之上,两者之间加缓冲衬垫,以防止挤压造成断纤,且特殊光器件尾纤不可太长。
- 根据实际情况采用多种图形盘纤。按余纤的长度和预留空间大小,顺势自然盘绕,且勿生拉硬拽,应灵活地采用圆、椭圆、"CC""～"多种图形盘纤(注意 $R \geqslant 4\mathrm{cm}$),尽可能最大限度利用预留空间和有效降低因盘纤带来的附加损耗。

(4) 原则和步骤。光纤熔接的方法一般有熔接、活动连接、机械连接 3 种。在实际工程中基本采用熔接法,因为熔接方法的节点损耗小,反射损耗大,可靠性高。

① 光缆熔接时应该遵循的原则芯数相同时,要同束管内的对应色光纤;芯数不同时,按顺序先熔接大芯数再接小芯数,常见的光缆有层绞式、骨架式和中心管束式光缆,纤芯的颜色按顺序分为蓝、桔、绿、棕、灰、白、红、黑、黄、紫、粉、青。多芯光缆把不同颜色的光纤放在同一管束中成为一组,这样一根光缆内里可能有好几个管束。正对光缆横切面,把红束管看作光缆的第一管束,顺时针依次为绿、白1、白2、白3等。

② 光缆的熔接步骤如下。

步骤 1:开剥光缆,并将光缆固定到接续盒内。在固定多束管层式光缆时由于要分层盘纤,各束管应依序放置,以免缠绞。将光缆穿入接续盒,固定钢丝时一定要压紧,不能有松动。否则,有可能造成光缆打滚纤芯。注意不要伤到管束,开剥长度取取 1 米左右,用卫生纸将油膏擦拭干净。

步骤 2:将光纤穿过热缩管。将不同管束、不同颜色的光纤分开,穿过热缩套管。剥去涂抹层的光缆很脆弱使用热缩套管,可以保护光纤接头。

步骤 3:打开熔接机电源,选择合适的熔接方式。熔接机的供电电源有直流和交流两种,要根据供电电流的种类来合理开关。每次使用熔接机前,应使熔接机在熔接环境中放置至少 15 分钟。根据光纤类型设置熔接参数、预放电时间、时间及主放电时间、主放电时间等。如没有特殊情况,一般选择用自动熔接程序。在使用中和使用后要及时去除熔接机中的粉尘和光纤碎末。

步骤 4:制作光纤端面。光纤端面制作的好坏将直接影响接续质量,所以在熔接前一定要做好合格的端面。

步骤 5:裸纤的清洁将棉花撕成面平整的小块,粘少许酒精,夹住已经剥覆的光纤,顺光纤轴向擦拭,用力要适度,每次要使用棉花的不同部位和层面,这样即可以提高棉花利用率。

步骤 6:裸纤的切割,首先清洁切刀和调整切刀位置,切刀的摆放要平稳,切割时,动作要自然,平稳,勿重,勿轻。避免断纤、斜角、毛刺及裂痕等不良端面产生。

步骤 7：放置光纤将光纤放在熔接机的 V 形槽中，小心压上光纤压板和光纤夹具，要根据光纤切割长度设置光纤在压板中的位置，关上防风罩，按熔接键就可以自动完成熔接，在熔接机显示屏上会显示估算的损耗值。

步骤 8：移出光纤用熔接机加热炉加热。熔接就算完成了，完成后有需要的话还可以测试光缆线路有无故障。

3. 任务实施

1）任务场景

吴工程师根据两栋楼宇间的实际情况，设计出方案：用一根 8 芯单模光缆连接两处，两边的交换机都带光口，就用光模块作为光纤和双绞线的转换设备。

2）实施步骤

（1）接受任务。

客户接待：黄先生根据张工对方案的讲解，并结合公司实际情况，同意了方案并和公司签约项目合同。

（2）具体操作步骤如下。

步骤 1：实际考察办公室分布状况，画出光纤入室网络拓扑图。

步骤 2：根据网络拓扑图以及公司办公室实际环境进行综合布线。

步骤 3：熔纤和盘纤。此步骤需要使用的工具有光纤熔接机、米勒钳、切割刀、酒精棉、光纤热收缩管，如图 4-156 所示。

图 4-156　熔接光纤工具

① 打开光纤熔接机。

② 用米勒钳将光纤得涂覆层剥离，长度大概 4cm，如图 4-157 所示。注意，不要将光纤的纤芯弄断了。

图 4-157　剥离光纤

③ 对剥离的光纤进行清洁工作,清洁方法就是用酒精棉擦拭每一根小光纤。

④ 清洁完毕后分别给两根光纤套上热缩管,热缩管内也应该确保清洁。

⑤ 将光纤放入垂直切割器中切割,如图 4-158 所示,熔接前一定要确保两端是垂直面。

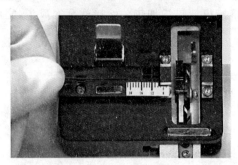

图 4-158　切割光纤

⑥ 把两根切割好的光纤分别放入熔接机的夹具上。注意,放置时不要碰到光纤的端面,保持端面在 V 形槽和电极棒之间,如图 4-159 所示。

图 4-159　对准光纤

⑦ 开始熔接,熔接的时候盖上防风罩。

⑧ 打开防风罩左右夹具压板,取出熔接好的光纤。

⑨ 将刚才套好光纤热缩套管移动到熔接点,确保套管的两端包住光纤刚才熔接的地方。

⑩ 将套好热缩管的光纤放入加热器内,开始加热套管。

⑪ 热缩完成后,取出光纤,放入冷却托盘。

步骤 4：连接到交换机光口上。

步骤 5：网络测试。

步骤 6：网络试运行。

3) 交付客户

客户体验：通过试运行,让公司人员体验升级后的网络效果。

交付确认：按照公司网络规划设计方案中的设备清单进行设备性能、参数、数量的检验。黄先生公司满意后在账单上签字确认,交付使用。

训　练　题

1. 联系当地电脑城,在其售后服务部门进行一至两个星期的见习(建议利用周末),事后组织讨论会,总结见习的所见所闻。

2. 由授课老师组织,联合学校学生团体进行全校范围内的计算机组装比赛和故障处理比赛。

3. 组织学生参加学校内的计算机维护小组(或成立维护小组),为学校内师生解决计算机及常用 IT 设备的故障,并定期进行工作汇报和经验交流,为日后工作积累经验。

模块 5

市场营销策略

📁 **岗位目标：IT产品销售员、销售主管**

知识目标：

(1) 了解产品策略制定的过程；

(2) 掌握定价的基本方法；

(3) 掌握分销渠道决策；

(4) 掌握产品促销的基本方法。

能力目标：

(1) 能制定整合营销策略；

(2) 能根据市场进行产品定价；

(3) 能够初步建立分销渠道；

(4) 能够开展产品促销活动。

市场营销策略是企业以顾客需要为出发点，根据经验获得顾客需求量以及购买力的信息、商业界的期望值，有计划地组织各项经营活动，通过相互协调一致的产品策略、价格策略、渠道策略和促销策略，为顾客提供满意的商品和服务而实现企业目标的过程。

通常，企业在营销过程中可以控制的主要因素包括产品(product)、价格(price)、渠道(place)和促销(promotion)。因此，针对特定目标市场，企业要制定的具体营销策略主要包括产品策略、价格策略、渠道策略和促销策略。这些具体策略的组合构成营销组合，即所谓的4P。

(1) 产品策略是企业为目标市场提供合适产品的有关策略，主要包括产品种类、质量、设计、性能、规格、产品线的宽度与深度、品牌名称、包装、说明书、服务、保修以及退货等具体因素的决策安排。

(2) 价格策略是企业提供给目标市场的产品与服务如何定价的策略，主要包括价格水平、折扣与折让、付款期限以及信用条件等具体因素的决策安排。

(3) 渠道策略是企业如何使产品到达目标市场顾客手中的有关策略，主要包括市场划分、覆盖面、分销渠道、存货、中间商类型、位置以及仓储与物流等具体因素的决策安排。

(4) 促销策略是向市场传播企业及其产品的相关信息以促进顾客购买产品等相关活动的策略，主要包括广告、人员推销、营业推广以及公共关系等具体内容的决策安排。

5.1　产品策略

5.1.1　产品整体概念

产品整体概念包含核心产品、有形产品、附加产品、期望产品和潜在产品 5 个层次。

1. 核心产品

核心产品是指消费者购买某种产品时所追求的利益,是顾客真正要买的东西,因而在产品整体概念中也是最基本、最主要的部分。消费者购买某种产品,并不是为了占有或获得产品本身,而是为了获得能满足某种需要的效用或利益。

2. 有形产品

有形产品是核心产品借以实现的形式,即向市场提供的实体和服务的形象。如果有形产品是实体品,则它在市场上通常表现为产品质量水平、外观特色、式样、品牌名称和包装等。产品的基本效用必须通过某些具体的形式才得以实现。市场营销者应首先着眼于顾客购买产品时所追求的利益,以求更完美地满足顾客需要,从这一点出发再去寻求利益得以实现的形式,进行产品设计。

3. 附加产品

附加产品是顾客购买有形产品时所获得的全部附加服务和利益,包括提供信贷、免费送货、质量保证、安装、售后服务等。附加产品的概念来源于对市场需要的深入认识。因为购买者的目的是满足某种需要,因而他们希望得到与满足该项需要有关的一切。美国学者西奥多·莱维特曾经指出:“新的竞争不是发生在各个公司的工厂生产什么产品,而是发生在其产品能提供何种附加利益(如包装、服务、广告、顾客咨询、融资、送货、仓储及具有其他价值的形式)。”

4. 期望产品

期望产品是指购买者购买某种产品通常所希望和默认的一组产品属性和条件。一般情况下,顾客在购买某种产品时,往往会根据以往的消费经验和企业的营销宣传,对所欲购买的产品形成一种期望,如对于旅店的客人,期望的是干净的床、香皂、毛巾、热水、电话和相对安静的环境等。顾客所得到的是购买产品所应该得到的,也是企业在提供产品时应该提供给顾客的,但是如果顾客没有得到这些,就会非常不满意,因为顾客没有得到他应该得到的东西,即顾客所期望的一整套产品属性和条件。

5. 潜在产品

潜在产品是指一个产品最终可能实现的全部附加部分和新增加的功能。许多企业通过对现有产品的附加与扩展,不断提供潜在产品,所给予顾客的就不仅是满意,还能使顾客在获得这些新功能的时候感到喜悦。所以潜在产品指出了产品可能的演变,也使顾客对于产品的期望越来越高。潜在产品要求企业不断寻求满足顾客的新方法,不断将潜在产品变成现实的产品,这样才能使顾客得到更多的意外惊喜,更好地满足顾客的需要。

产品最基本的层次是核心利益,即向消费者提供的产品基本效用和利益,也是消费者真正要购买的利益和服务。消费者购买某种产品并非是为了拥有该产品实体,而是为了获得能满足自身某种需要的效用和利益。如洗衣机的核心利益体现在它能让消费者方便、省力、省时地清洗衣物。产品核心功能需依附一定的实体来实现,产品实体称一般产品,即产品的基本形式,主要包括产品的构造外形等。期望产品是消费者购买产品时期望的一整套属性和条件,如对于购买洗衣机的人来说,期望该机器能省时省力地清洗衣物,同时不损坏衣物,洗衣时噪声小、方便进排水、外形美观、使用安全可靠等。附加产品是产品的第四个层次,即产品包含的附加服务和利益,主要包括运送、安装、调试、维修、产品保证、零配件供应、技术人员培训等。附加产品来源于对消费者需求的综合性和多层次性的深入研究,要求营销人员必须正视消费者的整体消费体系,但同时必须注意因附加产品的增加而增加的成本,消费者是否愿意承担的问题。产品的第五个层次是潜在产品,潜在产品预示着该产品最终可能的所有增加和改变。

现代企业产品外延的不断拓展缘于消费者需求的复杂化和竞争的白热化。在产品的核心功能趋同的情况下,谁能更快、更多、更好地满足消费者的复杂利益整合的需要,谁就能拥有消费者、占有市场、取得竞争优势。不断地拓展产品的外延部分已成为现代企业产品竞争的焦点,消费者对产品的期望价值越来越多地包含了其所能提供的服务、企业人员的素质及企业整体形象的“综合价值”。若产品在核心利益上相同,但附加产品所提供的服务不同,则可能被消费者看成是两种不同的产品,因此也会造成两种截然不同的销售状况。美国著名管理学家李维特曾说过:“新的竞争不在于工厂里制造出来的产品,而在于工厂外能够给产品加上包装、服务、广告、咨询、融资、送货或顾客认为有价值的其他东西。”

5.1.2　产品生命周期

1. 产品生命周期

产品生命周期一般可以分成 4 个阶段:引入期、成长期、成熟期和衰退期。

(1) 引入期。新产品投入市场,便进入了引入期。此时顾客对产品还不了解,除了少数追求新奇的顾客外,几乎没有人实际购买该产品。在此阶段产品生产批量小,制造成本高,广告费用大,产品销售价格偏高,销售量极为有限,企业通常不能获利。

(2) 成长期。当产品进入引入期,销售取得成功之后,便进入了成长期。这是需求增长阶段,需求量和销售额迅速上升,生产成本大幅度下降,利润迅速增长。

(3) 成熟期。经过成长期之后,随着购买产品的人数增多,市场需求趋于饱和,产品便进入了成熟期阶段。此时,销售增长速度缓慢直至转而下降,由于竞争的加剧,导致广告费用再度提高,利润下降。

(4) 衰退期。随着科技的发展、新产品和替代品的出现以及消费习惯的改变等原因,产品的销售量和利润持续下降,产品从而进入了衰退期。产品的需求量和销售量迅速下降,同时市场上出现替代品和新产品,使顾客的消费习惯发生改变。此时成本较高的企业就会由于无利可图而陆续停止生产,该类产品的生命周期也就陆续结束,以致最后完全撤出市场。

产品生命周期是一个很重要的概念,它和企业制定产品策略以及营销策略有着直接的联系。管理者要想使产品有一个较长的销售周期,以便赚到足够的利润来补偿在推出该产品时所做出的一切努力和经受的一切风险,就必须认真研究和运用产品的生命周期理论,此外,产品生命周期也是营销人员用来描述产品和市场运作方法的有力工具。

2. 各阶段的营销策略

典型的产品生命周期的 4 个阶段呈现出不同的市场特征,企业的营销策略也就以各阶段的特征为基点来制定和实施。

1) 引入期的营销策略

引入期的特征是产品销量少、促销费用高、制造成本高,销售利润很低甚至为负值。根据这一阶段的特点,企业应努力做到:投入市场的产品要有针对性;进入市场的时机要合适;设法把销售力量直接投向最有可能的购买者,使市场尽快接受该产品,以缩短引入期,更快地进入成长期。

在产品的引入期,一般可以由产品、分销、价格、促销 4 个基本要素组合成各种不同的市场营销策略。仅将价格高低与促销费用高低结合起来考虑,就有下面 4 种策略。

(1) 快速撇脂策略,即以高价格、高促销费用推出新产品。实行高价策略可在每单位销售额中获取最大利润,尽快收回投资;高促销费用能够快速建立知名度,占领市场。实施这一策略须具备以下条件:产品有较大的需求潜力;目标顾客求新心理强,急于购买新产品;企业面临潜在竞争者的威胁,需要及早树立品牌形象。一般而言,在产品引入阶段,只要新产品比替代的产品有明显的优势,市场对其价格就不会那么计较。

(2) 缓慢撇脂策略。以高价格、低促销费用推出新产品,目的是以尽可能低的费用开支求得更多的利润。实施这一策略的条件是:市场规模较小;产品已有一定的知名度;目标顾客愿意支付高价;潜在竞争的威胁不大。

(3) 快速渗透策略。以低价格、高促销费用推出新产品。目的在于先发制人,以最快的速度打入市场,取得尽可能大的市场占有率;然后随着销量和产量的扩大,使单位成本降低,取得规模效益。实施这一策略的条件是:该产品市场容量相当大;潜在消费者对产品不了解,且对价格十分敏感;潜在竞争较为激烈;产品的单位制造成本可随生产规模和销售量的扩大迅速降低。

(4) 缓慢渗透策略。以低价格、低促销费用推出新产品。低价可扩大销售,低促销费用可降低营销成本,增加利润。这种策略的适用条件是:市场容量很大;市场上该产品的知名度较高;市场对价格十分敏感;存在某些潜在的竞争者,但威胁不大。

2) 成长期市场营销策略

新产品经过市场介绍期以后,消费者对该产品已经熟悉,消费习惯业已形成,销售量迅速增长,这种新产品就进入了成长期。进入成长期以后,老顾客重复购买,并且带来了新的顾客,销售量激增,企业利润迅速增长,在这一阶段利润达到高峰。随着销售量的增大,企业生产规模也逐步扩大,产品成本逐步降低,新的竞争者会投入竞争。随着竞争的加剧,新的产品特性开始出现,产品市场开始细分,分销渠道增加。企业为维持市场的继续成长,需要保持或稍微增加促销费用,但由于销量增加,平均促销费用有所下降。针对成长期的特点,企业为维持其市场增长率,延长获取最大利润的时间,可以采取下面几种策略。

(1) 改善产品品质。如增加新的功能、改变产品款式、发展新的型号、开发新的用途等。对产品进行改进,可以提高产品的竞争能力,满足顾客更广泛的需求,吸引更多的顾客。

(2) 寻找新的细分市场。通过市场细分,找到新的尚未满足的细分市场,根据其需要组织生产,迅速进入这一新的市场。

(3) 改变广告宣传的重点。把广告宣传的重心从介绍产品转到建立产品形象上来,树立产品名牌,维系老顾客、吸引新顾客。

(4) 适时降价。在适当的时机,可以采取降价策略,以激发那些对价格比较敏感的消费者产生购买动机和采取购买行动。

3) 成熟期市场营销策略

进入成熟期以后,产品的销售量增长缓慢,逐步达到最高峰,然后缓慢下降;产品的销售利润也从成长期的最高点开始下降;市场竞争非常激烈,各种品牌、各种款式的同类产品不断出现。

对成熟期的产品,宜采取主动出击的策略,使成熟期延长,或使产品生命周期出现再循环。为此,可以采取以下 3 种策略。

(1) 市场调整。这种策略不是要调整产品本身,而是发现产品的新用途、寻求新的用户或改变推销方式等,以使产品销售量得以扩大。

(2) 产品调整。这种策略是通过产品自身的调整来满足顾客的不同需要,吸引有不同需求的顾客。整体产品概念的任何一层次的调整都可视为产品再推出。

(3) 市场营销组合调整,即通过对产品、定价、渠道、促销 4 个市场营销组合因素加以综合调整,刺激销售量的回升。常用的方法包括降价、提高促销水平、扩展分销渠道和提高服务质量等。

4) 衰退期市场营销策略

衰退期的主要特点是:产品销售量急剧下降;企业从这种产品中获得的利润很低甚至为零;大量的竞争者退出市场;消费者的消费习惯已发生改变等。面对处于衰退期的产品,企业需要进行认真的研究分析,决定采取什么策略,在什么时间退出市场。通常有以下几种策略可供选择。

(1) 继续策略。继续沿用过去的策略,仍按照原来的细分市场,使用相同的分销渠道、定价及促销方式,直到这种产品完全退出市场为止。

(2) 集中策略。把企业能力和资源集中在最有利的细分市场和分销渠道上,从中获取利润。这样有利于缩短产品退出市场的时间,同时又能为企业创造更多的利润。

(3) 收缩策略。抛弃无希望的顾客群体,大幅降低促销水平,尽量减少促销费用,以增加目前的利润。这样可能导致产品在市场上的衰退加速,但也能从忠实于这种产品的顾客中得到利润。

(4) 放弃策略。对于衰退比较迅速的产品,应该当机立断,放弃经营。可以采取完全放弃的形式,如把产品完全转移出去或立即停止生产;也可采取逐步放弃的方式,使其所占用的资源逐步转向其他的产品。

5.1.3　品牌策略

一般认为,品牌是一种名称、术语、标记、符号或图案,或是它们的相互组合,用以识别某个销售者或某群销售者的产品或服务,并使之与竞争对手的产品和服务相区别。与品牌紧密联系的有如下一些概念。

(1) 品牌名:品牌中可以读出的部分——词语、字母、数字或词组等的组合。如海尔、红双喜 1999、TCL 等。

(2) 品牌标志:品牌中不可以发声的部分——包括符号、图案或明显的色彩或字体。

如耐克的一勾造型、小天鹅的天鹅造型、IBM 的字体和深蓝色的标准色等。

（3）品牌角色：用人或拟人化的标识来代表品牌的方式，如海尔兄弟、麦克唐纳、米老鼠、康师傅等。

（4）商标：受到法律保护的整个品牌、品牌标志、品牌角色或者各要素的组合。当商标使用时，要用®或"注"明示，意指注册商标。

第一，产品是否使用品牌是品牌决策要回答的首要问题。品牌对企业有很多好处，但建立品牌的成本和责任不容忽视，不是所有的产品都要使用品牌。如市场上很难区分的原料产品，地产、地销的小商品或消费者不是凭产品品牌决定购买的产品，可不使用品牌。第二，如果企业决定使用品牌，则面临着使用自己的品牌还是别人品牌的决策，如使用特许品牌或中间商品牌。对于实力雄厚、生产技术和经营管理水平俱佳的企业，一般都使用自己的品牌。使用其他企业的品牌的优点和缺点都很突出，得结合企业的发展战略来决策。第三，使用一个品牌还是多个品牌。对于不同产品线或同一产品线下的不同产品品牌的选择，有 4 种策略：个别品牌策略，即企业在不同的产品线上使用不同的品牌；单一品牌策略，企业所有的产品采用同一品牌；同类统一品牌策略，即对同一产品线的产品采用同一品牌，不同的产品线品牌不同；企业名称与个别品牌并行制策略，在不同的产品上使用不同的品牌，但每一品牌之前冠以企业的名称。

品牌延伸是企业将某一有影响力的品牌使用到与原来产品不同的产品上。品牌延伸既可大大降低广告宣传等促销费用，又可使新产品更容易被消费者接受，这一策略运用得当，有助于企业的发展。品牌延伸不当还会影响原品牌的形象。

5.1.4　产品包装决策

包装是为产品提供生产容器或包裹物及其设计装潢的行为。大多数有形产品在从生产领域转移到消费领域的过程中，都需要有适当的包装。因此，包装是整个产品生产的重要组成部分。

包装的作用有以下几个方面。

（1）实现商品价值和使用价值，并是增加商品价值的一种手段。

（2）保护商品，免受日晒、风吹、雨淋、灰尘沾染等自然因素的侵袭，防止挥发、渗漏、溶化、沾污、碰撞、挤压、散失以及盗窃等损失。

（3）给流通环节储、运、调、销带来方便，如装卸、盘点、码垛、发货、收货、转运、销售计数等。

（4）美化商品、吸引顾客，有利于促销。

（5）比喻对人或物进行形象上的装扮、美化，是更具吸引力或商业价值。

包装按功能可进行以下分类。

（1）周转包装，是介于器具和运输包装之间的一类容器，实质是一类反复使用的转运器具。

（2）运输包装，以保护物品安全流通、方便储运为主要功能目的的包装。

（3）销售包装，直接进入商店陈列销售，与产品一起到达消费者手中。

（4）礼品包装，以馈赠亲友礼物表达情意为主要目的的配备的实用礼品包装。

（5）集装化包装，也称集合包装，是适应现代机械自动化装运，将若干包装件或物品集中装在一起形成一个大型搬运单位的巨型包装。

通常企业可选择以下几种包装策略。

(1) 类似包装策略。企业对其各种产品,在包装上采用相近的图案、近似的色彩和共同的特征。采用该策略,可使消费者形成对企业产品的深刻印象,也可降低包装成本。但如果企业各种产品质量过于悬殊,则会形成负面影响。

(2) 等级包装策略。根据产品质量等级不同采取不同的包装。

(3) 配套包装策略。将不同类型和规格但有相互联系的产品置于同一包装中。如将系列化妆品包装在一起出售,便是典型的配套包装。

(4) 附赠品包装策略。在包装容器中附赠物品,以吸引消费者购买。如许多儿童食品的包装是采用此种策略。

(5) 复用包装策略。使用这种包装策略,购买者在使用完包装内的产品后,还可以将包装物用作其他用途。同时,包装的重复使用可以更好地宣传产品,加深购买者的印象。

5.1.5　产品服务决策

顾客服务是伴随主要提供物一起提供给消费者的附加利益与活动。顾客服务的目的是使消费者在购买和使用产品的过程中,获得更大的效用和满足。产品越复杂,消费者对各种附加服务依赖性越强。随着市场竞争的日趋激烈,仅凭技术因素是难以创造持久的竞争优势的。现今绝大多数产品的生产和制造成本不会超过最终价格的 20%～30%,而周到的服务和完善的送货系统成本却占到 70%～80%。可见,服务将成为企业之间竞争的主要手段。

为消费者提供的服务内容根据企业和产品特征而定。但总的宗旨是实施顾客满意服务战略,通常包括以下内容:接待来访和访问用户;提供业务技术咨询与服务;质量保证承诺;产品安装和调试;维修和备品配件供应;信用服务;定期为用户进行产品检查、维修和保养服务;还可根据用户的特殊要求提供服务。

案例:强手出击——宝洁公司的品牌之路

在如今的中国,没有用过"宝洁"公司产品的人恐怕不多。据估计,在中国日用化学品市场上,"宝洁"产品所占的比例在 60% 左右。与麦当劳、可口可乐不同,宝洁公司对消费者的承诺是系列产品:海飞丝、舒肤佳、潘婷、飘柔、佳洁士、玉兰油雹这些著名品牌是宝洁公司在追踪消费者需求基础上,经多年研究开发出来的。

宝洁公司的历史可以用两个字来概括,一是老,二是新。宝洁公司创立于 19 世纪 30 年代,至今已有 160 余年的历史,在世界 500 强里,历史恐怕是最悠久的了,说它是"百年老店"恰如其分。在 160 多年的历史上,宝洁公司不断有新的品牌问世,到目前为止,已开发出300 余种产品,说它新,一点也不为过。

"宝洁"一开始生产肥皂和蜡烛,在市场激烈竞争中,只能勉强维持度日。19 世纪 80 年代,宝洁传到了第二代人手中,在两个人的通力合作下开发出了一种成本低廉、质量优异的白色香皂,二人将其命名为"象牙"牌,并投入 11000 美元为其做广告,这在当时是一个惊人之举。但实践证明,二人的做法是正确的,消费者对象牙牌香皂的认可程度在不断增强,到1890 年,宝洁的年销售额已达数百万美元。开发与创新是宝洁公司的灵魂。宝洁公司是美国最早建立研究与开发机构的大企业之一。目前,宝洁公司在世界各地建立了 18 个技术开发中心,公司拥有8300多名科研人员,每年研究与开发的投入达到15亿美元,平均每年申请专利20000项。到目前为止,宝洁公司已开发出的品牌涉及洗涤和清洁用品、纸品、美容美发、保健用品、食品饮料,共计300多种。宝洁向中国推介自己的产品是从老百姓的头发开始的.当"头屑去无踪,秀发更出众"的广告词出现在电视屏幕上时,人们认识了宝洁在中国推出的第一个品牌——海飞丝。

1988年8月,宝洁公司与广州肥皂厂、和记黄浦(中国)有限公司以及广州经济技术开发区联手,组建了广州宝洁有限公司。同年10月,海飞丝洗发香波在广州投产,4个月后,海飞丝产品正式投向市场。宝洁告诉观众,头皮屑会影响一个人的形象。调查表明,一个月后,海飞丝在广州的市场认知率达到99%。

此后,宝洁以广告为重点,将触角伸向北京、天津和成都等地,通过独资、合资、合作以及设立投资性机构的方式,将产品打向全国。到目前为止,宝洁公司已经在中国投资了11家企业,投资总额超过3亿元,这些企业效益大多良好,多数进入了全国最大500家外商投资企业行列。从1993年开始,宝洁公司一直是全国轻工行业向国家上缴利税最多的企业。

继"海飞丝"之后,宝洁在中国市场又相继推出"飘柔""碧浪""潘婷""舒肤佳""玉兰油""护舒宝""汰渍""佳洁士""沙宣"等一系列著名品牌,这些品牌在国内市场十分畅销。

宝洁公司认为,成功的品牌开发来自市场调查。宝洁公司的市场服务部总监马博伟先生日前在广州作了一次讲演,在谈到宝洁公司如何创立品牌时,他强调首先要对市场进行研究。新产品的产生,"首先是对市场的调查研究,它有两个目标:一是已拥有这个产品,调查消费者还有什么要求;二是完全没有这种产品,这就需要了解消费者的需求,开发新产品"。

宝洁公司建立了一支专业调查队伍,他们的足迹遍及全国城乡。调查人员深入普通百姓家庭,与消费者同吃、同住,观察他们的生活习惯,看他们如何洗衣服、如何刷牙、如何洗头、如何给孩子换尿布。据公司称,十年来,他们用这种办法,与数十万计的消费者进行了接触。他们的调研方式还包括定量样本研究、定性效果分析、举办消费者座谈会、入户访问、商店调查等。马博伟先生指出:"所有问题的关键在于,能否从更深的层次上了解消费者。宝洁公司不相信感性认识,只相信数据,得到数据后进行分析,决定是否开发。"

在深入调查研究的基础上,宝洁公司推出了调整配方后的沙宣洗发液,增加了其中的保湿成分,以体现东方人发质的自然柔韧;推出了洁花田七人参当归洗发精,以适应中国人崇尚天然植物洗发水的消费习惯;推出了结合中医理论、含有中草药配方的佳洁士多合一牙膏。这些产品上市后,能够受到老百姓的喜爱,是自然的。

产品开发出来后,并不是万事大吉。对市场上的同类产品进行比较是市场调查的一个重要内容。根据马博伟先生的介绍,同类产品的比较是宝洁公司采用的一个重要方法,"为了使产品过硬,首先要把新产品与其他产品用同一标志分两组进行盲测,一组是宝洁的产品,另一组是宝洁以外的市场上流行的几种品牌。盲测的结果主要是给自己看。如果产品本身是好的,还需作进一步的市场调查研究,以了解该产品能否带来效益。"

产品开发出来后,还要进行宣传,让老百姓认识它、接受它,这就需要广告。宝洁公司认为,广告创意应当永远先行,"宝洁公司的成长,就是和广告公司共同成长的过程"。宝洁公司在报纸、杂志、电视、电台等主要媒体都投入巨额广告费,但鉴于公司主要生产大宗低利的家庭日用消费品,因此它把大部分广告费投放在电视这一最大众化的媒体上。从宝洁公司的电视广告中,我们可以看出宝洁对广告的态度,即广告的首要任务是有效地传递商品信息,而不是单纯的艺术和娱乐。多年来,宝洁在产品的宣传推介过程中形成了一些自己的风格,经过调查研究和实践,他们认为这些风格是最有效的,因而也不轻易改变,如汰渍、佳洁士牙膏、象牙肥皂的广告策略几十年来一直保持不变。

风格一,一则电视广告总是向消费者承诺一个最重要的利益点。如果存在两个或更多的利益时,他们宁可在同一时期内推出两个广告,分别承诺同一产品的不同利益点。如宝洁公司在中国推出的几种洗发液,海飞丝的利益承诺是"去头屑",潘婷是"健康头发",飘柔的利益承诺是"柔顺",其实海飞丝与飘柔的配方和实际功效非常相近,广告中作了不同的利益承诺。

风格二,确保广告信息的有效传递。宝洁公司认为,广告是一种投资形式,必须产生经济效益,即要有效地把产品介绍给消费者,为消费者接受。因此他们在广告写作前、广告制作后、产品市场试销三个阶段都要对广告信息的传递效果进行测试。

风格三,直观地表现产品特点和功能。他们的每个广告都要有一个使人"确信的片段",让消费者直观地感知产品的特点和功能。宝洁公司的电视广告 60%以上采用了演示说明或比较方法。如护舒宝卫生巾如何更能吸收液体,海飞丝怎么有效去头屑,佳洁士牙膏如何能护理健齿、有效去除牙垢等。

风格四,使用权威证明。舒肤佳肥皂广告以"中国医学会认可"作为权威证明,佳洁士牙膏广告中使用了"全国牙防组认可",潘婷洗发液运用了"瑞士维他命研究院实验证明"。

在崇尚科学的今天,这种权威证明对提高产品可信度和可靠性具有重要作用。

风格五,不用名人。宝洁公司的电视广告大多由不知名的人完成,很少用名人。他们认为,大众家庭用品的广告应贴近消费者,运用消费者熟悉的情景和语言与消费者直接交谈。名人对他们的产品和广告方式不合适。

风格六,少用黄金时段。宝洁大约只有 30%的电视广告出现在黄金时段,他们更喜欢在白天和深夜做广告。他们把 30s 广告逐渐增加到 45s,因为他们感到,增加 15s 时间能更有效地利用情景,更有效地吸引观众。

风格七,尽量使用语言。宝洁公司喜欢在电视广告中使用语言,他们觉得语言更能推销产品。他们的电视广告用语言表达承诺,强调产品的优越性。广告结束时再重复承诺。在 30s 的广告中往往要用 100 个以上的词语,品牌名称平均要出现三四次。

风格八,不轻易舍弃有效的广告,不管它用了多久。宝洁一旦推出了有效的广告,他们决不轻易放弃,会在很长一段时期内一直使用,直到失去效果为止。

风格九,持续的广告攻势。宝洁公司不仅在投放新品牌时进行大力的广告宣传,对市场上获得成功的品牌也继续投入大量的广告费予以支持。几乎所有的宝洁产品通年做广告,他们发现这比做六周停六周的跳跃式宣传更有效,而且能够节约大量的费用。

5.2　价格策略

在多数情况下,价格是买者作出选择的主要决定因素,是决定公司市场份额和盈利率的最重要因素之一。

定价决策问题主要是销售的产品如何定价;怎样调整价格和怎样对竞争者的价格调整做出反应。

5.2.1　制定基本价格

在制定产品价格时,企业要考虑以下因素:①定价目标;②确定需求;③估计成本;④选择定价方法;⑤选定最终价格。

1.定价目标

企业的定价目标是以满足市场需要和实现企业盈利为基础的,它是实现企业经营总目标的保证和手段,同时,又是企业定价策略和定价方法的依据,见表 5-1。

表 5-1　企业定价目标

发展目标	利润目标	销售目标	竞争目标	社会目标
维持企业生存 扩大企业规模 多品种经营	最大利润 满意利润 预期利润 销售量增加	扩大市场占有率 争取中间商	稳定价格 应付竞争 质量优先	社会公共事业

2.确定需求

价格会影响市场需求。在正常情况下,市场需求会按照与价格相反的方向变动。价格上升,需求减少;价格降低,需求增加。

企业定价时必须依据需求的价格弹性,即了解市场需求对价格变动的反应。

针对产品的需求有弹性的情况下,企业应采取适当降价,以刺激需求、促进销售、增加销售收入。

3.估计成本

需求在很大程度上为企业确定了一个最高价格限度,而成本则决定着价格的底数。价格应包括所有生产、分销和推销该产品的成本,还包括对公司的努力和承担风险的一个公允的报酬。成本类型主要包括固定成本和可变成本。

(1)固定成本,在短期内不随企业产量和销售收入的变化而变化的生产费用。如厂房设备的折旧费、租金、利息、行政人员薪金等,与企业的生产水平无关。

(2)可变成本,随生产水平的变化而直接变化的成本,如原材料费、工资等。企业不开工生产,可变成本等于零。

4.选择定价方法

定价方法是企业在特定的定价目标指导下,依据对成本、需求及竞争等状况的研究,运用价格决策理论,对产品价格进行计算的具体方法。定价方法主要包括成本导向、竞争导向和顾客导向 3 种类型。

1)成本导向定价法

以产品单位成本为基本依据,再加上预期利润来确定价格的成本导向定价法,是中外企业最常用、最基本的定价方法。成本导向定价法又衍生出了总成本加成定价法、目标收益定价法、边际成本定价法、盈亏平衡定价法等几种具体的定价方法。

(1)总成本加成定价法。在这种定价方法下,把所有为生产某种产品而发生的耗费均计入成本的范围,计算单位产品的变动成本,合理分摊相应的固定成本,再按一定的目标利润率来决定价格。

(2) 目标收益定价法。目标收益定价法又称投资收益率定价法,根据企业的投资总额、预期销量和投资回收期等因素来确定价格。

(3) 边际成本定价法。边际成本是指每增加或减少单位产品所引起的总成本变化量。由于边际成本与变动成本比较接近,而变动成本的计算更容易一些,所以在定价实务中多用变动成本替代边际成本,而将边际成本定价法称为变动成本定价法。

(4) 盈亏平衡定价法。在销量既定的条件下,企业产品的价格必须达到一定的水平才能做到盈亏平衡、收支相抵。既定的销量就称为盈亏平衡点,这种制定价格的方法就称为盈亏平衡定价法。科学地预测销量和已知固定成本、变动成本是盈亏平衡定价的前提。

2) 竞争导向定价法

在竞争十分激烈的市场上,企业通过研究竞争对手的生产条件、服务状况、价格水平等因素,依据自身的竞争实力,参考成本和供求状况来确定商品价格。这种定价方法就是通常所说的竞争导向定价法。竞争导向定价主要包括以下几种方法。

(1) 随行就市定价法。在垄断竞争和完全竞争的市场结构条件下,任何一家企业都无法凭借自己的实力而在市场上取得绝对的优势,为了避免竞争特别是价格竞争带来的损失,大多数企业都采用随行就市定价法,即将本企业某产品价格保持在市场平均价格水平上,利用这样的价格来获得平均报酬。此外,采用随行就市定价法,企业就不必去全面了解消费者对不同价差的反应,也不会引起价格波动。

(2) 产品差别定价法。产品差别定价法是指企业通过不同营销努力,使同种同质的产品在消费者心目中树立起不同的产品形象,进而根据自身特点,选取低于或高于竞争者的价格作为本企业产品价格。因此,产品差别定价法是一种进攻性的定价方法。

(3) 密封投标定价法。在国内外,许多大宗商品、原材料、成套设备和建筑工程项目的买卖和承包以及出售小型企业等,往往采用发包人招标、承包人投标的方式来选择承包者,确定最终承包价格。一般来说,招标方只有一个,处于相对垄断地位,而投标方有多个,处于相互竞争地位。标的物的价格由参与投标的各个企业在相互独立的条件下来确定。在买方招标的所有投标者中,报价最低的投标者通常中标,它的报价就是承包价格。这样一种竞争性的定价方法就称为密封投标定价法。

3) 顾客导向定价法

现代市场营销观念要求企业的一切生产经营必须以消费者需求为中心,并在产品、价格、分销和促销等方面予以充分体现。根据市场需求状况和消费者对产品的感觉差异来确定价格的方法称为顾客导向定价法,又称市场导向定价法、需求导向定价法。需求导向定价法主要包括理解价值定价法、需求差异定价法和逆向定价法。

(1) 理解价值定价法。所谓理解价值,是指消费者对某种商品价值的主观评判。理解价值定价法是指企业以消费者对商品价值的理解度为定价依据,运用各种营销策略和手段,影响消费者对商品价值的认知,形成对企业有利的价值观念,再根据商品在消费者心目中的价值来制定价格。

(2) 需求差异定价法。所谓需求差异定价法,是指产品价格的确定以需求为依据,首先强调适应消费者需求的不同特性,而将成本补偿放在次要的地位。这种定价方法对同一商品在同一市场上制定两个或两个以上的价格,或使不同商品价格之间的差额大于其成本之间的差额。其好处是可以使企业定价最大限度地符合市场需求,促进商品销售,有利于企业获取最佳的经济效益。

(3) 逆向定价法。这种定价方法主要不是考虑产品成本,而重点考虑需求状况。依据消费者能够接受的最终销售价格,逆向推算出中间商的批发价和生产企业的出厂价格。逆向定价法的特点是:价格能反映市场需求情况,有利于加强与中间商的良好关系,保证中间商的正常利润,使产品迅速向市场渗透,并可根据市场供求情况及时调整,定价比较灵活。

4) 各种定价方法的运用

企业定价方法很多,企业应根据不同经营战略和价格策略、不同市场环境和经济发展状况等,选择不同的定价方法。

(1) 从本质上说,成本导向定价法是一种卖方定价导向。它忽视了市场需求、竞争和价格水平的变化,有时候与定价目标相脱节。此外,运用这一方法制定的价格均是建立在对销量主观预测的基础上,从而降低了价格制定的科学性。因此,在采用成本导向定价法时,还需要充分考虑需求和竞争状况,来确定最终的市场价格水平。

(2) 竞争导向定价法是以竞争者的价格为导向的。它的特点是:价格与商品成本和需求不发生直接关系;商品成本或市场需求变化了,但竞争者的价格未变,就应维持原价;反之,虽然成本或需求都没有变动,但竞争者的价格变动了,则相应地调整其商品价格。当然,为实现企业的定价目标和总体经营战略目标、谋求企业的生存或发展,企业可以在其他营销手段的配合下,将价格定得高于或低于竞争者的价格,并不一定要求和竞争对手的产品价格完全保持一致。

(3) 顾客导向定价法是以市场需求为导向的定价方法,价格随市场需求的变化而变化,不与成本因素发生直接关系,符合现代市场营销观念要求,企业的一切生产经营以消费者需求为中心。

5.2.2 价格变动

在产品价格确定后,由于客观环境和市场情况的变化,往往会对价格进行修改和调整。

1. 主动调整价格

1) 降价

企业在以下情况须考虑降价。

(1) 企业生产能力过剩、产量过多、库存积压严重,市场供过于求,以降价来刺激市场需求。

(2) 面对竞争者的"削价战",企业不降价将会失去顾客或减少市场份额。

(3) 生产成本下降,科技进步,劳动生产率不断提高,生产成本逐步下降,其市场价格也应下降。

2) 提价

提价一般会遭到消费者和经销商反对,但在许多情况下不得不提高价格。

(1) 通货膨胀。物价普遍上涨,企业生产成本必然增加,为保证利润,不得不提价。

(2) 产品供不应求。一方面买方之间展开激烈竞争,争夺货源,为企业创造有利条件;另一方面也可以抑制需求过快增长,保持供求平衡。

2. 购买者对调价的反应

顾客对降价可能有以下看法:①产品样式老了,将被新产品代替;②产品有缺点,销售不畅;③企业财务困难,难以继续经营;④价格还要进一步下跌;⑤产品质量下降了。

顾客对提价的可能有以下反应:①产品很畅销,不赶快买就买不到了;②产品很有价值;③卖主想赚取更多利润。

3. 竞争者对调价的反应

竞争者对调价的反应有以下几种类型。

(1) 相向式反应。你提价,他涨价;你降价,他也降价。这样一致的行为对企业影响不太大,不会导致严重后果。企业坚持合理营销策略,不会失掉市场和减少市场份额。

(2) 逆向式反应。你提价,他降价或维持原价不变;你降价,他提价或维持原价不变。这种相互冲突的行为影响很严重,竞争者的目的也十分清楚,就是乘机争夺市场。对此,企业要进行调查分析,首先摸清竞争者的具体目的,其次要估计竞争者的实力,最后要了解市场的竞争格局。

(3) 交叉式反应。众多竞争者对企业调价反应不一,有相向的,有逆向的,有不变的,情况错综复杂。企业在不得不进行价格调整时应注意提高产品质量,加强广告宣传,保持分销渠道畅通等。

4. 企业对竞争者调价的反应

在同质产品市场,如果竞争者降价,企业必随之降价,否则企业会失去顾客。某一企业提价,其他企业随之提价(如果提价对整个行业有利),但如有一个企业不提价,最先提价的企业和其他企业将不得不取消提价。

在异质产品市场,购买者不仅考虑产品价格高低,而且考虑质量、服务、可靠性等因素,因此购买者对较小价格差额无反应或不敏感,则企业对竞争者价格调整的反应有较多自由。

企业在做出反应时,先必须分析:竞争者调价的目的是什么?调价是暂时的,还是长期的?能否持久?企业面临竞争者应权衡得失:是否应做出反应?如何反应?另外还必须分析价格的需求弹性,产品成本和销售量之间的关系等复杂问题。

企业要作出迅速反应,最好事先制定反应程序,到时按程序处理,提高反应的灵活性和有效性,如图 5-1 所示。

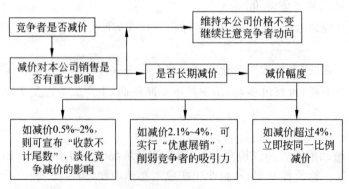

图 5-1　对付竞争者降价的程序

案例：吉列按刮脸次数卖剃须刀

生产个人护理用品的吉列公司虽然还进不了世界 500 强，但其知名度历来是都很高的，因为每天全球有数千万男人在使用吉列刀片。

在 19 世纪末期的几十年中，美国有关安全剃须刀方面的专利起码有几十个，金·吉列只不过是其中之一。使用安全剃须刀不像先前的折叠式剃须刀那样易刮伤脸，又可免去光顾理发店的时间和金钱，但是这种看似很有市场的商品却卖不出去，原因是它太贵了。去理发店只花 10 美分，而最便宜的安全剃须刀却要花 5 美元这在当时可不是一个小数目，因为它相当于一个高级技工一星期的薪水。

吉列的安全剃须刀并不比其他剃须刀好，而且生产成本也更高，但别人的剃须刀卖不出去，吉列的剃须刀却是供不应求，原因就在于他实际上贴本把剃须刀的零售价定为 55 美分，批发价 25 美分，这不到其生产成本的 1/5。同时，他以 5 美分一个的价格出管刀片，而每个刀片的制造成本不到 1 美分，这实际上是以刀片的赢利来补贴剃须刀的亏损当然吉列剃须刀只能使用其专利刀片。由于每个刀片可以使用 6～7 次，每刮一次脸所花的钱不足 1 美分，只相当于去理发店花费的 1/10，因而有越来越多的消费者选择使用吉列剃须刀。吉列的成功在于他采取了一种合适的定价方法，这里面包含着一个简单的道理：消费者购买一种产品或服务并不形成最终的经济行为，而是一个中间行为，消费者用这种行为来"生产"最后的"满足"或"福利"。顾客要购买的并不是剃须刀，而是刮脸，刮脸的最终目的是使他看起来形象更好、更体面等，为了达到这个目的，他有去理发店、买折叠式剃须刀或安全剃须刀 3 种选择，而吉列的定价方法使他们选择购买吉列剃须刀最为合算。在竞争对手们想方设法降低生产成本时，吉列独辟蹊径，他的定价方法反映了消费者购买的真正"价值"，而不是生产商的"成本"，这是他成功的最大原因。

吉列的定价方法为后来的许多企业所模仿。日本企业的佳道、理光、富士通等大牌厂商就把打印机的价格定得很低，以此来吸引消费者购买，同时他们又把墨盒的价格定得很高。打印机是基本不赚钱甚至是亏本的，而墨盒却有数倍的利润，这样消费者实际付出的是"打印件"的成本，而不是"打印机"的成本。

当然这种做法是需要具备一些条件的：一是亏本的产品与赢利的产品一定要配套。假如消费者买了 55 美分的吉列剃须刀，又可以从别的厂商那里买 1 美分的刀片，那么等待他的结果只有一个——破产；二是对消费者的消费情况一定要有一个准确的判断。吉列每销售一个剃须刀亏本 1 美元，相当 25 个刀片的赢利，他必须对消费者的平均刮脸次数有一个较准确的估计，假如平均每个消费者每年只用二三个刀片，他也就亏定了；三是竞争对手不会或无力进行恶性竞争。假如有人大量收购吉列剃须刀而又不买刀片，吉列也只有破产一条路可走；四是别人的模仿不会对其造成重大威胁。

灵活的定价和销售方法可以使顾客愿意为他们所买的东西付钱，而不是为厂商所生产的东西付钱，不管是吉列的定价方法还是分期付款或租赁，价格的处理安排一定要符合消费者实际购买的事物。

5.3 分 销 策 略

分销就是使产品和服务以适当的数量和地域分布来适时地满足目标市场的顾客需要。分销策略的基本任务就是渠道策略的选择、中间商的选择以及物流的组织与管理。

5.3.1 分销渠道

分销渠道是指某种货物从生产者向消费者移动时取得这种货物的所有权或帮助转移其所有权的所有企业和个人。它主要包括商人中间商、代理中间商,以及处于渠道起点和终点的生产者与消费者。在商品经济条件下,产品必须通过交换发生价值形式的运动,使产品从一个所有者转移到另一个所有者,直至消费者手中,这称为商流。同时,伴随着商流,还有产品实体的空间移动,称为物流。商流与物流相结合,使产品从生产者到达消费者手中,便是分销渠道。

分销渠道由 5 种流程构成,即实体流程、所有权流程、付款流程、信息流程及促销流程。

(1) 实体流程。实体流程是指实体原料及成品从制造商转移到最终顾客的过程。

(2) 所有权流程。所有权流程是指货物所有权从一个市场营销机构到另一个市场营销机构的转移过程。其一般流程为:供应商→制造商→代理商→顾客。

(3) 付款流程。付款流程是指货款在各市场营销中间机构之间的流动过程。

(4) 信息流程。信息流程是指在市场营销渠道中,各市场营销中间机构相互传递信息的过程。

(5) 促销流程。促销流程是指由一单位运用广告、人员推销、公共关系、促销等活动对另一单位施加影响的过程。

影响分销渠道选择的因素很多。生产企业在选择分销渠道时,必须对下列几方面的因素进行系统的分析和判断,才能作出合理的选择。

1. 产品因素

(1) 产品价格。一般来说,产品单价越高,越应注意减少流通环节,否则会造成销售价格的提高,从而影响销路,这对生产企业和消费者都不利。而单价较低、市场较广的产品,则通常采用多环节的间接分销渠道。

(2) 产品的体积和重量。产品的体积大小和轻重直接影响运输和储存等销售费用,过重的或体积大的产品,应尽可能选择最短的分销渠道。对于那些按运输部门的规定超限(超高、超宽、超长、超重)的产品,应组织直达供应。小而轻且数量大的产品,则可考虑采取间接分销渠道。

(3) 产品的易毁性或易腐性。产品有效期短、储存条件要求高或不易多次搬运者,应采取较短的分销途径,尽快送到消费者手中,如鲜活品、危险品。

(4) 产品的技术性。有些产品具有很高的技术性,或需要经常的技术服务与维修,应以生产企业直接销售给用户为好,这样,可以保证向用户提供及时良好的销售技术服务。

(5) 定制品和标准品。定制品一般由产需双方直接商讨规格、质量、式样等技术条件,不宜经由中间商销售。标准品具有明确的质量标准、规格和式样,分销渠道可长可短,有的用户分散,宜由中间商间接销售;有的则可按样本或产品目录直接销售。

（6）新产品。为尽快地把新产品投入市场，扩大销路，生产企业一般重视组织自己的推销队伍，直接与消费者见面，推介新产品和收集用户意见。如能取得中间商的良好合作，也可考虑采用间接销售形式。

2．市场因素

（1）购买批量大小。购买批量大，多采用直接销售；购买批量小，除通过自设门市部出售外，多采用间接销售。

（2）消费者的分布。某些商品消费地区分布比较集中，适合直接销售；反之，适合间接销售。工业品销售中，本地用户产需联系方便，因而适合直接销售；外地用户较为分散，通过间接销售较为合适。

（3）潜在顾客的数量。若消费者的潜在需求多、市场范围大，需要中间商提供服务来满足消费者的需求，宜选择间接分销渠道。若潜在需求少、市场范围小，生产企业可直接销售。

（4）消费者的购买习惯。有的消费者喜欢到企业买商品，有的消费者喜欢到商店买商品。所以，生产企业应既直接销售，也间接销售，满足不同消费者的需求，也增加了产品的销售量。

3．生产企业本身的因素

（1）资金能力。企业本身资金雄厚，则可自由选择分销渠道，建立自己的销售网点，采用产销合一的经营方式；也可以选择间接分销渠道。企业资金薄弱则必须依赖中间商进行销售和提供服务，只能选择间接分销渠道。

（2）销售能力。生产企业在销售力量、储存能力和销售经验等方面具备较好的条件，则应选择直接分销渠道；反之，则必须借助中间商，选择间接分销渠道。另外，企业如能和中间商进行良好的合作，或对中间商能进行有效地控制，则可选择间接分销渠道。若中间商不能很好地合作或不可靠，将影响产品的市场开拓和经济效益，则不如进行直接销售。

（3）可能提供的服务水平。中间商通常希望生产企业能尽多地提供广告、展览、修理、培训等服务项目，为销售产品创造条件。若生产企业无意或无力满足这方面的要求，就难以达成协议，迫使生产企业自行销售；反之，提供的服务水平高，中间商则乐于销售该产品，生产企业则选择间接分销渠道。

4．经济收益

不同分销途径经济收益的大小也是影响选择分销渠道的一个重要因素。对于经济收益的分析，主要考虑的是成本、利润和销售量 3 个方面的因素。具体分析如下。

1）销售费用

销售费用是指产品在销售过程中发生的费用。它包括包装费、运输费、广告宣传费、陈列展览费、销售机构经费、代销网点和代销人员手续费、产品销售后的服务支出等。一般情况下，减少流通环节可降低销售费用，但减少流通环节的程度要综合考虑，做到既节约销售费用，又要有利于生产发展和体现经济合理的要求。

2）价格分析

在价格相同条件下，进行经济效益的比较。目前，许多生产企业都以同一价格将产品销售给中间商或最终消费者，若直接销售量小于或等于间接销售量时，由于生产企业直接销售时要多占用资金，增加销售费用，所以，间接销售的经济收益高，对企业有利；若直接销售量大于间接销售量,而且所增加的销售利润大于所增加的销售费用,则选择直接销售有利。

当价格不同时,进行经济收益的比较,主要考虑销售量的影响。若销售量相等,直接销售多采用零售价格,价格高,但支付的销售费用也多。间接销售采用出厂价,价格低,但支付的销售费用也少。究竟选择什么样的分销渠道,可以通过计算两种分销渠道的盈亏临界点作为选择的依据。当销售量大于盈亏临界点的数量时,选择直接分销渠道;反之,则选择间接分销渠道。在销售量不同时,则要分别计算直接分销渠道和间接分销渠道的利润,并进行比较,一般选择获利的分销渠道。

5. 中间商特性

各类各家中间商实力、特点不同,诸如广告、运输、储存、信用、训练人员、送货频率方面具有不同的特点,从而影响生产企业对分销渠道的选择。

(1) 中间商的不同对生产企业分销渠道的影响。

(2) 中间商的数目不同的影响。按中间商数目的多少的不同情况,可选择密集分销、选择分销、独家分销。

① 密集分销指生产企业同时选择较多的经销代理商销售产品。一般来说,日用品多采用这种分销形式。工业品中的一般原材料、小工具、标准件等也可用此分销形式。

② 选择分销指在同一目标市场上,选择一个以上的中间商销售企业产品,而不是选择所有愿意经销本企业产品的中间商,这有利于提高企业经营效益。一般来说,消费品中的选购品和特殊品、工业品中的零配件宜采用此分销形式。

③ 独家分销指企业在某一目标市场,在一定时间内,只选择一个中间商销售本企业的产品,双方签订合同,规定中间商不得经营竞争者的产品,制造商则只对选定的经销商供货。一般来说,此分销形式适用于消费品中的家用电器、工业品中专用机械设备,有利于双方协作,以便更好地控制市场。

(3) 消费者的购买数量。如果消费者购买数量小、次数多,可采用长渠道;反之,购买数量大、次数少,则可采用短渠道。

(4) 竞争者状况。当市场竞争不激烈时,可采用同竞争者类似的分销渠道;反之,则采用与竞争者不同的分销渠道。

5.3.2　分销渠道决策

1. 终端销售点选择

终端销售点是指商品离开流通领域,所进入的消费领域发生地。对于消费品而言,它是零售地点;对于生产资料而言,它是送货站。终端销售点是企业实现自己经营目的的前沿阵地,企业产品最终能否销售出去以及最终能否实现理想的经济效益,都直接与终端销售点的选择和经营有关。因此,作为分销管理的第一步就是选择最符合企业产品或服务特点的终端销售点,然后通过有效管理实现销售目标;否则,从企业到终端销售点的整个分销工作都将会成为低效甚至无效劳动。因此,对于一个企业来说,进入市场组织商品销售的第一步,就是选择终端销售点。

1) 选择终端销售点的原理

市场营销原理告诉人们,进入市场之前,首先要进行市场细分,选择目标市场。这是市场营销的重要原则之一。目标市场,即目标顾客,这是市场营销者首先必须明确的。只有决定了谁是目标顾客,才能弄清楚他会有什么需要,才能弄清楚他需要什么商品,进而才能弄清楚在何时、何地去向他销售所需要的商品。

在商品分销活动中,也必须坚持目标市场(目标顾客)原则。坚持这一原则,就是要根据目标顾客的需要提供正确的商品;根据目标顾客需要的时间,在正确的时间销售商品;根据目标顾客需要发生的地点来决定在哪里销售商品。终端销售点的选择就是根据目标市场原则来组织商品分销的一种计划活动。

选择终端销售点就是要打破过去那种"姜太公钓鱼,愿者上钩"式的、漫无目标的销售方式,把商品送到消费者最愿意光顾、最容易购买的地方去销售,让顾客能够及时购买、方便购买。

正确选择终端销售点对于扩大商品销售具有重要的意义。通常消费者的需要具有明显的时效性,只有在需要发生的时候,人们才有强烈的购买欲望。如果有关商品能够就近、方便地购买,他们的需要就能够及时予以满足。

由于消费者需求个性化、多样化,终端销售点的选择也要考虑消费者的购物心理。对终端销售点的选择主要取决于以下几点。

(1) 顾客对最方便购买的地点的要求。

(2) 顾客最乐意光顾并购买的场所的要求。

(3) 商品最充分展现、让更多人认知的地点要求。

(4) 树立商品形象的地点要求等。

这些要求具体反映在终端销售点的选择中,要求根据目标市场的特征及竞争状况、企业自身的经济实力、产品特点、公关环境、市场基础等特点,以及企业外部的市场环境、竞争对手状况、市场购买力水平等因素,经过综合权衡选择出直接面向顾客的分销点。

2) 根据消费者收入和购买力水平等来选择

购买力水平是"市场"的重要构成要素之一。顾客的购买力水平高,则不仅对某种商品购买量大,而且购买的商品档次高,人们愿意出高价购买质量高的名牌商品。如果购买力水平低,不仅商品的档次上不去,而且档次低的商品的销售量也很有限。消费者的购买力来自个人收入,因此也可以说,收入水平的高低是指导企业认识商品购买者、指导企业选择终端销售点的重要依据。

不同收入水平的消费者对商品购买的地点的选择和要求是不一样的,因此,企业销售产品或服务,首先要考虑的就是消费者群体的定位。因此,企业在选择终端销售点时,必须考虑到不同地方的个人可支配收入以及个人可任意支配收入的水平。在竞争者数量不变的情况下,如果该地区的收入水平较高,则企业进入该地区设立销售点的必要性和可能性就大;反之,如果收入水平不高,购买力弱,则宜谨慎。

一般来说,收入水平较高、购买力较强的消费者的选购品相对较多,而且愿意到规模较大、装潢漂亮、声誉较高的商店购买,即使那里商品卖得比别的商店贵一些也不在意。而那些收入水平较低、购买力较小的消费者,则表现出不同的购买行为特点。

当然,在考虑收入水平对终端销售点选择的约束时,企业还要注意到自身所经营商品的特点。如果是一般的大众消费品,而市场的进入难度又不是很大,则可以考虑在不同的收入水平地区(包括城乡)都可以广泛设点;反之,如果是较高档次的非生活必需消费品,则一般应考虑在那些收入水平较高的地区设立销售点。

此外,企业在设立销售点时还要考虑到的一个问题是:那些收入水平较高的地区,其经营费用也相应较高,从而风险也较大,因此,企业是否设立终端销售点以及选择何种形式,必须考虑自己的整体实力。例如,在某些收入水平较高的地方,作为终端销售点的零售商尤其是一些大型商场往往要向厂家收取"产品进场费""上架费""条码费"等费用,如果企业因为这些费用影响到整个经济效益,那么还是另辟他途较好。此外,并非所有的商品都一定得在商业中心区建点才有利于销售,因此,这里必须考虑一个费用收益比问题。

3)根据目标顾客出现的位置来选择

让消费者一旦发生需要就能够方便地购买,意味着"商品必须跟踪消费者"。不论消费者出现在哪里,适合于满足消费者产生的需要或购物欲望的商品就要同时出现在哪里。这就要认真研究消费者可能的活动范围,在每个地方他们可能产生的需要和购买欲望是什么。

一般而言,目标顾客经常出现的地点有:居民区、商业街、学校、医院门口、游乐场、车站、码头、公园、休闲处、工作场所边缘、交通干线等。

4)根据顾客购买心理来选择

不同顾客的购买兴趣、关注因素、购物期望等心理特征是不同的。顾客的购买心理直接影响到其购买行为。因此,如果不考虑顾客在一定条件、时间和地点下的购买心理,盲目选点,往往会产生不理想的效果。

5)根据竞争需要来选择

一个企业在选择终端销售点时,无论从生存的角度还是从发展的眼光来看,都必须考虑竞争对手的情况。为此,要考虑的因素主要有以下几点:竞争对手数量、竞争对手策略、竞争优势策略、企业的战略目标、产品生命周期。

(1)竞争对手数量。竞争对手的数量越多,选择终端销售点的难度越大。因为,它一方面意味着市场竞争会更激烈;另一方面说明市场需求离饱和边界越来越近,从而要求企业更加小心谨慎。当然,竞争对手数量多,同时也说明商品的普及程度相当高,这样会造成渠道形式的多样化,从而也有利于终端销售点的选择。如对通信产品来说,目前除了较为正式的小规模现代化通信店面外,也有商家在百货公司,甚至在服装店、五金交电、日杂店内的"专柜"内出售通信产品。

(2)竞争对手策略。企业在选择终端销售点时,必须研究和调查清楚竞争对手所采取的策略,然后再根据自己的实力和条件选点。一般而言,不应采取与竞争对手同样的策略,从而扬长避短、相互补充,使市场得以协调发展。

(3)竞争优势策略。渠道建设要注意发挥企业的优势,如在国外品牌纷纷进入我国城市市场的同时,国内企业可发挥"本土"优势,力求在广大的农村市场建立起自己的分销网络和便捷的服务体系。

(4)企业的战略目标。企业的战略目标是企业在一定时期内发展的总体目标。分销是实现上述目标的重要手段之一。例如,一个大型跨国企业的战略目标是占领新兴市场,则必须考虑中国、印度等大国的市场,因此,应集中精力在这些国家建立终端销售点。不过,分销并不只是被动地适应企业战略目标,它的制定与执行的好坏程度反过来会影响企业战略目标的实现。

(5)产品生命周期。没有一条渠道或分销网络能保证产品在生命周期内永远保持竞争优势。因此,企业在选择终端销售点时,必须考虑产品生命周期的变化、阶段和时间长短。

(6) 根据销售方式来选择。销售方式主要是指企业销售产品时所采取的形式,它主要包括店铺销售和无店铺销售两种。在现代市场条件下,销售方式正出现多元化趋势。因此,企业在选择终端销售点时,既可采取某一类销售方式,也可同时采用多种销售方式,并使它们相得益彰。

2. 终端销售点密度决策

终端销售点密度的大小直接关系着企业市场的整体布局的均衡状况,如果布点太稀,则不利于充分占领市场;如太密,则可能加大销售成本,而且销售效率可能大大下降,并加剧各销售点的冲突与矛盾。因此,如何维持终端销售点的布点的适度,成了密度决策的关键所在和中心任务。

1) 终端销售点密度决策的任务

终端销售点密度决策的基本任务就是确定企业在目标市场利用多少渠道成员来销售产品,从而最大限度地提高产品分销的效率。评价一个企业终端销售点密度决策是否正确的主要依据就是企业产品的市场覆盖率与分销效率。

市场覆盖率高的地方终端销售点密度也就越高,因为如果没有足够的市场覆盖率,生产企业就难以实现其销售目标。市场覆盖率应该用细分市场来分析,有时虽然某一产品的全部市场覆盖率是令人满意的,但如果针对某一特定的目标市场来看就不那么令人乐观了。

分销效率主要是指企业产品从厂家到目标顾客手中的传递时间与速度。一个好的分销网络应该迅速将产品送到消费者手中,同时输送和管理的成本应该尽可能低。如果企业建立的终端销售点网络能达到这一目标,就说明其密度是适度的;否则,就需要进一步改进。

具体说来,终端销售点密度决策的任务有以下 3 点。

(1) 保持企业各终端销售点的均衡发展。

(2) 促使各终端销售点的协调,减少各销售点的冲突。

(3) 推动企业产品市场的有序扩张和可持续发展。实质上,这就要求在进行终端销售点密度决策时,应注意企业市场发展的短期战略与长期战略的结合。

2) 可选择的密度方案

企业根据终端销售点密度决策的任务,根据自身和市场环境的现状和变化趋势,可采取不同的密度方案。

(1) 密集分销策略。在密集分销中,凡是符合生产商的最低信用标准的渠道成员都可以参与其产品或服务的分销。密集分销意味着渠道成员之间的激烈竞争和很高的产品市场覆盖率。密集式分销最适用于便利品。它通过最大限度地便利消费者而推动销售的提升。采用这种策略有利于广泛占领市场,便利购买,及时销售产品。而其不足之处在于,在密集分销中能够提供服务的经销商数目总是有限的。生产商有时得对经销商的培训、分销支持系统、交易沟通网络等进行评价以便及时发现其中的障碍。而在某一市场区域内,经销商之间的竞争会造成销售努力的浪费。由于密集分销加剧了经销商之间的竞争,他们对生产商的忠诚度便降低了,价格竞争激烈了,而且经销商也不再愿意合理地接待客户了。

(2) 选择分销策略。生产企业在特定的市场选择一部分中间商来推销本企业的产品。采用这种策略,生产企业不必花太多的精力联系为数众多的中间商,而且便于与中间商建立良好的合作关系,还可以使生产企业获得适当的市场覆盖面。与密集分销策略相比,采用这种策略具有较强的控制力,成本也较低。选择分销中的常见问题是如何确定经销商区域重叠的程度。在选择分销中,重叠的量决定着在某一给定区域内选择分销和密集分销所接近的程度。虽然市场重叠率会方便顾客的选购,但也会造成零售商之间的一些冲突。低重叠率会增加经销商的忠诚度,但也降低了顾客的方便性。

(3) 独家分销策略,即生产企业在一定地区、一定时间只选择一家中间商销售自己的产品。独家分销的特点是竞争程度低。一般情况下,只有当公司想要与中间商建立长久而密切的关系时才会使用独家分销。因为它比其他任何形式的分销更需要企业与经销商之间更多的联合与合作,其成功是相互依存的。它比较适用于服务要求较高的专业产品。

独家分销使经销商们得到庇护,即避免了与其他竞争对手作战的风险,独家分销还可以使经销商无所顾忌地增加销售开支和人员以扩大自己的业务,不必担心生产企业会另谋高就。而且,采用这种策略,生产商能在中间商的销售价格、促销活动、信用和各种服务方面有较强的控制力,从事独家分销的生产商还期望通过这种形式取得经销商们强有力的销售支持。

独家分销的不足之处主要是缺乏竞争会导致经销商力量减弱,而且对顾客来说也不方便。独家分销会使经销商们认为他们可以支配顾客,因为在市场中他们占据了垄断性位置,对于顾客来说,独家分销可能使他们在购买地点的选择上感到不方便。采用独家分销,通常双方要签订协议,在一定的地区、时间内,规定经销商不得再经销其他竞争者的产品;生产商也不得再找其他中间商经销该产品。

3) 选择密度方案的评价标准与方法

一个企业在进行密度决策时,可参照的主要标准有如下几点。

(1) 分销成本。分销网络的成本可分为两种:一种是开发分销网络的投资;另一种是维持网络的费用。与生产成本相类似,开发分销网络的投资可看作是固定费用,而维持的费用可视为流动费用。两者构成分销网络总费用。选择密度方案时显然不能不考虑成本而盲目决策,不仅要控制产品销售成本的总体水平,而且要形成一种通过分销效率的提高而不断降低成本的机制。

(2) 市场覆盖率。除了那些在市场上刚起步的企业外,处于成长、扩张和成熟期的企业,在任何时候都不可能不考虑自己产品的市场覆盖率。可以说,覆盖率始终是企业密度决策时必须考虑的核心因素,因为它关系到企业的生存和发展。这就是说,企业在设计分销网络时,仅仅考虑降低分销网络成本是不够的。追求分销网络成本降低可能会导致销售量下降,而分销网络成本的适当增加也可能促进销售量的更大提高。因此,在一定条件下,企业为了提高销售额和市场覆盖率,甚至可能不惜加大成本,以实现自己的销售目标。这是因为每一条具体的分销网络总是针对具体的目标市场。市场覆盖率提高意味着某条分销网络的销售能力提高,从而意味着企业产品生存和发展空间的增大,进而有利于企业的长期战略目标的实现。

(3) 控制能力。企业终端销售点密度决策是否正确的一个重要标准就是企业最终有无能力控制日益膨胀的分销网络。实际上,相当多的企业走向衰落就是起因于自己对终端销售点的失控,这种失控的后果不仅会使企业分销效益下降,而且可能毁掉整个产品市场。总之,无论选择独家经销还是选择性分销,都要求企业对分销网络有良好的控制能力。

5.4　促销策略

促销策略是指企业如何通过人员推销、营业推广、广告和公共关系等各种促销方式,向消费者或用户传递产品信息,引起他们的注意和兴趣,激发他们的购买欲望和购买行为,以达到扩大销售的目的。企业将合适的产品,在适当地点、以适当的价格出售的信息传递到目标市场,一般是通过两种方式:一种是人员推销,即推销员和顾客面对面地进行推销;另一种是非人员推销,即通过大众传播媒介在同一时间向大量顾客传递信息,主要包括广告、公共关系和营业推广等多种方式。这两种推销方式各有利弊,起着相互补充的作用。此外,目录、通告、赠品、店标、陈列、示范、展销等也都属于促销策略范围。一个好的促销策略,往往能起到多方面作用,如提供信息情况,及时引导采购;激发购买欲望,扩大产品需求;突出产品特点,建立产品形象;维持市场份额,巩固市场地位;等等。

5.4.1　人员促销

人员促销主要是通过自己对产品知识的掌握,服务于消费者,促使消费者购买产品。

做好人员促销的关键点在于以下两点。

(1) 营销人员本身对产品知识和卖点的把握。营销人员只有在对产品了如指掌的情况下,才能更好地为消费者服务,促使消费者产生购买行为。

(2) 营销人员的销售技能。作为销售人员,永远都是离顾客最近的。在销售实践中可以发现,销售业绩最好的营销人员并非是那些最能"侃"的人,一些淳朴但敏锐的营销人员其销售效果反而更好,因为这些营销人员更能把握消费者内心的真实想法,更能通过同理心促使顾客作出消费决策。

人员促销的步骤主要有以下几点。

(1) 做好促销前的准备。销售人员如果想成功地销售产品,在销售前必须做好充分的准备。首先,销售人员要对自己的产品有深入的了解,这样才能在向顾客介绍产品时充分说明产品的特性和特点;其次,销售人员要熟悉本行业内竞争者的情况;最后,销售人员要掌握目标顾客的情况,如潜在购买者的收入水平、年龄段等。

(2) 寻找顾客。销售人员在做好充分的准备后,就要开始寻找可能成为真正顾客的潜在顾客,只有有了特定的对象,推销工作才能真正开始。寻找新顾客的方法很多,销售人员可以利用市场调研、查阅现有的信息资料、广告宣传等手段进行。另外,还可以请现有顾客推荐、介绍新的顾客。

(3) 接近顾客。通过对寻找到的潜在顾客,想方设法接近他们,只有接近到准顾客,销售才有成功的可能,销售人员可以采取的方法有介绍接近、赠送样品(或礼品)接近、攀关系接近、以调查的方式接近或者通过锲而不舍的"软磨"接近等。

(4) 激发顾客的兴趣。接近顾客后,销售人员首先要取得顾客的信任,从感情上与之缩短距离,然后通过交谈时对顾客的观察,把握顾客的心理,投其所好,针对顾客的需求加以适当的引导,激发其对本企业产品的兴趣。

(5) 销售洽谈。这是销售过程的重要一步,洽谈的成败决定着此次人员销售的成败。在此阶段,销售人员要向顾客生动地描述相关产品的特征和优点,并且能够提供具有说服力的证据,证明产品的确能更好地满足顾客的需求。

(6) 异议处理。销售人员要随时准备解决顾客的一些问题,如顾客可能与销售人员洽谈的过程中对其销售的产品质量、作用、价格等提出意见,作为销售人员此时要有耐心,不要争辩,要在给予顾客充分尊重的同时,有针对性地向顾客解释或说明,以消除顾客疑虑,坚定其购买信心。

(7) 销售成交。销售人员的最终目的就是促使产品或服务成交。接近与成交是销售过程中最困难的两个步骤。在与顾客洽谈的过程中,一旦发现顾客流露出要购买的意愿时,销售人员要善于把握成交的机会,尽快促成交易。

(8) 建立联系。一个好的销售人员会把一笔生意的结束看作是另一笔生意的开始,这就意味着销售人员要与顾客建立长期的联系,对顾客做好售后服务工作,了解他们的满意度,听取他们的意见并及时解决他们的不满。良好的售后服务一方面有利于培养忠实顾客,另一方面有利于传播企业及产品的声誉。

5.4.2　营业推广

营业推广主要分为终端激励、现场推广等形式。

1. 终端激励

终端激励主要是针对产品零售店而制定的销售激励活动。完善的薪酬体系设计有助于充分调动销售人员的工作积极性,取得比较好的效果。在设置其薪酬体系时,要考虑以下几个要点。

(1) 激励性。销售人员的薪酬体系必须保障能充分调动人员的积极性与工作热情,建议实施"底薪＋提成"。

(2) 透明性。透明性有如下两方面的要求:

① 必须将销售人员的工资体系清晰地传达至每个人。

② 必须向销售人员下发工资条,使销售员明确自己的收入构成。

(3) 考核性。销售人员的收入和其销售业绩是直接挂钩的,但单纯和销售业绩挂钩的办法是短视的和不负责任的。能否取得良好的销售业绩除了和销售人员本身的能力有直接关系外,还要考虑产品本身的竞争力、货源情况、终端产品等一系列因素,应该对销售员的工作做整体考虑,再和销售业绩挂钩。

2. 现场推广

现场推广主要是通过对顾客的强烈刺激,促使其迅速采取购买行为。常见的策略包括以下几个方面。

(1) 现场展示。销售人员在销售现场展示产品,特别是展示产品的独特功能,并邀请顾客现场体验。目的在于增强产品自身的说服力,使顾客更加了解产品。

(2) 特价商品。利用节假日销售旺季,基于企业营销策略而进行的折价销售的商品,目的在于刺激顾客的购买欲望。

(3) 赠送礼品。通过赠送礼品,吸引顾客购买。

(4) 价格折扣。通过折扣,降低产品的销售价格,刺激顾客购买。

(5) 活动抽奖。通过设置形式不同的奖项,奖品的赠送全凭个人的运气,吸引顾客购买产品。

5.4.3 广告

1. 广告媒体

广告媒体推广大致分为以下 5 个层面。

（1）硬广告宣传。硬广告是企业发布的硬性广告，一般是在杂志和报纸上通过彩色或黑白的广告形式对产品或活动进行传播。硬广告由于形象生动、冲击力强，得到企业和消费者一定程度的接受。

（2）软文宣传。软文宣传是营销中常见的形式，随着消费者对"王婆卖瓜"式的广告越来越反感，运用软性的文章来宣传企业产品的方式逐渐被消费者所接受，并且软文宣传由于价格低廉、传播广泛也得到了企业的青睐。软文常见的形态包括报纸和杂志软文。

（3）电视电台广告。电视电台广告由于受众面广、传播力度强，被企业广泛采用。其缺点是成本高，要求企业产品的毛利足够支撑。

（4）户外发布。户外发布包括门灯、灯箱、吊顶等一系列可以发布企业形象和产品的空间。

（5）网络广告。网络广告就是在网络上做的广告。利用网站上的广告横幅、文本链接、多媒体的方法，在互联网刊登或发布广告，通过网络传递到互联网用户的一种高科技广告运作方式。网络广告形式有图片类广告、文字链、弹出广告、流媒体广告、论坛置顶帖和普通帖等。

2. 广告的过程

在进行广告决策时，在确定目标受众的动机之后，必须进行广告五要素的决策，即广告的目标、广告的预算、广告要传播的信息、广告的传播媒体、广告效果的评价。所以广告的过程应该是在确定目标受众及广告目标的前提下，明确广告的创意，制定有效的广告表现形式与媒体实施方案，并进行广告效果评价，如图 5-2 所示。

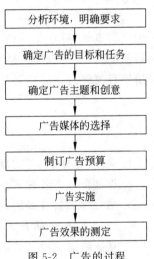

图 5-2 广告的过程

5.4.4 公共关系

一般来说，公共关系是企业运用各种传播手段，在企业与社会之间建立相互了解和依赖的关系，并通过双向的信息交流，在社会公众中树立企业良好的形象和声誉，以取得公众的理解、支持和合作，从而有利于促进企业目标的实现，属于间接传播促销手段。

在实际中，公共关系通常采用的策略有以下几种。

1. 利用新闻媒体进行宣传

利用新闻媒体宣传企业和产品是企业比较喜欢采用的一种公关策略。企业可以向新闻媒体投稿宣传企业及其产品信息，或召开记者招待会、新闻发布会、新产品信息发布会，或邀请记者写新闻通信、人物专访、特稿等。新闻媒体具有客观和真实的特点，使受众在心理上易于接受。利用新闻媒体进行宣传往往比做广告更具说服力。

2. 参加各种社会活动

企业通过对文体、福利事业或市政建设等一些社会活动进行赞助,扩大企业影响力,提高企业认知度与美誉度,赢得社会公众的信任和支持。如联想集团通过赞助北京奥运,在海外名声大噪,在国内也树立起了令人满意的企业形象。

3. 刊登公众关系广告

与纯商业性的广告不同,公众关系广告主要是宣传企业的整体形象,如介绍企业历史的广告、节假日庆贺的广告、对同行的祝贺广告、向公众致意或道歉的广告、鸣谢广告等。这些广告有助于公众对企业的了解,进而推动企业产品的销售。

4. 开展各种专题性活动

企业可以通过开展各种专题性活动扩大企业的影响,加强企业同外界公众的联系,树立良好的企业形象。专题性活动有举办展览会、周年庆典活动、知识竞赛、有奖答题活动等。

5. 危机事件处理

"天有不测风云,人有旦夕祸福",一切危机事件都有可能发生,如消费者投诉、不合格产品引起的事故、对企业不利的信息传播等,这些事件的发生往往会使企业的信誉下降,产品销售额下跌。在面对此类危机事件时,企业公共关系人员不可回避,应该迅速行动起来,积极协助有关部门查清原委并及时做好处理工作,使企业遭受的损失降到最低。

思 考 题

1. 简述"整体产品"的概念,并举例说明你所熟悉的产品概念的异同。
2. 你如何理解各种定价策略?
3. 结合你的自身经历,探讨一下顾客对企业价格调整的反应。
4. 结合实际,分析营销渠道的发展趋势。
5. 从影响渠道设计的因素,谈谈如何为产品选择适宜的分销渠道。
6. 结合实际,分析广告的促销作用是如何体现的。
7. 什么是公共关系?公共关系有哪些特点?

参 考 文 献

[1] 周霞,敖卓缅,柯自雄. 计算机应用基础 windows10＋office2016(微课版)[M]. 天津：天津科学出版社,2021.

[2] 杨智勇,龚启军. 计算机组装与系统配置[M]. 北京：人民邮电出版社,2018.

[3] 张丽威. 销售语言技巧与服务礼仪[M]. 北京：中国财政经济出版社,2011.